História do Rio de Janeiro em 45 Objetos

ORGANIZAÇÃO

PAULO KNAUSS, ISABEL LENZI E MARIZE MALTA

FGV EDITORA

JAUÁ EDITORA

FAPERJ
Fundação Carlos Chagas Filho de Amparo à Pesquisa do Estado do Rio de Janeiro

FGV EDITORA
Rua Jornalista Orlando Dantas, 37
22231-010 | Rio de Janeiro, RJ | Brasil
Tels.: 0800-021-7777 | 21-3799-4427
Fax: 21-3799-4430
editora@fgv.br | pedidoseditora@fgv.br
www.fgv.br/editora

Impresso no Brasil | *Printed in Brazil*

1ª edição — 2019; 1ª reimpressão — 2020.

COORDENAÇÃO EDITORIAL
Nubia Melhem Santos

EDIÇÃO E REVISÃO DE TEXTOS
Cláudio Figueiredo

FOTÓGRAFIA
Bernardo Santos Cox
Com exceção de: Roleta de jogo, Wilson da Costa; Rolo de água, Antonio Carlos Pinto Vieira; São Sebastião, Emilton de Almeida Rocha; Cachimbo, João Maurício Bragança; Pince-nez de Machado de Assis, Rogério Reis/Tyba; Leque, Jaime Acioli; Barbie, Thales Leite; Câmera Marc Ferrez, Sergio Burgi; Saia de Carmen Miranda, Acervo Museu Carmen Miranda; Carteira de cigarro, Acervo Arquivo Nacional; Sambódromo, Acervo Museu Casa do Pontal.

PROJETO GRÁFICO E DIAGRAMAÇÃO *Pince-nez de Machado de Assis, Rogério Reis/Tyba;*
Traço Design

PRODUÇÃO EDITORIAL
Jauá Editora

Ficha catalográfica elaborada pela Biblioteca Mario Henrique Simonsen/FGV

História do Rio de Janeiro em 45 objetos / Coordenação: Paulo Knauss, Isabel Lenzi, Marize Malta. – Rio de Janeiro : FGV Editora, 2019.
376 p. : il.

Inclui bibliografia.
ISBN (FGV): 978-85-225-2139-5

1. Rio de Janeiro (RJ) – História. 2. Cultura material – Rio de Janeiro (RJ). I. Knauss, Paulo, 1965-. II. Lenzi, Maria Isabel Ribeiro, 1959- . III. Malta, Marize. IV. Fundação Getulio Vargas.

CDD – 981.53

Sumário

Introdução

Este livro se propõe a contar a história do Rio de Janeiro a partir do estudo de objetos que participaram da vida da cidade. A pesquisa procurou uma aproximação diferente da história urbana, tendo como estímulo as comemorações dos 450 anos da fundação do Rio de Janeiro. Sem o objetivo de rever a historiografia carioca, buscou-se, sobretudo, trazer à luz outras percepções e vivências dos processos sociais da cidade testemunhados por vários objetos, procurando sublinhar a diversidade da experiência urbana.

O quadro de objetos apresentados oferece um panorama abrangente da história do Rio de Janeiro, de sua fundação aos nossos dias, que se estende da imagem de São Sebastião do século XVI ao fragmento do viaduto da Perimetral que marcou a paisagem contemporânea da cidade até anos recentes. A história política da cidade se apresenta por meio de diversas peças como, por exemplo, a espada do governador colonial ou pelo capacete da Polícia do Exército; as contradições da sociedade, por sua vez, podem ser indagadas por uma roleta de jogo apreendida pela polícia no início do século XX que evidencia nebulosas relações entre contravenção e poder no cotidiano carioca, ou ainda pelos estandartes abolicionistas que representam um capítulo das lutas sociais no Rio de Janeiro; os diversos contextos de vida social urbana são caracterizados por meio do pente de cabelo que a Marquesa de Santos usava para circular na sociedade da corte imperial, assim como a saia usada pela cantora Carmen Miranda serviu de senha para abrir as portas dos salões dos cassinos em sua época áurea, nos anos 1930 e 1940, permitindo pensar a história do entretenimento popular na cidade. Nesse universo variado de peças e temas estudados, se procura evidenciar que os objetos devem ser vistos como mais do que obras para admiração em exposições ou museus, pois evocam a experiência da vida em sociedade.

Cada capítulo do livro gira em torno de um objeto que serve a um recorte temático sobre uma época ou aspecto da história da cidade. A imagem dos objetos nos capítulos se apresenta como um convite ao leitor para provocar a interrogação histórica por meio do olhar. A intenção de relacionar o objeto e a cidade conduz a diversas abordagens que podem enfatizar as características materiais ou os usos que sustentavam a vida dos objetos, os processos pelos quais são incorporados aos museus e expostos, ou simplesmente explorar seu caráter ilustrativo. De um modo ou de outro, a condição histórica dos objetos é tratada a partir de sua inserção significativa na vida urbana.

A opção por promover a investigação histórica de objetos considerados isoladamente não teve como sentido ressaltar necessariamente sua excepcionalidade. A intenção foi antes tomá-los como agentes da história, em situação, buscando uma aproximação íntima com a vida urbana, valorizando seus acontecimentos, personagens, costumes e práticas. Esse enfoque criou a oportunidade para desenvolver uma narrativa que frequentemente se aproximou do tom de crônica, relacionando o particular e o geral por meio da construção de um argumento exemplificado por cada objeto. Ao adotar essa perspectiva, este livro procura dialogar com as tradições da historiografia carioca que se consolidou em torno do gênero da crônica histórica. A solução também permite que cada capítulo seja lido de forma independente: alternando diferentes autores e estilos, o leitor pode seguir o sumário ou uma ordem aleatória, de acordo com seu interesse pelos objetos ou pelos temas.

A proposta geral tem inspiração direta no livro do diretor do Museu Britânico, Neil MacGregor, *A história do mundo em 100 objetos*, abarcando itens de várias épocas e de todo tipo, tanto os excepcionais e únicos quanto os banais e comuns. Todavia, este livro sobre o Rio de Janeiro, ao contrário do seu modelo, se concentra exclusivamente em objetos tridimensionais e móveis e ainda por ter selecionado peças de acervos de diferentes instituições e não de um único museu. Ademais, a grande maioria dos objetos pesquisados se encontra acessível ao público na cidade do Rio de Janeiro. Além disso, optou-se por não explorar peças do conhecido Museu da Cidade, que foi reaberto recentemente e que tradicionalmente reúne o acervo identificado com a história do Rio de Janeiro. A opção buscou salientar que a história da cidade pode também ser reconhecida em outros acervos, renovando o olhar para as coleções de outras instituições não imediatamente identificadas com o estudo da história do Rio de Janeiro. Trata-se de um modo de não naturalizar o sentido dos objetos e suas leituras, e afirmar que é a interrogação que conduz a pesquisa histórica.

O livro se distingue, ainda, pela reunião de vários autores, demarcando uma colaboração entre o conhecimento produzido em diferentes espaços sociais. O compromisso com o diálogo interdisciplinar entre as tradições do campo da História, da História da Arte e da Museologia confere uma perspectiva compartilhada pelos autores.

Contudo, seguindo a trilha do autor britânico, que também inspirou outros livros, afirma-se o pressuposto da história dos objetos, considerando que eles antecedem a escrita e revelam dimensões da vida humana que o registro textual não apreende e permite reconhecer vozes não contempladas no suporte escrito. Não se pode esquecer que é a sobrevivência das coisas que permite que os objetos antigos sejam conhecidos em nossos dias. Nesse sentido, a pesquisa buscou considerar a biografia das coisas, sob a inspiração da leitura do ponto de vista da Antropologia de Igor Kopytoff, evidenciando que os objetos trazem marcas de acontecimentos que neles se inscrevem ou sofrem deslocamentos de contextos que muitas vezes se relacionam com significados distintos atribuídos ao longo dos tempos. Um objeto, portanto, pode sugerir a construção de muitas histórias, assim como levar ao encontro de muitas outras.

Nesses termos, os objetos ganham sentido para o estudo da história urbana. Costumes e hábitos das cidades se expressam por meio de objetos de natureza diversa. As práticas urbanas conferem a eles historicidade, assim como os ambientes de seus usos constituem lugares que demarcam o espaço urbano. Ao longo dos tempos, muitos objetos tão marcantes na experiência urbana caem em desuso (uns mais que outros) ou deixam de participar da vida cotidiana da cidade. Muitas vezes, porém, permanecem cultuados em ocasiões especiais ou compondo o acervo de museus e instituições de preservação de bens culturais como vestígios do passado urbano. Expostos em vitrines, despertam a atenção dos nossos dias pelo seu valor de antiguidade que se impõe aos valores que envolveram seu desenvolvimento e utilização. Como antigos objetos de uso, tornam-se objetos de admiração; como objetos da vida cotidiana, tornam-se relíquias históricas; como remotos objetos da cultura material, transformam-se em objetos do olhar e da cultura visual. No movimento da história, os objetos se deslocam. Se no cotidiano podem chegar a ser invisíveis na sua banalidade, ou inalcançáveis nas suas qualidades excepcionais, como objetos do olhar são colocados em exposição para serem vistos por todos, mas intocados pela maioria, construindo pontes entre a cultura material e a cultura visual.

O universo da historiografia carioca é muito rico e reúne diversos inventários que tematizam possibilidades variadas de leitura da história urbana, seja na fotografia ou na iconografia; na arquitetura, na arte pública ou nos documentos escritos ou impressos. Mesmo assim, não havia até então um título dedicado ao desafio de tomar os objetos da cidade como tema de estudo histórico, mesmo sendo o Rio de Janeiro conhecido pela riqueza de seus bens culturais e museus. Este livro preenche, assim, uma lacuna na bibliografia, oferecendo um roteiro de acervos espalhados pela cidade para serem visitados e estudados. Diante dessa riqueza de bens culturais, o mundo dos objetos nem sempre é claramente compreendido no campo do patrimônio cultural urbano, predominantemente identificado com os bens materiais imóveis relacionados com a arquitetura e o urbanismo e eventualmente com a escultura pública. Estudar os objetos do Rio de Janeiro pode ser uma contribuição para afirmar uma noção ampliada de patrimônio cultural urbano, estimulando novos olhares sobre acervos e coleções estabelecidas capazes de gerar novas leituras da história e da cidade.

Procurou-se valorizar esse ponto de vista sobre a cidade por meio dos objetos do Rio de Janeiro apresentados neste livro. Portanto, os objetos foram selecionados de modo a representar a diversidade da experiência urbana do Rio de Janeiro. Essa variedade se expressa tanto nas várias épocas abordadas – do período colonial aos tempos recentes, passando pelo

Império e pela *Belle Époque* – como no caráter plural dos objetos reunidos. Estes incluem desde peças raras ou excepcionais pelas suas qualidades materiais ou formais nobres a peças prosaicas do cotidiano, feitas a partir de materiais comuns. Há um painel de objetos com inserções sociais muito variadas, próprios do mundo da religião ou do trabalho, por exemplo, que se relacionam com a multiplicidade de atores sociais da cidade (por gênero, classe social etc.) ou ainda situados em espaços sociais diferentes, como engenhos e favelas, entre outros. O Rio de Janeiro vive em todos estes terrenos e em toda esta gente e a pluralidade dos objetos pode ser caracterizada como sua expressão, compondo o ambiente construído da cidade.

Originalmente, o Vaso Tupinambá não seria o último capítulo deste livro. Contudo, entendemos que o incêndio do edifício sede do Museu Nacional e suas coleções, ocorrido na noite de 2 de setembro de 2018, pela sua repercussão e mobilização social pode ser considerado um fato urbano da história recente da cidade do Rio de Janeiro. Um livro que toma o mundo dos objetos musealizados como motivo de estudo da história da cidade não podia ser indiferente a esse acontecimento. Fundado em 1818, o Museu Nacional é a primeira instituição científica do Brasil e tem inestimável participação na vida acadêmica do país, além de ter forte presença na memória dos cariocas, pois a visita ao Museu Nacional era praticamente um programa obrigatório dos estudantes do Rio de Janeiro. Sem dúvida, a imagem do vaso tupinambá do Museu Nacional é um marco da antiguidade da ocupação territorial da região do Rio de Janeiro antes da cidade. Por outro lado, na atualidade, representa a esperança de que a reconstrução do Museu Nacional seja capaz de promover novos olhares para os museus, tendo como base políticas públicas consistentes para conservar suas coleções e aprofundar os vínculos com a vida e a memória urbanas.

OS ORGANIZADORES

BIBLIOGRAFIA

KOPYTOFF, Igor. A biografia cultural das coisas. *In* APPADURAI, Arjun (org.). *A vida social das coisas*. Niterói: EDUFF, 2012.

MacGREGOR, Neil. *História do mundo em 100 objetos*. Rio de Janeiro: Intrínseca, 2014.

Imagem de São Sebastião possivelmente trazida para o Rio de Janeiro com a armada de Estácio de Sá em 1565.

Imagem de São Sebastião

Santuário Basílica de São Sebastião (Igreja dos Capuchinhos)

Século XVI

Paulo Knauss

Todo carioca sabe que São Sebastião é o padroeiro da cidade. O feriado municipal não deixa que o santo seja esquecido e promove a sua popularidade. Mas apesar de marcar a data religiosa, a celebração confunde o calendário cívico, pois muitas vezes o 20 de janeiro é tido equivocadamente como dia da fundação do Rio de Janeiro. De modo tortuoso, a memória do santo celebra a história da origem da cidade.

Mesmo sendo tão antigo na cidade do Rio de Janeiro, o culto de São Sebastião na atualidade encontra seu centro numa edificação erguida entre 1928 e 1931. O Santuário Basílica de São Sebastião, mais conhecido como Igreja dos Capuchinhos, localizado no bairro da Tijuca, substituiu a antiga igreja colonial dedicada ao santo padroeiro que existia no alto do Morro do Castelo, na área em que a cidade encontrou sua implantação definitiva no ano de 1567, depois da sua primeira fundação em 1565, junto à entrada da Baía de Guanabara e aos pés do Pão de Açúcar, onde hoje se localiza a fortaleza de São João, na Urca. A igreja colonial do Morro do Castelo abriu suas portas aos fiéis em 1583 e substituiu o prédio simples de taipa com proporções de capela que se constituiu como primeira igreja matriz no núcleo primitivo do Rio de Janeiro. A igreja de São Sebastião do Morro do Castelo serviu como a primeira sede do bispado do Rio de Janeiro entre 1676 e 1733. Depois disso sofreu um processo de abandono, revertido depois da chegada dos capuchinhos em 1843. Mesmo tendo sido uma das relíquias arquitetônicas mais antigas da cidade, o prédio foi derrubado junto com o morro em 1922.

Diante de tantas mudanças e mesmo sendo um prédio do século XX, a Igreja dos Capuchinhos é um lugar de memória da cidade. Preserva o túmulo de Estácio de Sá, primeiro capitão-mor e considerado o seu fundador, cujo jazigo já fora transferido da capela primitiva para o Castelo. Também na igreja da Tijuca se localiza em exposição o padrão de fundação da cidade, a grande pedra com a inscrição das armas de Portugal que demarcava a posse lusitana do território e que ficava no largo do adro da igreja no Morro do Castelo. Além dessas peças históricas, os capuchinhos de hoje se encarregam de preservar a pequena imagem religiosa do santo que data do século XVI e que consta ter chegado à cidade com os colonizadores responsáveis pela sua fundação.

Na falta de prova documental, talvez seja possível duvidar que tenha sido essa mesma a imagem trazida por Estácio de Sá e os primeiros povoadores portugueses. O mesmo motivo não permite, porém, negar a afirmação inteiramente. E um teste científico atestou que a peça é mesmo do século XVI e por certo não haveria muitas da mesma época e do mesmo tipo. Uma outra suposta imagem original abrigada na capela construída no núcleo primitivo da cidade teria que ser do mesmo gênero. Com seus 89,5 cm e 11 kg, a imagem de madeira quinhentista existente na Igreja dos Capuchinhos é proporcionalmente pequena e sem atributos artísticos especiais, pois era para ser transportada e cultuada em barco ou no porto onde os navegantes chegassem, não tendo sido preparada para ser o centro da devoção num grande edifício religioso, o mais importante de uma cidade. Sua simplicidade traduz a medida da aventura colonial do Rio de Janeiro.

A invocação da proteção divina de São Sebastião para nominar a cidade fundada por portugueses às margens da Baía de Guanabara era, por certo, igualmente uma invocação da proteção do rei de Portugal D. Sebastião I, que na altura era um menino de 6 anos e que já reinava há três anos, nascido num 20 de janeiro, dia do santo mártir católico.

Naquele tempo distante, os santos povoavam o mundo dos católicos europeus. Por meio deles, a Igreja se imiscuía em tudo e a defesa do Cristianismo se colocava como justificativa de todos os atos da vida social europeia. Assim, não é estranho que ao lado do seu sentido econômico e político, o colonialismo português tenha sido contagiado igualmente por uma motivação religiosa, que mesclava o alcance do estado português com a expansão do Cristianismo. Em alguma medida, os Descobrimentos reviviam o espírito das antigas cruzadas, as grandes expedições militares para conquistar os lugares sagrados para os cristãos em Jerusalém e na Palestina.

São Sebastião sempre foi um santo popular em Portugal. Consta que teria nascido na Gália romana, integrando-se no exército imperial até ingressar na corte pretoriana, a guarda pessoal dos imperadores de Roma. Converteu-se à religião cristã e terminou sendo condenado à morte por ter sido revelada a sua fé. Pela sua posição social, não foi jogado aos leões como a maior parte dos cristãos na Roma antiga, mas foi alvo de flechadas fatais. Depois de dado como morto, milagrosamente sobreviveu e reapareceu defendendo a causa cristã no hipódromo do Monte Palatino, onde finalmente veio a ser morto. No fim do século 3 d.C. tornou-se um mártir católico que passou a inspirar especialmente o mundo dos quartéis e casernas militares. Isso explica, por exemplo, que no Rio de Janeiro haja uma paróquia dedicada ao santo na Vila Militar do Rio de Janeiro, nas proximidades do bairro de Deodoro, na Zona Oeste.

No tempo do rei D. Manuel I foi organizada a primeira expedição portuguesa de reconhecimento do litoral das terras do Brasil que, em 1º de janeiro de 1502, chegou à região que foi denominada de Rio de Janeiro – e conta-se que por ser o mês de janeiro e pelas característi- cas locais sugerirem a foz de um rio que dominava a paisagem. O fato é que esse nome passou a se inscrever nos mapas europeus mais antigos para identificar a baía que com o tempo passou a ser chamada também de Guanabara. Finalmente, o nome de origem indígena se afirmou para identificar as águas da região, enquanto ao território continental e especialmente à cidade acabou sendo associado o nome de Rio de Janeiro. Na hora de nominar a cidade, seguindo a tradição toponímica da Coroa portuguesa, coube valorizar o nome de um santo.

O processo de fundação da cidade se desenvolveu efetivamente em 1564, quando a partir de ordens do governador-geral do Brasil, Mem de Sá, foi organizada uma armada que ganhou força depois de reunir contingentes portugueses e indígenas na capitania do Espírito Santo e São Vicente, partindo finalmente da ilha de São Sebastião. A ilha está localizada no atual litoral paulista e foi denominada pelo dia do santo pela mesma expedição portuguesa que reconheceu a região da baía que ganhou o nome de Rio de Janeiro. O fato é que em 1º de março de 1565, a frota portuguesa armada a partir de Salvador no ano anterior sob o comando do capitão-mor Estácio de Sá aportou definitivamente em terras junto à entrada da Baía de Guanabara e, aos pés do Morro do Pão de Açúcar, estabeleceu o primeiro núcleo de povoamento lusitano da região, afirmando o domínio territorial português pelo ato de fundação da cidade de São Sebastião do Rio de Janeiro.

A expedição de caráter militar se legitimava ainda pela participação dos missionários jesuítas José de Anchieta e Gonçalo de Oliveira. O primeiro se tornou o mais célebre cronista daqueles momentos iniciais da conquista portuguesa do Rio de Janeiro e o segundo permaneceu por mais tempo como clérigo do núcleo colonial em formação. Em carta dirigida ao padre Diogo Mirão, datada da Bahia em 9 de julho de 1565, Anchieta descreve que a armada portuguesa era composta da nau capitânia, 5 barcos menores, sendo 3 deles de remos, além de 8 canoas que reuniam mamelucos e indígenas. O conjunto se aproximava de duzentos homens, entre colonos portugueses, mamelucos e indígenas. Logo que desembarcaram, os colonos dedicaram-se a roçar a terra, plantando legumes, inhame e a buscar fonte de água, além de cortar madeira para erguer paliçada de proteção e construir o baluarte de artilharia com guaritas em taipa e com telhas trazidas de São Vicente. Em pouco tempo, o capitão-mor iniciou a distribuição de cargos e sesmarias que constituíam a cidade como corpo político e o processo se completava com a instalação da capela dedicada ao santo padroeiro.

A carta do jesuíta é clara ao indicar que a empresa colonial portuguesa no Rio de Janeiro visava inviabilizar a exploração colonial de franceses na região da Baía de Guanabara, estabelecida ao menos desde 1555, quando o vice-almirante e cavaleiro da Ordem de Malta, Nicolas Durand de Villegagnon comandou a empresa colonizadora da França Antártica. Se inicialmente o empreendimento teve o apoio do rei de França, os destinos da política fizeram com que o líder da França Antártica terminasse recebendo em 1557 um contingente de protestantes huguenotes e calvinistas de Genebra, dando uma conotação religiosa ao projeto de colonização. Divergências entre os colonos franceses terminaram levando o comandante a condenar à morte os dois primeiros mártires protestantes das Américas, enfraquecendo definitivamente o projeto que encontrou sua derrocada numa forte reação militar portuguesa em 1560, que destruiu a fortaleza de Coligny, situada na ilha conhecida nos nossos dias como de Villegagnon. De todo modo, a presença notória de protestantes reformados no estabelecimento francês legitimou a reação militar lusitana pelo combate aos hereges do catolicismo. A partir daí, a defesa do monopólio português no comércio colonial na região do Rio de Janeiro passou a se confundir com a missão religiosa de defender o Cristianismo.

A atividade de navegantes franceses na costa do Rio de Janeiro traduzia o fato de que os reis de França nunca reconheceram a pretensão portuguesa e espanhola de exclusividade dos mares proclamada com o Tratado de Tordesilhas de 1494. Por meio do apoio ao corso e da prática do escambo comercial com os indígenas da terra, a França buscou afirmar a liberdade dos mares, praticando a exploração colonial em áreas em que portugueses e espanhóis não conseguiam se fixar. Por outro lado, a constante ação do corso francês na Baía de Guanabara se viabilizava pelo apoio dos grupos indígenas locais, rivais históricos de outros grupos indígenas que se aliaram a portugueses em outras áreas mais ao norte ou ao sul do Rio de Janeiro. Os europeus inscreviam assim a sua disputa colonial num quadro de rivalidades indígenas. Não sem razão, se juntaram às forças de Estácio de Sá em 1565 contingentes de temiminós do Espírito Santo e tupiniquins de São Vicente, rivais dos tamoios que habitavam a região do Rio de Janeiro e eram aliados dos franceses. A geografia política europeia se sobrepunha à geografia política nativa.

A narrativa de José de Anchieta indica como poucos dias depois de estabelecidos em terra, em 1565, os portugueses sob o comando de Estácio de Sá começaram a ser alvo de emboscadas de indígenas locais que organizavam ataques por canoas. Noutra ocasião, uma nau francesa foi isca para um ataque de guerreiros tamoios em dezenas de canoas contra os portugueses. Mesmo assim os lusitanos conseguiram realizar a captura de navios franceses, obrigando-os a abandonar a região e retornar à Europa. De tudo que se sabe, a partir daí os nativos da Guanabara tornaram-se o alvo de ações portuguesas que por dois anos seguiram combatendo os tamoios e deslanchando um processo de conquista sob a metáfora da pacificação. Na derradeira batalha, em 20 de janeiro de 1567, na praia que existia aos pés do atual outeiro da Glória, o capitão-mor Estácio de Sá foi flechado e por consequência morreria no mês seguinte nas terras da cidade que fundou. A memória do jovem comandante militar português, passou a ser sempre associada ao martírio das flechas de São Sebastião.

Em 1585, dois anos depois de inaugurado o edifício da Igreja de São Sebastião no alto do Morro do Castelo, o sítio definitivo da cidade colonial, o visitador jesuíta Cristóvão de Gouveia trouxe ao Rio uma relíquia de São Sebastião. Organizou-se uma grande festa que incluía a representação de uma batalha de canoas, simulando a guerra de conquista do Rio de Janeiro. Seguiu-se um auto sobre o martírio de São Sebastião e um sermão sobre "milagres e mercês" do santo católico. A partir de então, tal como aponta Vinícius Miranda Cardoso, por todo o século seguinte os jesuítas se encarregaram de promover a mística do santo, sustentando o culto ao padroeiro da cidade na memória de suas intervenções divinas nos acontecimentos históricos.

Em meados do século XVIII, no tempo do reinado de D. José I, o culto a São Sebastião perdeu seus promotores na cidade com a expulsão dos jesuítas de Portugal em 1759. No mesmo ano, o bispo frei D. Antonio do Desterro, da ordem beneditina, promoveu Sant'Ana à "Patrona principal desta Cidade e Diocese", instalando na vida religiosa do Rio uma concorrente de São Sebastião. Isso explica o fato de, na atual Catedral metropolitana, o altar ser compartilhado por uma imagem de São Sebastião e outra de Sant'Ana. Mas esclarece igualmente por que os capuchinhos foram decisivos na retomada do culto a São Sebastião na cidade a partir do século XIX e que o fim da igreja no Morro do Castelo no século XX acabou por revalorizar a memória do santo padroeiro como forma de promover a história da cidade na nova igreja da Tijuca. O culto renovado do santo se expressou em torno de uma nova imagem, encomendada pelos capuchinhos na Itália, muito maior e mais nobre que a antiga imagem dos jesuítas. A nova imagem do século XIX substituiu a escultura quinhentista, ganhou destaque no altar-mor e no andor principal das procissões. No intervalo entre o século XVIII e o XX, entre o fim da presença dos jesuítas e a chegada dos capuchinhos ao Rio de Janeiro, é que o fio da memória perdida da antiga e simplória imagem de São Sebastião se reencontra com a história da cidade.

REFERÊNCIAS BIBLIOGRÁFICAS

CARDOSO, Vinícius Miranda. "O Rio de São Sebastião" In: *O Rio de Janeiro: histórias concisas de uma cidade de 450 anos*. Rio de Janeiro: Secretaria Municipal de Educação, 2015. p. 25-35.

FAZENDA, José Vieira. *Antiqualhas e memórias do Rio de Janeiro*. Rio de Janeiro: Monumenta Historica, 2011. 5v.

KNAUSS DE MENDONÇA, Paulo. *Rio de Janeiro da pacificação: franceses e portugueses na disputa colonial*. Rio de Janeiro: Prefeitura da Cidade do Rio de Janeiro, 1991. (Biblioteca Carioca - v. 18).

MARIZ, Vasco & PRONVENÇAL, Lucien. *Os franceses na Guanabara: Villegagnon e a França Antártica*. 3ª ed. revista e ampliada. Rio de Janeiro: Nova Fronteira, 2015.

PAULO KNAUSS Doutor em História, Professor do Departamento de História da universidade Federal Fluminense e Diretor do Museu Histórico Nacional, autor de *O Rio de Janeiro da pacificação: franceses e portugueses na disputa colonial*.

Fôrmas como esta eram utilizadas nos engenhos que
produziam açúcar e cachaça no recôncavo da Guanabara.

Fôrma de Pão-de-Açúcar

Museu Histórico Nacional

SÉCULO XVII OU XVIII

Maria Isabel Lenzi

Qual a origem do nome de um dos principais cartões postais do Rio de Janeiro? Embora para a maior parte das pessoas o nome do morro do Pão-de-Açúcar desperte vagas associações com o formato de pães e, talvez, com o conteúdo de uma vitrina de confeitaria, a resposta pode ser encontrada no objeto de aspecto enigmático, confeccionado em madeira e ferro, existente no Museu Histórico Nacional. Vestígio do período em que a produção de açúcar e aguardente era a principal atividade econômica do recôncavo da Guanabara, a fôrma de pão-de-açúcar tornou-se um objeto corriqueiro no Rio de Janeiro já no início do século XVII.

Como o açúcar também era produzido em outros estados, principalmente no Nordeste, não há como saber, com certeza, se esta fôrma em particular é originária do Rio de Janeiro, onde inúmeros engenhos estavam em atividade, tendo o auge da produção ocorrido nos séculos XVII e XVIII. Existiam também fôrmas feitas de barro ou inteiramente de metal. Todavia, são grandes as chances de a fôrma aqui reproduzida – em ferro e madeira – ter sido feita no Rio, já que as matas eram abundantes por essas plagas e o ferro vinha de fora.

No recôncavo da Guanabara estavam instalados vários engenhos que produziam açúcar e cachaça. Em 1583 havia na região três engenhos levantados por Salvador Correia de Sá, o velho, terceiro governador do Rio, sucessor de Mem de Sá, que recebeu sesmarias na ilha de Paranapuã, hoje Ilha do Governador, e em terras que iam da Tijuca a Jacarepaguá. Foram, então, instalados engenhos de açúcar na Ilha do Governador, na Tijuca e ainda em Jacarepaguá. Em 1612, seriam 14 as propriedades que se dedicavam à produção do açúcar e, 17 anos depois, encontramos 60 engenhos no recôncavo da Guanabara. No último quartel do XVII, em 1680, 130 deles já estavam funcionando no Rio de Janeiro.

O açúcar fluminense era de qualidade inferior àquele produzido por Pernambuco e pela Bahia, porém, no período em que o Nordeste esteve em poder dos holandeses, a produção do Rio de Janeiro foi de grande importância para a economia do império ultramarino português. Ademais, o açúcar e a cachaça eram produtos fundamentais para a economia da capitania, já que no comércio negreiro entre o Rio de Janeiro e Angola, a aguardente de cana tinha importante valor de troca por ser muito apreciada pela elite africana. E no Rio, a cachaça também era popular, mais barata que o vinho português. Por aqui, no século XVII, a arroba de açúcar chegou a ser cotada como moeda nas transações comerciais na falta de moedas em metal.

Uma rede de fornecedores trabalhava para o engenho. Era essencial o fornecimento de cana-de-açúcar, lenha, mão de obra e animais para mover a moenda na falta de uma roda d'água. Deste modo, lavradores abasteciam o engenho de cana-de-açúcar, outros forneciam lenha. A mão de obra escrava, fosse a indígena ou a africana, era provida por mercadores. Mesmo um trabalhador mecânico independente de alguma forma estava ligado à produção nos engenhos.

A cana-de-açúcar chegava ao engenho de carro de boi ou barco e, depois de passar pela moenda, o caldo obtido era aquecido em tachos de cobre com grande quantidade de lenha até a redução. Seria cozido quantas vezes fossem necessárias para atingir o ponto certo, acompanhado da retirada das impurezas com escumadeira. Todo o processo dependia do calor fornecido pela lenha que abastecia a fornalha, de modo que o suprimento de madeira era uma das preocupações do senhor de engenho.

Saindo do tacho, o mel de cana passava para as fôrmas de pão-de-açúcar, que tinham um orifício ao fundo, tapado com folhas de bananeira para o mel não escorrer. Depois de alguns dias, o açúcar endurecia. Então era colocada a argila na boca da fôrma e se derramava a água, que escorria pelo tempo necessário para a cristalização do açúcar. Esse processo, denominado "purga", era executado na casa de purgar, uma das dependências do engenho. A religiosidade estava muito presente naquela sociedade. Não à toa, todo engenho tinha sua capela, e pedia-se proteção aos santos padroeiros no início do beneficiamento da safra. O historiador americano Stuart Schwartz, em seu livro *Segredos internos*, descreve a preparação para o começo dos trabalhos em um engenho:

> Reparava-se o maquinário, substituíam-se as caldeiras, renovavam-se contratos de fornecimento de cana e lenha e traziam-se bois do pasto. Tudo que a mão do homem pudesse fazer era executado, e ficava faltando apenas a ajuda divina. No dia marcado, o pároco ou o capelão residente rezava a missa, abençoando o engenho, na presença do proprietário e sua família [...]. Suplicava-se a Cristo ou ao santo padroeiro do engenho, que protegesse todos os que trabalhavam na propriedade e assegurasse boa colheita. No local da moenda, escravos e homens livres reuniam-se para ouvir as preces e assistir à aspersão de água benta sobre a máquina. [...] Os escravos levavam aquilo tão a sério quanto os senhores. Recusavam-se a trabalhar se a moenda não fosse abençoada e, durante a cerimônia, muitas vezes tentavam avançar para receber algumas gotas de água benta pelo corpo. [...]

Os principais governadores do Rio de Janeiro eram donos de engenho. O mais lembrado e muito poderoso, oriundo da família que participara da conquista do território, Salvador Correia de Sá e Benevides, neto do velho Salvador Correia de Sá, governou a capitania três vezes. Seu engenho não fabricava aguardente, pois ele tinha interesse no comércio do vinho português. Os navios da frota portuguesa que levavam o açúcar para Portugal traziam para o Rio de Janeiro produtos do Reino, como vinho, azeite e bacalhau, e Salvador tinha prioridade para embarcar o seu açúcar para a Europa na companhia de comércio. Salvador Correia de Sá e Benevides frequentava Lisboa e Luanda, tendo participação importante no comércio negreiro. Sua atuação foi fundamental para a derrota dos holandeses em Angola.

Em seu último governo, em 1660/1661, ocorreu um levante contra o governador que ficou conhecido como a Revolta da Cachaça. Na ocasião, o governo aumentara os impostos, proibira a produção de cachaça, que concorria com o vinho português, e reprimira a escravização dos índios. Os revoltosos chegaram a colocar outro fidalgo para governar a cidade no momento em que Salvador de Sá se encontrava em Santos. Todavia, posteriormente a revolta foi sufocada, e um dos rebeldes, Jerônimo Barbalho, foi decapitado. Aos outros acusados, após um período na prisão, a Coroa concedeu o perdão. Contudo, Salvador perdeu o poder depois de denúncia da Câmara do Rio de Janeiro sobre as atitudes autoritárias do governador.

Ao fim do século XVII, a produção de açúcar deixa de ser a principal atividade econômica da cidade, dando lugar ao comércio de grosso trato, que acompanhou a descoberta do ouro nas minas gerais. Entretanto, o prestígio dos senhores de engenho não esmaeceu, tendo muitos comerciantes se ligado por casamento a filhas destes ou mesmo comprado terras e engenhos que, até o século XIX, continuavam em atividade na zona rural do Rio de Janeiro.

Muitos bairros foram originados a partir de engenhos. Por exemplo, em 1779 a freguesia de Inhaúma contava seis engenhos, no maior deles, o de Inhaúma, trabalhavam 79 escravos. O Engenho da Pedra, nesta freguesia, deu origem aos bairros de Ramos e Bonsucesso. Grande parte da matéria-prima chegava de barco, pois a região era repleta de enseadas. Sobre Inhaúma, nos informa Vieira Fazenda que, outrora, a parte do litoral da freguesia viveu um período de grande produtividade, pois em suas plácidas enseadas estacionavam barcos e canoas, que transportavam à cidade o açúcar, a aguardente, o anil e, mais tarde, muito café. Na mesma freguesia de Inhaúma, encontrava-se também o Engenho da Rainha, adquirido por Carlota Joaquina e que hoje dá nome a um bairro adjacente a Inhaúma. Próximo ao Engenho da Rainha havia o Engenho do Mato, que deu origem ao bairro de Tomás Coelho.

A freguesia de Jacarepaguá era conhecida como a planície dos onze engenhos. Destaca-se o da Taquara, com as capelas de Nossa Senhora dos Remédios e a da Exaltação da Santa Cruz, que pertenceu aos Telles Barreto, importante família ainda hoje lembrada no Arco do Telles, na Praça XV. Floresceu também nesta freguesia, o Engenho d'Água, um dos primeiros a se instalar, ainda no século XVI, nas terras da Salvador Correia de Sá, que mandou construir no local uma capela dedicada à Nossa Senhora da Cabeça. Em 1779, o Engenho d'Água aparece no relatório do Marquês de Lavradio, como grande produtor de açúcar e de aguardente. Lavradio também esclarece que a propriedade estava ainda com a família Correia de Sá. Hoje, encontramos o bairro Gardênia Azul onde outrora funcionava o Engenho d'Água. A casa grande do Engenho d'Água e a Fazenda Taquara foram tombadas como patrimônio nacional, juntamente com a capela de Nossa Senhora dos Remédios, em 1938. Também na região de Jacarepaguá, os padres beneditinos receberam em testamento de Vitória de Sá, em 1667, o engenho de Camorim, onde hoje estão os bairros de Camorim e Vargem Pequena.

Vieira Fazenda, em suas famosas *Antiqualhas*, nos dá conta das terras onde hoje estão os bairros do Jardim Botânico e Lagoa. Não longe da lagoa e por ordem do rei de Portugal, o governador Antônio de Salema construiu o engenho dedicado à Nossa Senhora da Conceição, com vasta zona de terras. Posteriormente, tal engenho foi comprado por Rodrigo de Freitas Castro, fidalgo da Casa Real, falecido em 1748. Com a chegada da família real em 1808, D. João desapropriou o engenho e as terras da Lagoa, para ali estabelecer uma fábrica de pólvora e oficinas de fundição de peças de artilharia e canos de espingarda. Ainda hoje podemos ver os vestígios desta fábrica de pólvora no parque do Jardim Botânico.

A freguesia de Irajá abrigou alguns engenhos, tendo o de Nossa Senhora de Nazaré dado origem aos bairros de Anchieta e Ricardo Albuquerque. Já em terras do Engenho de Nossa Senhora da Conceição, hoje se ergue o bairro da Pavuna. No bairro de Irajá propriamente dito, no século XVII, encontravam-se os engenhos de Nossa Senhora da Ajuda e de Nossa Senhora das Graças.

O Engenho Novo dos Jesuítas, construído em 1707, está também na origem de alguns bairros cariocas. Além de Engenho Novo, os bairros de São Francisco Xavier, Méier, Lins e Jacaré ficam em terras onde eram produzidas cana e lenha para o novo engenho dos Jesuítas. Mas os padres de Jesus tinham outra fábrica de açúcar, a velha, que mais tarde deu nome ao bairro – Engenho Velho – incorporado à Tijuca.

Na freguesia de Campo Grande, encontramos os engenhos da Serra na Fazenda Bangu, hoje o bairro de Bangu; o Engenho de Sapopemba, que deu origem ao bairro de Deodoro; o bairro de Santíssimo advém do Engenho do Lameirão. Destacamos nesta freguesia, o Engenho da Lapa, na Fazenda Viegas. Lugar apreciado pela beleza já no século XIX, quando a viajante inglesa Maria Graham observou, em seu *Diário de uma viagem ao Brasil*, que a região era um dos lugares mais belos que ela jamais teria visto, sendo as rochas, árvores, campinas e construções, tudo parecendo arrumado para ser admirado. A sede da Fazenda Viegas foi tombada pelo Patrimônio Histórico em 1938 e a propriedade foi transformada no Parque Municipal da Fazenda Viegas em 1996. Localizado no bairro de Senador Camará, o Parque Viegas é atualmente uma área de lazer e preservação da natureza na região de Campo Grande.

Todavia, o maior legado dessa civilização do açúcar para o Rio de Janeiro é o símbolo da cidade. Quando se admira a paisagem e vê-se o teleférico que já se incorporou ao cenário carioca e que leva ao Pão-de-Açúcar, muita gente não imagina que o morro deve seu nome ao torrão de açúcar que, na casa de purgar dos engenhos, saía da fôrma e era chamado de pão-de-

-açúcar. No litoral sudeste do Brasil, como é muito comum essa formação rochosa de forma cônica, esse tipo de acidente geográfico passou a ser denominado pão-de-açúcar. Entretanto, o grande bloco de pedra existente na entrada da baía, *um* pão-de-açúcar, recebeu esse nome também como nome próprio – *o* Pão-de-Açúcar. E se os franceses ganhassem a refrega para a conquista da Guanabara, provavelmente ao chegar à baía iríamos vislumbrar no horizonte o *Pot de beurre*, modo pelo qual chamavam aquele rochedo, pois, ainda hoje, os franceses acondicionam a manteiga em um pote cônico com formato semelhante ao morro carioca.

BIBLIOGRAFIA

COARACY, Vivaldo. *O Rio de Janeiro no século XVII*. Rio de Janeiro: Livraria José Olympio Editora, 1965.

FRAGOSO, João. A formação da economia colonial no Rio de Janeiro e de sua primeira elite colonial (séculos XVII e XVIII), in FRAGOSO, João; BICALHO, Maria Fernanda; GOUVÊA, Fátima. *O Antigo Regime nos trópicos: a dinâmica cultural portuguesa (séculos XVI-XVIII)*. Rio de Janeiro: Civilização Brasileira, 2001.

PIRES, Fernando Tasso Fragoso; GOMES, Geraldo. *Antigos engenhos de açúcar no Brasil*. Rio de Janeiro: Nova Fronteira, 1994.

SCHWARTZ, Stuart. *Segredos internos: engenhos e escravos na sociedade colonial*. São Paulo: Companhia das Letras, 1995.

VIEIRA FAZENDA, José. *Antiqualhas e memórias do Rio de Janeiro*. Rio de Janeiro: Documenta Histórica, 2011.

MARIA ISABEL RIBEIRO LENZI
é doutora em História pela UFF, técnica do Instituto Brasileiro de Museus e coautora do livro *O Porto e a Cidade, o Rio de Janeiro entre 1565 e 1910*, entre outros títulos.

Vértebra de jubarte, coletada no fim do século XX.

Esqueleto de Baleia

Destruído pelo incêndio de 2 de setembro de 2018

Museu Nacional - UFRJ

Século XIX

Camila Baptista Dias

Desde tempos remotos, as baleias exercem enorme fascínio sobre todo tipo de gente. Lendas e histórias já eram contadas em desenhos feitos nas paredes das cavernas por hominídeos, que viam estes animais como monstros. Na Antiguidade, elas inspiraram alguns dos mitos criados pelos gregos. O escritor Herman Melville fez da baleia Moby Dick um dos personagens mais conhecidos da literatura ocidental, buscando inspiração no filósofo grego Plutarco, que teria escrito: "qualquer coisa que chegue ao caos da boca deste monstro, seja animal, barco ou pedra, desce imediatamente por aquela repugnante goela e perece na voragem sem fundo de seu ventre".

O fascínio exercido pelas baleias contagia a vida carioca ainda hoje, despertando sempre curiosidade geral quando eventualmente alguma delas aparece no litoral do Rio de Janeiro. E isso desde tempos antigos. Paulo Berger e Eneida de Moraes contam que foram as baleias que pela primeira vez chamaram atenção da cidade para o bairro de Copacabana. Segundo eles, no ano de 1858, quando o bairro ainda não existia e a região não passava de um grande areal à beira-mar, grandes baleias teriam aparecido, atraindo centenas de pessoas para admirar os mamíferos aquáticos e seus saltos nas águas oceânicas do Rio de Janeiro. Até o imperador D. Pedro II teria ido ao local em busca da visão das baleias acompanhado de uma comitiva, seguindo os mais ricos em coches, enquanto outros iam a cavalo e até mesmo a pé. A distância frustrou o programa, pois o caminho foi tão demorado que, ao chegarem, as baleias já haviam tomado seu rumo em direção ao alto-mar. Apesar disso, quem foi até lá terminou se divertindo num piquenique que durou três dias e três noites, entre barracas montadas e grande farnel. Desse modo, graças às baleias que passaram por águas cariocas naquele ano de meados do século XIX, a cidade descobriu a alegria de ir à praia.

A época de origem das baleias ainda é indeterminada. No entanto, estima-se que as espécies mais recentes já existiam há quatro ou cinco milhões de anos e as primitivas, há 30 milhões. A biologia classifica os cetáceos, nome científico dado ao grupo das baleias, golfinhos, botos e outros mamíferos exclusivamente aquáticos, em dois grupos: os odontocetos, que compreendem as baleias com dentes; e os misticetos, que reúnem os cetáceos com barbatana.

O maior odontoceto é o cachalote, que mede de 15 a 20 metros de comprimento. Tornou-se o preferido dos pescadores e é objeto de uma das mais antigas e contínuas histórias de perseguição.

A indústria de derivados de baleia no Brasil surgiu na segunda metade do século XVIII voltada para a fabricação de velas, através do uso do óleo, que também era consumido nas boticas como detergente, consolidador, emoliente no preparo de unguentos, pomadas, bálsamos, cosméticos e sabões finos.

A pesca da baleia no Rio de Janeiro teve grande importância econômica, demonstrada pela construção das chamadas “fábricas” que aceleravam esse comércio desde o final do século XVII, atingindo a mais alta lucratividade no século XVIII. Depois de arpoadas, as baleias eram puxadas para a praia, em locais denominados "armação", pois ali se armavam os equipamentos necessários à retirada das partes a serem utilizadas. A partir da Bahia, as armações de pesca de baleia expandiram-se para o Sul do Brasil e, em menos de século e meio, eram doze no vasto litoral entre Cabo Frio e Santa Catarina. A chamada região das "pescarias do Sul" subdividia-se em áreas menores – hoje correspondendo ao litoral fluminense, paulista e catarinense – e estava centralizada no Rio de Janeiro.

A constante presença desses cetáceos na Baía de Guanabara, desde o período colonial até os dias atuais, fica evidenciada na coleção de ossadas do Museu Nacional. Destaca-se o esqueleto de baleia jubarte exposto pela primeira vez em 1886 na antiga sede do Campo de Santana e que durante muitas décadas foi o objeto de maior atração de público na instituição. Representa uma das espécies mais comuns nas águas dessa região desde o período colonial, assim como as baleias minke e cachalote, as preferidas para a pesca nos séculos XVII e XVIII.

Os cetáceos procuravam as costas litorâneas de águas mansas para procriação e amamentação dos baleotes. Os núcleos ficavam sempre nas enseadas, abrigados do vento e da agitação do mar, em praias mansas, de suave inclinação, revestidas de areia fina, favoráveis ao estabelecimento humano e à abordagem dos barcos de pesca.

A tripulação que compunha a lancha que saía para a caça das baleias era formada por seis remeiros, arpoador e timoneiro ou patrão do barco. Arpoador e timoneiro eram os elementos mais importantes da baleeira – nome pelo qual era conhecida a lancha – e o êxito da pesca dependia da harmonia e do equilíbrio da ação conjunta. O período em que os homens permaneciam no mar era de três meses, remando, arpoando e arrastando para terra as baleias capturadas. Muitos arpoadores, timoneiros e remeiros morriam no mar ou regressavam feridos ou inválidos, vítimas de uma rotina marcada por muitos riscos, conforme descreveu a historiadora Miriam Ellis:

> Grande perigo enfrentava a guarnição da baleeira, o arpoador especialmente, no momento decisivo do arremesso do arpão. Uma rabanada brusca do cetá-

ceo ferido e enfurecido poderia colhê-lo em cheio e atirá-lo ao espaço, em fração de segundo, arrancar a proa à embarcação, destroçá-la inteira, afogando-se a tripulação exposta à voracidade dos tubarões atraídos pelo sangue da baleia (...) E outros riscos e imprevistos mais decorriam da aventura. Um rápido e inesperado desvio da corda do arpão poderia seccionar a perna de um homem, ou serrar-lhe o ventre. À mínima hesitação do timoneiro em manobrar o leme a uma guinada do animal, à menor vacilação ao comando da proa, um cochilo do arpoador, soçobraria a baleeira.

Morta a baleia, o maior trabalho era mantê-la à tona e removê-la até a praia. Frei Vicente, em sua *História do Brasil*, datada de 1617, descreve como, munido de corda e facão, um homem pulava na água, seguido por um ou dois companheiros. Iniciavam a penosa e arriscada tarefa de amarrar o corpo da baleia à frágil embarcação. O feitor-mor controlava o conjunto das atividades distribuídas entre feitores que tinham responsabilidades específicas: a pesca, a fábrica, a armazenagem. O chamado "feitor da praia" supervisionava os serviços de desmanche da baleia.

A carne da baleia, usada como alimento, era vista como um subproduto, sendo consumida somente por escravos e pela população livre pobre (apesar de a língua ser considerada uma importante iguaria, sendo vendida à nobreza e ao clero europeu). As barbatanas eram utilizadas na confecção de indumentárias femininas e masculinas, como os espartilhos, saias, chapéus e em artefatos de batalha. Os ossos eram usados para a construção civil e, principalmente a partir do século XVIII, para a produção de móveis. O óleo de baleia serviu, especialmente, para a iluminação dos engenhos, de casas e fortalezas e para o preparo de uma argamassa especial usada com pedras nas construções mais sólidas, além da fabricação de velas.

Separados o toicinho e os ossos, a carne era distribuída aos baleeiros e ao povo que, em geral, a consumiam fresca, ou era salgada e armazenada em barris de madeira para ser comida ao longo do ano. Os ossos, desarticulados e cortados, amontoavam-se nas praias. As barbatanas eram arrancadas do maxilar superior do animal ao início das operações, despojadas das carnes e das gorduras. Iniciada a exploração comercial do óleo ou azeite de baleia, o produto difundiu-se

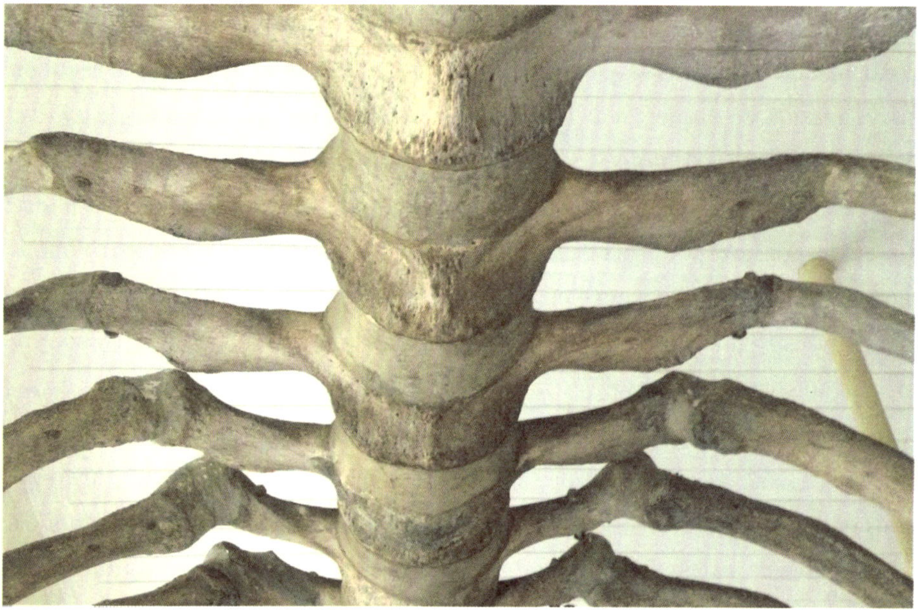

na colônia e o seu principal aproveitamento teria sido para atender ao problema da iluminação.

As feitorias baleeiras do Brasil – com seu engenho, casa-grande, senzala e dezenas de outras construções – exploravam comercialmente a pesca da baleia e, em algumas regiões se estabeleceu o comércio local do azeite de peixe para o fornecimento a habitações, fábricas de açúcar, aguardente e farinha, estaleiros, fortalezas e outras construções. Segundo o cronista Vieira Fazenda, durante muito tempo no Rio de Janeiro colonial só existiu um depósito de óleo de baleia localizado na atual Rua General Câmara e que mais tarde foi transferido para a Travessa do Comércio. Em 1680, foi decidida a criação de um segundo armazém na cidade, estabelecido numa casa em frente à igreja de São José, e que depois passou a funcionar na Ladeira da Misericórdia, subida principal do Morro do Castelo.

Pesquisas relatam que a armação baleeira de São Domingos foi uma das primeiras e mais importantes estabelecidas na capitania do Rio de Janeiro. Muito embora não se saiba quando foi fundada, alguns historiadores datam sua construção desde finais do século XVI, mas não apresentam fontes que comprovem essa informação. No ano de 1622, também nas cercanias atuais de Niterói, houve a fundação da fábrica da Ilha das Baleias (onde hoje é a Ilha do Mocanguê, área reservada da Marinha do Brasil), que era responsável por processar a gordura extraída dos cetáceos em óleo. Este fato demonstra que, ainda na primeira metade do século XVII, os investimentos para produção de derivados da baleia já estavam sendo estabelecidos na capitania do Rio de Janeiro.

A pesca da baleia também contribuiu para desenvolver a navegação de cabotagem encarregada da expedição de óleo e barbatanas para o centro redistribuidor do Rio de Janeiro e para a importação de escravos e artigos indispensáveis à vida cotidiana e ao trabalho. Concentraram técnicas, aparelhagem e mão de obra, assalariada e escrava, para as arriscadas aventuras marítimas, destinadas ambas às fábricas de beneficiamento e serviços terrestres.

Interessado em rendimentos para enfrentar as despesas da colônia nos setores civil, militar e religioso, Portugal firmou o monopólio da pesca da baleia em 1615, durante o período da União Ibérica. O contrato da pesca da baleia tornara-se um monopólio régio, gerando rentabilidade aos comerciantes e canalizando riquezas para a Coroa. Segundo Monsenhor Pizarro em suas *Memórias históricas do Rio de Janeiro*, cujos volumes foram publicados entre 1820 e 1822 pela Imprensa Régia, o primeiro contrato de arrendamento da pesca da baleia no Rio de Janeiro teria sido firmado entre a segunda e a terceira década do século XVII, quando se estabeleceu, na Baía de Guanabara, a primeira armação das pescarias do Sul. Porém, segundo a "Relação de todos os contratos e mais rendas que tem S. Majestade que Deus guarde na Capitania do Rio de Janeiro", documento encontrado na coleção do Conselho Ultramarino transcrito em cópia disponível no IHGB, o primeiro contrato oficial data de 1644.

Os contratadores da pesca das baleias eram, antes de tudo, vassalos do rei e, como tal, buscavam sempre estar inseridos em espaços de atuação colonial, onde pudessem se firmar como membros da elite local, já que as colônias tinham na metrópole a sua referência moral. Com isso, vários "homens de negócio" da cidade do Rio de Janeiro passam a se apresentar e a investir na pesca das baleias. Os contratadores da pesca da baleia são encontrados em várias esferas sociais, como na provedoria da Fazenda, nas irmandades religiosas, ocupando cargos de provedores da Santa Casa da Misericórdia, no governo da capitania, atuando como escrivães ou tesoureiros, ou destacando-se na sociedade como importantes senhores de engenho. Um desses contratadores legou seu nome a um bairro da cidade, Brás de Pina, onde possuía terrenos. A armação do contratador Brás de Pina se localizava onde mais tarde viria a ser o Cais dos Mineiros. Um vestígio ainda desse tempo da pesca da baleia é o nome de um local hoje badalado na cidade: o Arpoador, recanto do bairro de Ipanema. Reza a lenda que as baleias chegavam próximo à costa e eram facilmente arpoadas da pedra hoje conhecida como Arpoador.

Mas a pesca tem a sua temporada. Durante o verão austral - de novembro a abril - as baleias permanecem nas águas do Pólo Sul, mais rico em matérias orgânicas que as zonas tropicais. Com a aproximação do inverno, em abril, as baleias começam sua migração para os trópicos, e ali encontram lugar e tempo propícios para a procriação. No próximo inverno carioca, um bom programa é ir à praia e - com um pouco de sorte - esperar que elas apareçam no horizonte.

BIBLIOGRAFIA

BERGER, Paulo; MORAES, *Eneida de. História dos subúrbios*; Copacabana. Rio de Janeiro: DHDM--Prefeitura do Distrito Federal, 1959.

DIAS, Camila Baptista. *A Pesca da baleia no Brasil Colonial: contratos e contratadores do Rio de Janeiro no século XVII*. Dissertação (Mestrado) apresentada ao Programa de Pós-Graduação em História do Instituto de Ciências Humanas e Filosofia. Universidade Federal Fluminense. Niterói. 2010.

ELLIS, Myriam. *A baleia no Brasil Colonial*. São Paulo, Edições Melhoramentos / EdUSP. 1969.

_______. *Comerciantes e contratadores do passado colonial*. São Paulo, Revista do Instituto de Estudos Brasileiros, USP, 1982.

FAZENDA, José Vieira. *Antiqualhas e memórias do Rio de Janeiro*. Rio de Janeiro: Documenta Histórica, 2011. v.II.

FIGUEIREDO, Cláudio; LENZI, M. Isabel; SANTOS, Nubia Melhem. *O porto e a cidade: o Rio de Janeiro entre 1565 e 1910*. Rio de Janeiro: Casa da Palavra, 2005.

CAMILA BAPTISTA DIAS é mestre em História pela Universidade Federal Fluminense, autora da dissertação *A pesca da baleia no Brasil colonial; contratos e contratadores do Rio de Janeiro no século XVII*. É também professora de História das redes estadual e municipal do Rio de Janeiro.

Feita de aço, prata e metal dourado, a arma pertenceu a Gomes Freire de Andrada, governador do Rio de Janeiro de 1733 a 1763.

Espada de Gomes Freire

Museu Histórico Nacional

Século XVIII

Maria Fernanda Bicalho

Chegou da cidade num cavalo tordilho belíssimo e cujos arreios eram somente de ouro e bordados. Suas pistolas, a espada, as esporas, o cabo do rebenque eram de ouro em todo ou em parte. Seu traje era escarlate bordado também a ouro, uma pluma branca, apesar de um pouco maior do que se usa normalmente em França, enfeitava com muita graça o seu chapéu.

Esta é uma das poucas descrições da figura de Gomes Freire de Andrada, ou Andrade, governador do Rio de Janeiro de 1733 a 1763. Trata-se do relato de um tripulante do navio l'Arc-en-Ciel, capitaneado por M. Pepin de Bellisle que, em 1748, solicitou acolhida no porto do Rio, pois havia se desgarrado de uma esquadra do rei de França que navegava em direção ao Oceano Índico. Antes de ancorarem, alguns franceses foram à cidade pedir licença ao governador para improvisar um hospital em terra firme, pois traziam muitos doentes. Gomes Freire voltava da missa na Igreja do Carmo, na mesma praça – hoje Praça XV – em que se situava o palácio dos governadores, no atual prédio do Paço Imperial. Vinha a pé, sob um guarda-sol carregado por dois negros, precedido de quarenta oficiais militares. Recebeu cortesmente os franceses, concedendo-lhes a hospitalidade desejada. M. de Bellisle alugou uma casa avarandada numa colina diante de uma enseada um pouco afastada, sob a sombra de limoeiros e laranjeiras que exalavam um agradável perfume. Durante os cerca de 15 dias em que os franceses ali permaneceram, inúmeras foram as visitas, tanto feitas ao governador, quanto retribuídas por ele. Gomes Freire foi descrito como uma pessoa culta e distinta, cuja conversação era agradável e interessante, falava bem o francês e gostava de discursar sobre a França, apesar de nunca ter lá estado. Conhecia Flandres, onde servira na sua mocidade.

Porém, o que mais nos interessa é a descrição de seus trajes e adereços, sobretudo da espada que o nobre militar usava ao visitar seus hóspedes europeus. Tratava-se de uma rapieira, um tipo de espada de lâmina reta, longa e fina, muito comum na Europa entre os séculos XVI e XVIII, utilizada sobretudo nos meios urbanos, no ambiente hostil de becos e ruas estreitas, para fins civis de defesa pessoal, e não militares, em batalhas ou guerras. Nestas, além de espadas mais pesadas, escudos e armaduras que entravam em desuso, predominavam as armas de fogo. As rapieiras, como a de Gomes Freire, eram transportadas na cintura e permitiam um combate mais ágil e rápido, com estocadas, cutiladas e golpes de perfuração bastante letais. Eram utilizadas em duelos, assim como as capas que não raro as acompanhavam como indumentária, posteriormente preservadas na prática da esgrima. Não é à toa que uma de suas primeiras versões surgiu em meados do século XV na Espanha, onde era conhecida como roupeira (*ropera*, em castelhano), que, com a guarda ou proteção da mão em forma de sino ou de taça, fazia parte do vestuário de nobres e cortesãos, pois sem ela seus trajes não estariam completos.

Assim era a espada de Gomes Freire: forjada em aço, prata e metal dourado, com 92 centímetros de comprimento, decorada com flores gravadas na guarda e dentro desta uma arruela em metal dourado imitando uma flor. Sua bainha era de couro com guarnições de prata igualmente decoradas com motivos florais. Tanto esmero combinava bem com o estatuto de seu dono, pois a família Freire de Andrada, embora não fosse nobre de sangue, destacava-se há muito no serviço dos reis de Portugal, quer em façanhas militares na Europa, quer no governo ultramarino. Seu tio homônimo, Gomes Freire de Andrada, foi governador do Estado do Maranhão entre 1684 e 1688. Seu pai, Bernardino Freire de Andrada, lutou na Guerra de Sucessão da Espanha (1703-1713). O jovem Gomes Freire nasceu em Juromenha, no Alentejo, em 1685 ou 1688. Era o quarto de cerca de dez irmãos, dentre os quais Henrique Luís Pereira Freire de Andrade, governador de Pernambuco em 1737, e José Antônio Freire de Andrade, que substituiria Gomes Freire no governo interino do Rio de Janeiro e de Minas Gerais em 1752.

Estudou no Real Colégio das Artes e Humanidades, em Coimbra, onde recebeu formação moral e humanista. Talvez por isso a observação dos franceses sobre a cultura e a cortesia do governador. Não é possível ter certeza se, além do grego e latim, aprendeu francês e espanhol no colégio ou no campo de batalha, uma vez que, interrompendo seus estudos, participou, assim como seu pai, da Guerra de Sucessão da Espanha, tanto em sua província natal, o Alentejo, quanto – a nos fiarmos no autor do relato do l'*Arc-en-Ciel* – em Flandres, sob o comando do general holandês Arnold Joost van Keppel, Conde d'Abermale, aliado dos ingleses e inimigo dos espanhóis.

Ocupou em Portugal o posto de capitão de cavalaria do Alentejo, tendo sido promovido a sargento-mor do regimento de cavalaria de Alcântara, distrito de Lisboa. Talvez tenha sido na década de 1720 que se aproximou dos círculos cortesãos, pois ao longo de sua trajetória ascendente foi feito moço fidalgo, fidalgo escudeiro, membro da Ordem de Cristo e do Conselho dos reis D. João V e D. José I. Em 1758 recebeu o título de Conde de Bobadela. A experiência militar, assim como outros méritos, como a prudência, a justiça e a lealdade fizeram-no o escolhido para o posto de governador e capitão-general da capitania do Rio de Janeiro, tendo assumido o cargo em julho de 1733. Durante seu governo a cidade do Rio assumiu um papel central, econômico e geoestratégico, no centro-sul da América portuguesa. Em 1680 foi fundada no estuário do rio da Prata a Colônia de Sacramento, fortaleza e praça comercial que permitia o acesso, via contrabando, à prata peruana. Seu governador subordinava-se a Gomes Freire. Em fins do século XVII e início do XVIII o descobrimento das minas de ouro nos sertões das Gerais e a construção do caminho novo que ligava a cidade do Rio aos arraiais au-

ríferos fizeram com que seu porto se tornasse a principal entrada de mercadorias que iriam abastecer as Minas, sobretudo de escravos africanos.

A partir de 1735 Gomes Freire acumulou o governo das capitanias do Rio e de Minas Gerais. Em 1738, Rio Grande de São Pedro e Santa Catarina passaram para a sua jurisdição. Dez anos depois, em 1748, São Paulo subordinou-se ao governo do Rio, assim como as recém-criadas capitanias de Mato Grosso e de Goiás. O futuro Marquês de Pombal escrevia em carta de 1758 a Gomes Freire que o Rio de Janeiro era a chave de preciosíssimos tesouros, devido à importância de seu porto no comércio atlântico com as Minas e à sua posição geoestratégica na construção do território e dos limites entre os domínios e as soberanias de Portugal e de Espanha na América meridional. Em 1761 D. José I sugeria que Gomes Freire se transferisse para a Bahia e assumisse o cargo de vice-rei do Estado do Brasil. Nosso governador, porém, recusou-se, fazendo ver à Corte de Lisboa que o Rio de Janeiro era já, àquela época, o maior "Empório do Brasil".

Exímio diplomata e estrategista militar, Gomes Freire foi nomeado embaixador nas negociações com o governador de Buenos Aires por ocasião do Tratado de Madri (1750). Em 1752 foi para o sul com a missão de fazer valer as cláusulas do tratado que determinava que a Colônia do Sacramento, até então sob o domínio português, passaria para a Coroa de Castela, e os Sete Povos das Missões, situado em território espanhol, faria doravante parte dos domínios portugueses. Foi um dos principais comandantes em 1756 na chamada Guerra Guaranítica contra os jesuítas e os índios das missões que não aceitaram as deliberações de Lisboa e de Madri.

Ao partir para o sul, deixou seu irmão, José Antônio Freire de Andrade, como governador interino do Rio de Janeiro e de Minas Gerais. Escreveu-lhe minuciosa instrução na qual afirmava que o bom governo consistia em cumprir o que Deus e o rei determinavam em suas leis e decretos. A seu ver, a glória e a fama não se resumiam às vitórias nos campos de batalha, uma vez que a razão, a justiça, a prudência, a piedade, a inteireza, a imparcialidade e o desinteresse eram as principais qualidades de um bom governante. Porém, o mais curioso é a descrição do cotidiano de um governador colonial, como havia sido o seu ao longo dos últimos 19 anos: seus dias principiavam com orações, e, depois da primeira refeição, respondia as cartas recebidas na véspera ou nos dias anteriores. Às dez horas ouvia missa, seguindo-se o despacho e a audiência a todos aqueles que desejassem apresentar queixas ou solicitações. Depois do almoço dedicava-se à consulta dos livros da secretaria para conferir se havia algo pendente, e à tarde recomendava "fazer passeio a cavalo ou a pé", pois "não havendo ocupação é isso muito útil para a saúde". A noite era reservada à conversação e ao entretenimento, e, antes de dormir, a uma boa leitura dos livros históricos e militares.

A instrução ao irmão e o relato com que se iniciou este texto demonstram a coerência de Gomes Freire ao unir o útil ao agradável, exercitando-se às tardes e aproveitando a presença dos franceses para se entreter em visitas diárias e conversar sobre notícias da Europa. Nestas andanças sua espada deveria ser companheira inseparável, pois não só o protegia, como lhe atribuía o estatuto tão almejado por todos os que viviam, embora apartados da Corte e da presença régia, numa sociedade baseada em valores de antigo regime: o de nobre militar e cortesão. Era uma pessoa culta e distinta, patrocinou as academias literárias dos Felizes e dos Seletos no Rio de Janeiro, além de ter implantado aulas de engenharia militar e incentivado a criação da efêmera tipografia de Antônio Isidoro da Fonseca, a primeira no Brasil. Foi um grande realizador de obras urbanas, como a do aqueduto da Carioca, a do chafariz erguido no meio da atual Praça XV, a construção da casa dos governadores na mesma praça e dos conventos da Ajuda, na atual Cinelândia, e das Carmelitas Descalças, em Santa Teresa. Não é à toa que importantes poetas dos tempos da Arcádia o louvassem em suas obras literárias, como é o caso de *O Uraguai*, de 1769, de Basílio da Gama, poema épico sobre a guerra guaranítica, em que nosso personagem é descrito como um grande herói.

Gomes Freire de Andrada governou o Rio de Janeiro até inícios de 1763, quando faleceu e foi enterrado no convento de Santa Teresa, que ainda hoje guarda um retrato seu. Outro retrato, que os vereadores em exercício no ano de 1760 mandaram pintar, permanece também hoje no palácio Pedro Ernesto da Câmara Municipal do Rio de Janeiro. Logo após a sua morte, D. José I ordenou que o então vice-rei nomeado, Conde da Cunha, tomasse posse no Rio de Janeiro, cidade que havia conquistado indiscutível centralidade administrativa e econômica, tornando-se, desde os tempos de Bobadela e muito devido ao seu governo, a principal cidade do Estado do Brasil para onde foi transferido o vice-rei a partir de 1763 por ordem do rei. A partir de então o Rio de Janeiro iniciou o processo de afirmação de sua capitalidade.

BIBLIOGRAFIA E FONTES DE REFERÊNCIA

O extrato do relato que inicia este texto encontra-se reproduzido em vários arquivos e publicações. O original francês, *Extrait d'um Journal de la Campagnie des Vaisseaux du Roi aux Indes Orientales enl'année 1748. Relâche du Vaisseau Arc-en-Ciel à Riojenaire, Côte du Brésil*, consta do acervo do Centre d'Accueil et de Recherche des Archives Nationales de Paris, no fundo Marine B4 / 62, fl. 281-301. A *Revista do Instituto Histórico e Geográfico Brasileiro*, no vol. 280, de junho/setembro de 1968, publicou uma tradução em português prefaciada por Gilberto Ferrez. Existe ainda na Biblioteca do Palácio Nacional da Ajuda, em Lisboa, sob a classificação 54-XIII-4 (19), uma cópia manuscrita sob o título *Relâche de l'Arc-en-Ciel à Rio Janeiro. 1748*, que, por sua vez foi traduzida para o inglês e publicada em *The Hispanic American Review*, vol. 21, agosto de 1941, p. 425-435.

BICALHO. Maria Fernanda. *A cidade e o império. O Rio de Janeiro no século XVIII*. Rio de Janeiro: Civilização Brasileira, 2003.

RIBEIRO, Mônica da Silva. *"Se faz preciso misturar o agro com doce": A administração de Gomes Freire de Andrada, Rio de Janeiro e centro-sul da América portuguesa (1748-1763)*. Niterói: Tese de Doutorado apresentada ao PPGH-UFF, 2010.

MARIA FERNANDA BICALHO
é licenciada em História pela PUC/RJ, mestre em Antropologia Social pelo Museu Nacional/UFRJ e doutora em História Social pela USP. Professora Associada no Departamento de História da UFF, é autora do livro *A cidade e o império: O Rio de Janeiro no século XVIII* (Civilização Brasileira, 2003).

Peça da estrutura utilizada no enforcamento do líder da Inconfidência Mineira, em 1791, no Rio de Janeiro.

Traves da forca de Tiradentes

Museu Histórico Nacional
SÉCULO XVIII

Rafael Zamorano Bezerra

Para a maior parte dos visitantes, as traves de madeira expostas no Museu Histórico Nacional são irreconhecíveis sem a devida legenda explicativa. Melhor assim! Pois fazem parte de um sinistro conjunto: uma forca de execução, objeto que desperta a curiosidade por evocar uma prática de um passado distante, e que ninguém gostaria de encontrar em uma praça pública, ainda mais com um corpo em estado de putrefação. Essas traves foram encontradas em 1893, enterradas no calabouço do Aljube, palavra de origem árabe usada para designar prisão eclesiástica. A construção foi erguida em 1732 ao pé do Morro da Conceição, abaixo do Palácio Episcopal, hoje ocupado pelo Serviço Geográfico do Exército. Conforme nos conta Vieira Fazenda, as execuções na cidade eram realizadas no Largo da Prainha, ainda existente no bairro da Saúde, no antigo Largo do Capim, que desapareceu com a Avenida Presidente Vargas, e principalmente no Largo do Moura, local ao pé do Morro do Castelo, atrás da antiga Rua da Misericórdia.

O que torna essas traves mais interessantes é o fato de serem identificadas como as que serviram para enforcar, em 1791, Joaquim José da Silva Xavier, o Tiradentes. Apesar de o movimento ter sua origem em Minas Gerais, o desfecho dramático da Inconfidência Mineira, com os julgamentos dos acusados, ocorreu na cidade do Rio de Janeiro, por ser sede do governo colonial e dos vice-reis.

O malogrado movimento visava transformar a capitania de Minas Gerais em uma república independente, com base nos ideais do Iluminismo e da Revolução Americana. Seus 11 integrantes denunciados eram personagens de destaque social em Vila Rica (atual Ouro Preto, em Minas Gerais), como o tenente-coronel Francisco de Paula Freire de Andrade e os poetas Claudio Manoel da Costa e Tomas Antonio Gonzaga. A insurreição que seria deflagrada no dia da derrama, cobrança dos impostos atrasados da produção do ouro, foi delatada por Silvério dos Reis em troca da anistia de suas dívidas na Fazenda.

O processo judicial foi iniciado em maio de 1789, na época do vice-rei D. Luís de Vasconcelos e Sousa, o 4° conde de Figueiró, com a prisão de Tiradentes no Rio de Janeiro, na Rua dos Latoeiros, atual Gonçalves Dias. Mas foi no ano seguinte, com o novo governo de D. José Luís de Castro, o 2° Conde de Resende, que se instaurou na cidade uma repressão violenta em nome

do combate às ideias revolucionárias vindas da França e das antigas colônias inglesas. No Rio de Janeiro, a administração do medo, conforme nos mostra Afonso Carlos Marques dos Santos, marcou a época do Conde de Resende. Além de perseguir o movimento da Inconfidência Mineira, em 1794 o vice-rei mandou prender, sequestrar os bens e investigar as atividades dos membros da Sociedade Literária do Rio de Janeiro, criada em 1786, no tempo do vice-rei Luís de Vasconcelos. Os envolvidos foram acusados de tramar contra a Coroa e o principal acusado, Manuel Inácio da Silva Alvarenga, mulato nascido em Minas Gerais, formado em Direito pela Universidade de Lisboa, poeta e professor de aulas régias de Retórica e Poética, foi preso. Em sua casa, na antiga Rua do Cano, atual Sete de Setembro, eram realizadas as reuniões da Sociedade Literária do Rio de Janeiro. Em 1798, depois de mais de dois anos encarcerado sem provas sobre uma possível conspiração, Silva Alvarenga foi

libertado por determinação da rainha D. Maria I, caracterizando a arbitrariedade da repressão deslanchada por ordem do Conde de Resende.

Contudo, eram os enforcamentos como o de Tiradentes que atraíam a atenção do povo, que buscava os melhores lugares para assistir ao tenebroso evento. No caso dos conjurados mineiros, o grande número de condenados e sua posição social fizeram com que a população aguardasse com apreensão as execuções. De acordo com os depoimentos coletados por Vieira Fazenda, no dia 20 de abril de 1791, véspera dos enforcamentos, nas estreitas ruas da cidade, ouvia-se a população bradar salvas à rainha. Era um hábito da monarquia portuguesa que, na véspera das execuções, o rei concedesse – ou não – clemência aos condenados à morte. Foi o que ocorreu: D. Maria I, rainha da Portugal, concedeu clemência a dez condenados, que tiveram suas penas de morte convertidas em degredos na África. À exceção de Tiradentes, que foi enforcado em traves mais altas do que as ordinárias, conforme a sentença da Alçada, e esquartejado, sendo seus quartos, tal como se dizia na época, espalhados nas cidades ao longo do caminho entre Rio de Janeiro e Minas Gerais e sua cabeça exposta na praça principal de Vila Rica. O enforcamento ocorreu no campo de São Domingos, que ficava além do núcleo urbano e abarcava a área que ia da atual Praça Tiradentes ao Campo de Santana, região em que se instalou a irmandade de São Domingos, cuja igreja desapareceu com a abertura da Avenida Presidente Vargas e que ficava no local da atual Avenida Passos.

O detalhe sobre a altura levou à suposição de que as traves do Aljube tenham sido usadas na execução de Tiradentes, tendo logo sido consideradas "relíquia da nação" pelos republicanos engajados na consagração da memória do inconfidente como mártir da República. Foram enviadas para o Museu Nacional e, em 1922, transferidas para o recém-criado Museu Histórico Nacional. Eram seis, sendo que duas foram transferidas, em 1942, para o Museu da Inconfidência, em Ouro Preto.

Na falta de uma evidência documental, a autenticidade das traves da forca de Tiradentes pode ser facilmente questionada. Como objeto histórico, a preservação das traves está associada à valorização da Inconfidência Mineira na segunda metade do século XIX para a escrita da história nacional, assim como para a divulgação dos ideais republicanos e, após a proclamação da República, para a busca por heróis do novo regime.

As traves de força mostram ainda uma triste face da sociedade colonial, mantida até o Segundo Reinado: a pena capital. Historicamente, a pena de morte foi utilizada para o controle social. Portanto, não surpreende que a grande maioria de condenados à forca no Brasil fossem escravos negros. Penas cruéis, como açoites, mutilações, esquartejamentos, degredos, execuções públicas, com ou sem tormento, eram usuais e normatizadas pelo *Código Filipino ou Ordenações e leis do Reino de Portugal*. As *Ordenações* regeram a maior parte da vida colonial, com vigência para além da independência. O livro V explicita a associação entre lei e poder régio, enfatizando o respeito às hierarquias sociais e todo o arsenal punitivo do Antigo Regime. Nesse sentido, não se trata somente de matar o criminoso, e sim de relacionar a gravidade de sua falta ao rigor da punição, fazer com que o sofrimento corporal inspire temor e sirva de exemplo, caracterizando sua função pedagógica, e restaurando o poder real violado pelo crime. As *Ordenações* só foram abolidas em 1830. Já a pena de morte foi extinta para crimes comuns com a proclamação da República, e ainda vigora em nossa Constituição em períodos de guerra.

As *Ordenações* distinguiam duas formas de aplicação da pena capital: a *morte natural* e a *morte natural para sempre*. Na primeira, o corpo do condenado poderia ser enterrado imediatamente após a execução, desde que sem pompa, sendo a tarefa realizada pelos irmãos da Misericórdia. Na *morte natural para sempre* era proibido dar sepultura ao cadáver, ficando o corpo a apodrecer publicamente. As *Ordenações* condenavam à morte pessoas que praticassem ações que atualmente não são sequer consideradas crimes, como o "pecado" de sodomia, que deveria ser punido com a morte por fogo. Havia ainda a pena da decapitação, que no Rio de Janeiro foi aplicada, em 1661, no caso de Jerônimo Barbalho, devido ao seu envolvimento na mais destacada rebelião fiscal da capitania, a Revolta da Cachaça.

As execuções obedeciam a um aparato imponente, que chamava a atenção da cidade. Primeiramente, o condenado passava no oratório da prisão 24 horas de "agonia". Na manhã do dia do suplício, vinham as autoridades buscá-lo. Os irmãos das almas corriam pelas ruas, pedindo doações para as missas que seriam rezadas para o condenado. À porta da cadeia, iniciava-se o cortejo, composto pelas tropas que deviam formar o quadrado em torno do patíbulo. O condenado, vestido na alva fornecida pela irmandade de N. Sra. da Misericórdia, tinha de um lado o sacerdote e do outro, o carrasco. Ao longo do trajeto para a forca, o préstito fazia paradas, eram rufados os tambores e o juiz lia a sentença. Fechando a marcha vinha a representação da Irmandade da Misericórdia com seu estandarte à frente. Segundo a tradição, caso rebentasse ou desprendesse a corda e o condenado caísse com vida no chão, e ele fosse imediatamente coberto pelo estandarte da Misericórdia – ufa! – sua vida seria poupada. Por isso, aos irmãos da Misericórdia era permitido assistir a execução bem perto da forca. Mesmo assim, em 1837, tendo o estandarte coberto o corpo do condenado Joaquim da Silva, após rompimento da corda, o juiz mandou recolher o condenado e enforcá-lo em nova corda. A confusão gerada fez com que fosse proibida a presença dos irmãos da Misericórdia junto ao condenado durante a execução.

A pena de morte envolveu outro ritual do Rio Antigo: a Procissão dos Ossos. A tradição herdada de Portugal ocorria todo 1º de novembro, Dia de Todos os Santos. Depois do meio-dia, tocavam os sinos das igrejas da cidade e, ao entardecer, abriam-se as portas da Igreja da Misericórdia para deixar passar o cortejo da Irmandade, que ia, em nome de Cristo e da Caridade, recolher os restos mortais dos condenados por *morte natural para sempre.* Os ossos eram colocados em tumbas e a procissão voltava à Igreja da Misericórdia. No dia seguinte, realizava-se o enterro no Cemitério da Misericórdia.

Outra prática era o aproveitamento do óleo humano. Conta Vieira Fazenda que, logo após o suplício, os enforcados eram levados a um determinado lugar para que todo o tecido gorduroso fosse retirado, reduzindo-o a um óleo denominado "humano", vendido por um bom preço nas tendas da cidade. Ainda de acordo com Fazenda, o célebre médico português Dr. Francisco da Fonseca Henriques, o Mirella, afirmava que para calvície, "depois de recomendar as peles de cabras queimadas, a manteiga de urso, os pés de ratos domésticos pequenos, os pós de abelhas, moscas e rãs queimadas", o melhor remédio era esfregar o couro cabeludo com aguardente e untar depois com óleo quente de homem, morto de forma violenta. A corda do enforcamento também era alvo de superstições: era cortada em pequenos pedaços, e quem possuía um fragmento guardava-o como um talismã.

Com a sofisticação do sistema judicial extinguiu-se a *morte natural para sempre*, assim como os castigos corporais e a própria pena de morte nos tempos de paz. Todavia, é possível identificar permanências, pois na década de 1930 era recorrente que os visitantes do Museu Histórico Nacional retirassem lascas das traves, com a justificativa de que os objetos utilizados em enforcamentos eram passíveis de trazer sorte aos seus possuidores. Felizmente, trata-se de uma prática extinta, e as velhas traves de forca do Rio de Janeiro podem, sossegadamente, servir de documento dos tristes tempos de duras penas na cidade. ◈

BIBLIOGRAFIA

BARROSO, Gustavo. As traves da forca de Tiradentes. *Anais do Museu Histórico Nacional*, Rio de Janeiro, v. 2, ano 1941, p. 341-349.

COARACY, Vivaldo. *Memórias da cidade do Rio de Janeiro*. Rio de Janeiro: José Olympio, 1955.

FAZENDA, Vieira. Antiqualhas e memórias do Rio de Janeiro. *Revista do Instituto Histórico e Geográfico Brasileiro*. Rio de Janeiro: Tomo 86, 1919.

LARA, Silvia Hunold. *Ordenações Filipinas. Livro V.* São Paulo: Companhia das Letras, 1999.

SANTOS, Afonso Carlos Marques dos. *No rascunho da nação: Inconfidência no Rio de Janeiro*. Rio de Janeiro: Prefeitura da Cidade do Rio de Janeiro - Secretaria Municipal de Cultura, 1992. (Biblioteca Carioca)

RAFAEL ZAMORANO BEZERRA
é doutor em História Social pela UFRJ/PPGHIS e historiador na divisão de pesquisa do Museu Histórico Nacional.

Fornilho de cachimbo de barro encontrado por arqueólogos na antiga Rua do Valongo.

Cachimbo de barro

Laboratório Aberto de Arqueologia Urbana/ Prefeitura da Cidade do Rio de Janeiro

Século XVIII ou XIX

Mariza de Carvalho Soares e Claudio de Paula Honorato

Os chamados cachimbos de barro são constituídos de duas partes: o fornilho de barro cozido onde se queima o fumo (fêmea) e o tubo de madeira por onde se aspira a fumaça (macho). Nos exemplares encontrados em escavações arqueológicas, geralmente preserva-se apenas o fornilho. O cachimbo aqui apresentado pertence ao acervo do Laboratório Aberto de Arqueologia Urbana, da Prefeitura da Cidade do Rio de Janeiro, e mede 5,0cm de altura; 5,5cm de comprimento e 3,5cm de profundidade. Foi encontrado no sítio Sacadura Cabral, lote 42 e 44, monte 28, nível 2 a 4 metros, que corresponde a um trecho da antiga Rua do Valongo, a qual originalmente ficava bem junto ao cais, hoje aterrado. Na atual etapa da pesquisa ainda não foi possível chegar a uma datação aproximada da peça, mas, pelo histórico da região, trata-se provavelmente de um exemplar do século XIX. A escavação e a identificação da peça foram feitas pelo Instituto de Arqueologia Brasileira, no âmbito do projeto Porto Maravilha, relacionado às obras de revitalização da região portuária carioca.

De acordo com os dados do *The Transatlantic Slave Trade Database*, a cidade do Rio de Janeiro importou cerca de 1 milhão e cem mil africanos escravizados. Desses, cerca de 800 mil desembarcaram nas docas do Valongo, entre 1780 e 1830. Até meados do século XVIII o "comércio de escravos" era feito na Rua Direita (hoje Primeiro de Março), coração da cidade, onde ficavam o Palácio do Governador (depois, Palácio do Vice-Rei), a Alfândega, a Catedral, a Mesa do Bem Comum (depois, Junta do Comércio), e várias repartições públicas. No trecho entre a atual Praça XV e a Ladeira do Mosteiro de São Bento estavam instalados os armazéns e as moradias dos comerciantes. Os africanos ficavam expostos nas calçadas e quintais das casas comerciais de onde, depois de vendidos, iam para os engenhos de açúcar, as minas de ouro e diamantes, as lavouras de cana e café de todo o Brasil.

Em 1758, o Senado da Câmara lançou um edital determinando a transferência do comércio de africanos (chamados "pretos novos") para o Valongo, uma periferia da cidade entre a Pedra do Sal e a Gamboa. O edital tentava pôr fim a uma antiga desavença sobre a permanência dos africanos na Rua Direita, sob o argumento de que os moradores da cidade não deveriam ficar expostos ao contágio do cólera, varíola, febres, diarreias, sarna e outras doenças trazidas da África. Essa disputa chegou ao Tribunal da Relação e em 1774 o então vice-rei Marquês do Lavradio confirmou o edital, determinando que todo o comércio de africanos fosse transferido para o Valongo.

O novo mercado era constituído por um conjunto de casas comerciais margeando a enseada do Valongo, que deu nome à rua (atual Sacadura Cabral) e ao próprio mercado. Além dos barracões de escravos, os comerciantes ofereciam outros serviços, como trapiches para armazenamento de cargas, escritórios de corretores e lojas onde, entre outras mercadorias, eram vendidos panos para vestir os escravos e os chamados "ferros" (instrumentos de controle e punição). No Valongo ficavam também os cirurgiões (brancos livres), sangradores e barbeiros (quase sempre escravos ou ex-escravos), que tratavam os doentes. Os casos mais graves inicialmente eram enviados apenas ao lazareto da Ilha do Bom Jesus; com o crescimento do mercado, contudo, foi construído um lazareto na Gamboa. Para os que não sobreviviam, e foram muitos, foi providenciado o Cemitério dos Pretos Novos. O mercado do Valongo transformou-se em um grande complexo comercial que funcionou ativamente entre 1780 e 1830, quando foi desativado em decorrência da nova legislação para a supressão do tráfico atlântico.

As escavações arqueológicas têm encontrado vários cachimbos de barro no complexo do Valongo, junto ao antigo porto. Esse foi também o trecho do cais reformado em 1843 para o desembarque da imperatriz Tereza Cristina, esposa de Dom Pedro II, ao chegar ao Brasil vinda de Nápoles.

É difícil para quem passa pela Rua Barão de Tefé, entre a Rua Sacadura Cabral e a Avenida Venezuela, imaginar que as águas da Baía da Guanabara chegavam até ali. Na verdade, o que se vê hoje no entorno das ruínas do antigo cais é um grande aterro que começou na Sacadura Cabral e avançou até as atuais docas do porto.

Os cachimbos de barro eram objetos extremamente baratos e de uso corrente. Muitos dos cachimbos encontrados no complexo do Valongo têm a mesma morfologia e são também semelhantes aos encontrados na costa ocidental africana e em várias partes do Brasil. O Museu Nacional tem alguns exemplares africanos e o Museu do Folclore dispõe de exemplares trazidos do Pará, Maranhão, São Paulo e outros estados. O trabalho da equipe de arqueologia do Museu Nacional mostra que cerca de 75% dos cachimbos de barro encontrados nas escavações do sítio de Macacu, no Estado do Rio de Janeiro, foram localizados em antigas fazendas, em áreas de concentração de população escrava e parcialmente africana.

Desde o século XVI os africanos tiveram contato com o tabaco trazido das Américas. O beneficiamento da folha de tabaco e o fumo com uso do cachimbo são práticas pré-colombianas difundidas nas Américas. Inicialmente o tabaco era mascado e cheirado, raramente fumado. O tabaco fumado era privilégio das elites, que usavam cachimbos de melhor qualidade, como os lindos exemplares em faiança colorida produzidos pelos holandeses no século XVII na cidade de Gouda, onde mais tarde se constituiu a conhecida fábrica Royal Goedewaagen. O uso do cachimbo para fumar tabaco se expandiu a partir do final do século XVII, lado a lado com o crescimento do tráfico atlântico de escravos. Tabaco, cachaça e farinha eram regularmente consumidos a bordo das embarcações do tráfico, que dele se abasteciam principalmente na Bahia. Nas escavações do Valongo, área de desembarque de escravos do final do século XVIII, foram encontrados tanto fornilhos de barro quanto cachimbos holandeses feitos de uma peça única de cerâmica.

Os cachimbos bem pequenos eram conhecidos como "pito de pango", termo também empregado para se referir à própria maconha (*Cannabis sativa*). Originária da Ásia, a *Cannabis sativa* era difundida por todo o império português. Embora generalizado, seu uso foi associado aos escravos, em especial aos africanos vindos da costa centro-ocidental (Cabinda, Congo e Angola, segundo terminologia de época). A maconha era livremente cultivada e vendida nos herbanários da cidade do Rio de Janeiro até 1830, quando, sob ameaça de punição com três dias de cadeia, sua comercialização e consumo foram proibidos pela Câmara Municipal.

O cachimbo de barro deve ser entendido como um objeto de longa duração e de incrível capacidade de transmissão entre povos e culturas diversas em torno do Atlântico. São conhecidos cachimbos indígenas de madeira, osso e barro. Escavações arqueológicas realizadas às margens do rio Congo também revelaram cachimbos, muitos deles novos, indicando que a região teria sido um centro de produção ou de distribuição de tais artefatos. Ainda no início do século XVI, tripulantes das embarcações que atravessavam o Atlântico foram os primeiros a levar os cachimbos e o tabaco indígenas para a Europa e África. A novidade não estava no já difundido ato de fumar, pois outras ervas eram conhecidas, mas no uso do tabaco e do cachimbo combinados. O costume de fumar tabaco no cachimbo se alastrou pelas possessões portuguesas, do Atlântico ao Oriente.

Apesar de seu pequeno prestígio como peça artística e etnográfica, pesquisas arqueológicas recentes mostram sua longevidade e importância ao longo da história da escravidão no Brasil em geral e da cidade do Rio de Janeiro em particular. Vestir algodão cru, comer farinha, beber cachaça, fumar cachimbo de barro, eram todas práticas sociais associadas à pobreza e à escravidão, mas que, na verdade, se estendiam a grande parte da população livre desde os primeiros tempos da colonização. Foi só no século XX, com o crescimento da indústria do cigarro e a fabricação em larga escala de cachimbos de madeira baratos, que o cachimbo de barro caiu em desuso.

Hoje podemos dizer que o cachimbo de barro saiu da esfera do lazer, mas se manteve como símbolo religioso. Entre as entidades mais destacadas da Umbanda estão os pretos velhos, que representam os espíritos dos ancestrais africanos. Nas lojas de Umbanda da cidade do Rio de Janeiro ainda estão à venda cachimbos de barro muito semelhantes ao aqui mostrado. Ao som de antigas cantigas, pitando seus cachimbos, vovô Joaquim de Angola, vovó Maria Conga, vovó Cambinda e outras entidades da Umbanda continuam dando consultas por toda a cidade:

Vovó Cambinda, Cambinda é,
Vovó Cambinda é de Guiné.
Sentada no toco pitando cachimbo
Ela faz o bem.
As suas mandingas protegem seus filhos
Contra o mal também.

BIBLIOGRAFIA

AGOSTINI, Camilla. "Cultura material e a experiência africana no sudeste oitocentista: cachimbos de escravos em imagens, histórias, estilos e listagens". *Topoi*, v. 10, n. 18, jan.-jun, 2009, p. 39-47.

OLIVEIRA, Maria Dulce Barcellos Gaspar de (e outros). "Análise de peroleiras e cachimbos cerâmicos provenientes de escavações arqueológicas."*Boletim do Museu Paraense Emílio Goeldi. Ciências Humanas.* v. 8, n. 3, set.-dez, 2013, p. 621-638.

COSTA, Maria Elisabeth de Andrade. "Os cachimbos de barro do acervo do Museu do Folclore", julho, 2015. (relatório)

HANDLER, Jerome. "Aspects of the Atlantic Slave Trade: smoking pipes, tobacco, and the Middle Passage." *African Diaspora Archaeology Newsletter*, junho, 2008.

HONORATO, Claudio de Paula. "O mercado do Valongo e o comércio de africanos - RJ (1758-1831)", in SOARES, Mariza de Carvalho e BEZERRA, Nielson Rosa. (orgs.). *Escravidão africana no recôncavo da Guanabara (séculos XVII-XIX).* Niterói: EdUFF, 2011, p. 147-174.

MARIZA DE CARVALHO SOARES é doutora em História, professora aposentada da UFF; pesquisadora associada do Labhoi-UFF; pesquisadora colaboradora do Museu Nacional/ UFRJ; bolsista 1d do CNPq. Desenvolve pesquisa sobre história da África, mundo atlântico, escravidão e diáspora africana no Brasil.

CLAUDIO DE PAULA HONORATO é mestre em História pelo PPGH/UFF, doutorando em História pelo PPGH/UniRio. Desenvolve pesquisa sobre história da África, mundo Atlântico, escravidão e diáspora africana no Brasil.

A peça em prata foi cunhada no Rio de Janeiro, sobre moeda espanhola, no governo de D. João VI.

Moeda Patacão

Museu Histórico Nacional

Século XVII ou XVIII

Paula de Jesus Moura Aranha

Como um pequeno objeto do cotidiano pode nos contar uma poderosa história de mudanças políticas e culturais ocorridas no Rio de Janeiro? Para responder a esta questão precisaremos olhar para além da sua imagem, pois pensamos que a moeda, um objeto comum, de ampla circulação e fundamental para a vida de uma determinada sociedade, é um artefato que pode nos trazer informações históricas valiosas por ter permanecido até os dias atuais inalterado, graças à natureza durável do seu material. Nela podemos ver imagens e legendas gravadas a mando dos governantes de sua época que chegaram até os nossos dias mantendo seu caráter original. Toda moeda nos remete ao tempo de sua criação e possui informações que nos ajudam a entender a história de seu período de emissão e circulação.

Vamos tratar da moeda conhecida popularmente como patacão, cunhada no Rio de Janeiro logo após a chegada da corte portuguesa ao Brasil, porque a mesma está intimamente ligada ao comércio praticado entre a província do Rio de Janeiro e as regiões da bacia platina nos séculos XVII e XVIII.

O patacão possui em seu anverso (a principal face da moeda) a legenda: *JOANNES. D.G.PORT P REGENS. ET. BRASIL. D.* (*João, pela graça de Deus, príncipe regente de Portugal e senhor do Brasil*). Além da legenda, observamos o escudo de armas de Portugal encimado pela coroa real, sua data: 1810 e seu valor: 960 réis. Já no reverso (a face secundária), verifica-se a esfera armilar sobre cruz e a legenda *SUBQ. SIGN. NATA. STAB (Sob este signo nasceu e permanecerá).*

Ao observarmos esta moeda um pouco mais atentamente, notaremos marcas de uma cunhagem anterior, pois esta série dos patacões foi recunhada no século XIX sobre moedas espanholas que circulavam em território brasileiro nos séculos XVII e XVIII. Desta maneira, precisaremos retroceder nossa análise em alguns séculos para verificarmos os fatos que fizeram do patacão uma moeda que diz muito sobre a história da cidade do Rio de Janeiro em tempos mais remotos do período colonial.

Durante as primeiras décadas do século XVI, a América portuguesa ainda não tinha adquirido grande importância aos olhos de Lisboa, não existindo a emissão e a circulação de moedas neste período. Como a cunhagem não era permitida nas capitanias hereditárias, funcionários públicos e soldados eram pagos com numerário enviado de Portugal. Deste modo, as poucas moedas que chegavam à colônia ficavam restritas às mãos de pequenos grupos. O percentual de troca de produtos e serviços era muito maior do que a aquisição por meio de compra com o dinheiro. A circulação de moedas apenas se tornaria mais intensa a partir do final do século XVII.

Para contornar a situação inicial de escassez de moedas, uma das práticas exercidas foi a realização do comércio com as colônias espanholas que faziam fronteira com o mundo colonial português, pois estas regiões produziam grande quantidade de moedas de prata e poucos bens para o consumo. Este comércio entre as colônias se deu majoritariamente a partir do porto do Rio de Janeiro, fazendo a ligação direta com as áreas da famosa bacia platina e a região andina. Descoberto em 1544, o Cerro Rico de Potosí foi considerado na época a maior fonte de prata do mundo. No antigo Vice-Reino do Peru, que incluía o atual território da Bolívia, produzia-se a prata que proporcionou à Espanha um grande enriquecimento e vantajosa posição no mundo, pois a partir da prata de Potosí foi possível cunhar as moedas conhecidas como *real de a ocho,* ou apenas *8 reales* em diversas colônias espanholas. Estas moedas se tornaram praticamente universais de tão bem aceitas e valorizadas no mercado mundial e seu tipo tornou-se padrão para muitas negociações entre as grandes potências. Lembramos que o dinheiro nesta época possuía um valor intrínseco, ou seja, a quantidade de metal utilizada em sua cunhagem era muito importante e nesse período os *8 reales*, feitos com a prata peruana, valiam muito.

Podemos afirmar que os grandes responsáveis pela entrada da moeda de prata no Rio de Janeiro, ainda no século XVI, foram os *peruleiros*. Estes indivíduos dedicavam-se exclusivamente ao comércio e vinham da região das minas de prata de Potosí, através de rotas marítimas abertas na bacia platina. Chegavam carregados da maior quantidade possível de moedas de prata, a fim de negociar a compra de mantimentos e principalmente de escravos negros trazidos por Portugal para o porto do Rio. A Espanha não era grande comerciante de escravos e, por isso, a porta de entrada desta mão-de-obra seria a América portuguesa. Uma grande porcentagem deste negócio foi realizada no Rio de Janeiro (de maneira legal ou ilegal), o porto mais conveniente para a recepção e escoamento desta "mercadoria" para o interior do continente. A rota de navegação dos *peruleiros* sofreu ao longo do tempo sérias restrições vindas da corte espanhola, pois a prata não era totalmente enviada para a metrópole, e assim grande parte permanecia na América. Diversos alvarás foram emitidos na tentativa de conter o comércio ilegal, no entanto, algumas autoridades que faziam "vista grossa" também se beneficiavam com esta prática.

Os *peruleiros* ainda conseguiram deixar sua marca em outra área da cidade, talvez em uma das paisagens do Rio de Janeiro mais conhecidas e reverenciadas no mundo: a praia de Copacabana. Ela foi assim batizada graças aos *peruleiros* que trouxeram consigo a imagem venerada no lago Titicaca, a *Nuestra Señora de Copacabana*, iniciando seu culto na antiga praia de Sacopenapã. Os pescadores da região uniram-se aos *peruleiros* criando uma pequena capela para a santa que, com o passar do tempo, ganhou importância, fazendo com que a praia viesse a ganhar o nome de Copacabana.

Logicamente, Portugal possuía um grande interesse na região do Rio da Prata, pois intencionava conseguir um acesso facilitado à prata que circulava na rica região. Esse foi um dos motivos pelos quais grande parte da elite portuguesa apoiou a união dos reinos de Espanha e Portugal em 1580. Objetivavam oficializar um comércio que já ocorria ilegalmente com colônias espanholas fronteiriças ao Brasil. A União Ibérica proporcionou o maior contato entre as colônias portuguesa e espanhola e fortificou o comércio já ativo anteriormente, onde a circulação da prata foi o centro de toda a rede comercial.

Um nome destaca-se neste período: Salvador Correa de Sá e Benevides. Descendente do governador, Salvador Correia de Sá, primo do Estácio de Sá, a história de sua família se confunde com a da cidade de São Sebastião do Rio de Janeiro. Filho de Martim Correa de Sá e da espanhola María de Mendoza y Benevides, reforçou sua ligação com a Espanha casando-se com Catarina de Velasco, também espanhola e parente de importantes senhores da região do Prata, onde Salvador viveu quando foi nomeado Almirante da Costa do Sul e Rio da Prata, em 1626. Foi, assim como seu avô e seu pai, governador da Capitania do Rio de Janeiro. Seu primeiro mandato como governador ocorreu no período da União Ibérica e o ajudou a consolidar seu poder, intensificando suas atividades comerciais. Defendeu o tráfico de escravos, inclusive comandando uma expedição que em 1648 restaurou o poder português em Angola, garantindo o fornecimento de escravos à América portuguesa e, consequentemente, o fortalecimento do comércio de escravos com a região do Prata.

Portugal estava tão interessado em obter a prata espanhola que, algumas décadas após a dissolução da União Ibérica, fundou a Colônia do Sacramento, em 1680, na margem esquerda do Rio da Prata, em frente a Buenos Aires, em território que atualmente integra o Uruguai. A nova região funcionaria como uma ligação entre as colônias espanholas e o Brasil. O Rio de Janeiro exerceu um papel essencial neste quadro geral, pois não apenas o fundador foi Manuel Lobo, então governador da Capitania Real do Rio de Janeiro, como os comerciantes da cidade injetaram recursos financeiros e auxiliaram na proteção da empreitada, visando o restabelecimento, anteriormente muito expressivo, do comércio e a consequente arrecadação de moedas de prata.

O Rio de Janeiro era considerado de vital importância, pois servia como entreposto comercial onde navios atracavam no porto para comprar mantimentos e fazer reparos. Além disso, mercadores das colônias espanholas faziam negócio com a elite da província, deixando suas moedas de prata em troca de produtos da terra e escravos. A partir disso, o porto do Rio de Janeiro tornou-se fundamental nas rotas marítimas do Atlântico.

Próximo ao porto foi instalada a Casa dos Contos, que possuía a função de controlar as receitas e despesas de estado e, a partir de 1663, foi a responsável por carimbar moedas que circulavam nas regiões próximas à capitania

do Rio de Janeiro, efetivando o aumento de seus valores. Outra importante instituição, a Casa da Moeda, foi instalada pela primeira vez no Rio de Janeiro em 1698, na "casa de pau-a-pique", próximo à Ladeira de São Bento, onde hoje se encontra a sede do Arsenal da Marinha, por solicitação dos comerciantes e moradores locais. Mesmo passando por um período de transição, no qual foi instalada em outras capitanias como Pernambuco e Minas Gerais, a Casa da Moeda permaneceu no Rio de Janeiro a partir de 1706 até 1714, na antiga Praça do Carmo e atual Praça XV, dada a importância da região e de seu comércio. Em 1830 passou a ser a única no país, logo após a independência e o fechamento da Casa da Bahia.

Até a atualidade a Casa da Moeda fica no Rio de Janeiro.

Com a vinda da família real para a cidade, os costumes e a estrutura urbana precisaram passar por uma adaptação custosa para os cofres públicos. Alterações foram necessárias para acomodar a família real e seus milhares de acompanhantes (entre eles nobres, funcionários do Estado, serviçais e outros). Isto gerou um déficit nos cofres públicos, agravado graças ao alto padrão de vida da corte. Uma das primeiras providências tomadas por D. João, ainda como Príncipe Regente, foi carimbar com o inédito valor até o momento, 960 réis, as moedas espanholas de *8 reales*, que circulavam há tempos na colônia. Esta ação foi restrita ao território de Minas Gerais e autorizada pelo alvará de 1º de setembro de 1808. Esse carimbo, conhecido como carimbo de Minas, além de oficializar a circulação destas moedas no território, aumentou seu valor, pois anteriormente uma moeda de *8 reales* valia, de acordo com o câmbio, em torno de 800 réis e passou a valer 960 réis. Por consequência, o valor da moeda gerou um lucro para o governo possibilitando uma maior arrecadação de fundos para a manutenção da vida da corte no Rio de Janeiro.

No entanto, interessa destacar a segunda providência tomada por D. João, a cunhagem do patacão. Podemos dizer que o carimbo de Minas foi o precursor do patacão, pois tanto o valor, quanto a utilização das moedas espanholas como base, foram similares. Porém no patacão notamos uma recunhagem total, um procedimento de maior perícia técnica. A emissão do patacão foi autorizada pelo alvará de 20 de novembro de 1809, ou seja, um ano após marcação das moedas que circulavam apenas em Minas Gerais, com a alegação da falta de moedas de prata no meio circulante. Basicamente utilizou-se as moedas de *8 reales*, entre outras semelhantes. Na prática, recolhiam-se moedas, amoleciam sua prata com o calor e a recunhavam com as imagens estabelecidas para o anverso e reverso (que podem ser vistas nas fotografias aqui reproduzidas). As moedas voltavam para a circulação de forma oficializada e com valor atualizado, gerando o aumento de moedas no cotidiano e o aumento de valor retido nas transações. Aproximadamente

20 milhões de patacões foram cunhados. Em alguns deles ainda notamos marcas da moeda espanhola, como traços do perfil dos reis espanhóis que figuravam anteriormente nelas. Muitos colecionadores formam suas coleções dos patacões apenas pelas marcas da moeda-base.

Podemos então concluir que esta moeda demonstra como o Rio de Janeiro foi um importante centro para o Brasil, já que a produção de moedas foi definitivamente instalada nesta cidade, mantendo-se mesmo após a mudança da capital no século XX, pois já enraizada, a Casa da Moeda demonstrava como a cidade estava avançada na produção tecnológica. O patacão, ainda sob forma de moeda espanhola, percorreu quilômetros até chegar ao Rio de Janeiro e ser utilizado em trocas comerciais com os mercadores do Prata e, naquela época, corria sem um maior cuidado, ficando gastas e sujas devido à sua grande circulação. Hoje em dia, valorizada como objeto de museu, é admirada e cuidada com esmero, mantida reluzente para evocar a memória da época da cidade do Rio de Janeiro em que a relação com o Prata era estruturante da vida local.

BIBLIOGRAFIA

BAPTISTA, Marco Túlio Freire. *A família real portuguesa e os 960 reis*. Boletim da Sociedade Numismática Brasileira, 61, p.11-13, 2008.

BICALHO, Maria Fernanda. *A cidade e o império: o Rio de Janeiro no século XVIII*. Rio de Janeiro: Civilização Brasileira, 2003.

GALANTE, Luís Augusto Vicente. "*Uma história da circulação monetária no Brasil do século XVII*", 2009. 344p. Tese de Doutorado em História, Universidade de Brasília. Brasília.

LEVY, David André. Os recunhos das moedas de 960 réis. *Boletim da Sociedade Numismática Brasileira*. Edição nº 54. v.115, 2003.

SCHWARTZ, Stuart B. Prata, açúcar e escravos: de como o império restaurou Portugal. *Tempo 12*, no. 24 (2008): p.201–223.

PAULA DE JESUS MOURA ARANHA
Mestre em História pela UERJ e museóloga responsável pelo Setor de Numismática do Museu Histórico Nacional.

Peça em bronze fixada no pátio interno da escola.

Sino do Abrigo dos Órfãos

Colégio Pedro II, *Campus* Centro

Séculos XVIII e XIX

Vera Lucia Cabana Andrade

A tradição religiosa da cidade de São Sebastião do Rio de Janeiro assimilou e se apropriou da linguagem sonora do sino – signo da herança cultural cristã – como forma emblemática de comunicação. O protagonismo do sino na cidade foi recriado por meio de novas funções sociais. Aos toques canônicos vindos de Portugal, que convidavam os fiéis para ofícios e liturgias religiosas, às tradicionais badaladas do sino de igrejas e mosteiros anunciando as celebrações da vida (nascimentos, casamentos, batizados) e da morte (funerais e enterros), foram incorporados os toques militares de prontidão, de recolher e de calamidade, que disciplinavam a população. Entre estes estava o aviso de perigo de invasão da Baía de Guanabara, alertado pela sentinela da fortaleza de Santa Cruz e multiplicado pelo Sacristão Mor da Igreja do Outeiro da Glória. A estas também vieram se somar as chamadas educacionais dos sinos, que davam sentido utilitário organizacional às aulas, aos exames, às cerimônias de formatura e demais práticas escolares – como o sino do Imperial Colégio de Pedro II: suporte material da cultura escolar e registro da presença do Imperador ao "seu" colégio.

No diálogo passado/presente, o sino escolar representa a sobrevivência quase imortal do Imperial Colégio e seu patrono como personagens da história da educação. Localizado no pátio interno da edificação do século XVIII/XIX, o sino pode ser descrito como objeto simples, utilitário, pequeno instrumento de bronze com a forma de vaso cônico invertido, medindo 39cm de altura (do cabeçote, asa, coroa e corpo), por 30cm de largura (costela e campânula), com aproximadamente 20kg, que produz sons graves e/ou agudos, quando nele se exerce percussão por intermédio do badalo, haste metálica de liga de bronze mais flexível terminada em bola, suspensa em seu interior, medindo 30cm, presa em minúscula coroa de 5cm, de autoria desconhecida.

As origens deste sino e deste colégio remontam à primeira metade do século XVIII, ao Abrigo dos Órfãos de São Pedro, obra de caridade da antiga paróquia do mesmo nome, instalada na periferia da cidade de São Sebastião do Rio de Janeiro, cercanias do morro da Conceição, vizinhança do sítio do Valongo, arrabaldes do porto, área do maior mercado de escravos do período colonial. O 4º bispo do Rio de Janeiro, D. Antônio de Guadalupe, sensibilizado com a situação de penúria dos órfãos, oficializou a obra de caridade paroquial criando o Colégio/Seminário dos Órfãos de São Pedro.

A casa de noviciado e pobreza foi mantida por "doações piedosas" até 1766, quando os órfãos se mudaram para sítio contíguo à capela de São Joaquim, que tinha início na Rua do Valongo, depois Rua da Imperatriz, hoje Rua Camerino, doação do filantropo Manoel de Campos Dias, passando o novo colégio a chamar-se Seminário de São Joaquim. Sob a proteção dos bispos, os reitores foram ampliando as instalações e construindo a Igreja de São Joaquim, na época dos vice-reis no Rio de Janeiro. Os seminaristas, tanto os órfãos como os "pensionistas", se ocupavam do ofício diário das nove lições (matinas, vésperas e completas), além dos ofícios dos domingos e dias santos, coordenados pelos toques religiosos do sino, que também anunciava a prestação de serviços fúnebres, a participação nas festas religiosas e nas celebrações da Semana Santa, com mestres de cerimônias, coristas e cantores remunerados, sendo a instituição distinguida pela sociedade local em transformação, uma vez que o cotidiano da cidade girava ao redor das igrejas.

Em 1818, D. João VI extinguiu o Seminário de São Joaquim, sendo suas dependências incorporadas aos "próprios da Coroa" para o aquartelamento da Divisão das Tropas Portuguesas, recém-chegadas ao Brasil. Os alunos com vocação religiosa foram abrigados no Episcopal Seminário de São José, nas fraldas do Morro do Castelo, ficando os demais adidos ao Corpo de Artífices e Engenheiros da Divisão Portuguesa. Os toques canônicos do sino foram substituídos pela linguagem sonora da instrução militar e dos ofícios mecânicos, reforçando a atmosfera policialesca da região sede da Corte do mundo luso-brasileiro.

Após a volta de D. João e sua comitiva para Portugal, em 1821, o príncipe regente D. Pedro restabeleceu o Seminário de São Joaquim em seu prédio de origem e direito patrimonial. O Imperial Seminário de São Joaquim, designação recebida em 1824, sobreviveu como instituição clerical, por meio de doações e subsídios, no conturbado período do Primeiro Reinado. Neste contexto, foi promulgada a Lei de 15 de Outubro de 1827, que criou "as escolas de primeiras letras para meninos e meninas" – destinadas às camadas mais populares e vedadas aos escravos, onde os mestres deveriam ensinar os alunos a ler e escrever, as quatro operações de aritmética, a gramática da língua nacional, a história pátria e os princípios da moral cristã e da doutrina católica; nas escolas femininas, as mestras deveriam ensinar também as "prendas domésticas". Os estudos secundários continuaram a ser ministrados nas "aulas menores", segundo modelo das "aulas régias" portuguesas, e nos seminários já existentes.

Durante a regência de Pedro de Araújo Lima, o Ministro Interino do Império Bernardo Pereira de Vasconcelos converteu o antigo prédio do Seminário de São Joaquim em primeiro estabelecimento oficial de instrução secundária, para atender às novas exigências políticas de legitimação da Monarquia e culturais da sociedade. Assim, por Decreto de 2 de dezembro de 1837, em homenagem ao Imperador Menino, no transcurso de seu 12º aniversário, foi fundado o Colégio de Pedro II para servir de norma oficial no município da Corte e exemplo para as demais províncias.

O Imperial Colégio de Pedro II cumpriu seu papel de colégio padrão no município da Corte através de seus Estatutos organizacionais, seus Planos de Estudos, Programas de Ensino e compêndios didáticos de autoria de seus professores catedráticos, que foram adotados na maioria das escolas do país. O corpo docente de "notório saber", nomeado pelo ministério do Império e depois concursado; a seletividade do corpo discente, determinada pelos exames de admissão e promocionais; as exigências do curso de bacharelado com sete anos de estudos simultâneos e seriados dos saberes de tradição humanística; o pagamento das anuidades, apesar da reserva de vagas para alunos necessitados; e a rígida disciplina imposta pelos Regulamentos deram ao ensino secundário oficial uma função formativa dirigida às elites, através da preparação dos quadros dos "dirigentes imperiais" - políticos, legisladores, escritores, professores, médicos, engenheiros, formados nas tradicionais universidades europeias e/ou nos cursos superiores de direito, medicina e engenharia do Império pelos paradigmas europeus de civilização com a identidade nacional branca e cristã. O colégio viveu sob a proteção imediata do imperador, que o visitava regularmente.

Como um dos construtores da identidade nacional pela via da educação, D. Pedro II também teve destacado papel na formação original de uma rede de escolas públicas municipais denominadas "Escolas do Imperador", erigidas, entre 1870 e 1889 em diferentes "Freguesias do Rio de Janeiro". As subscrições populares e do comércio, originalmente, tinham por objetivo a confecção de uma estátua equestre do imperador com o bronze da artilharia dos derrotados na Guerra do Paraguai, mas D. Pedro II preferiu destinar toda arrecadação para a construção das seguintes escolas: duas escolas na Freguesia de Sant'Anna - São Sebastião, a primeira localizada na Praça Onze, foi demolida em 1938 para a abertura da

Avenida Central; a segunda, a Escola Rivadávia Correa, é a atual sede do Centro de Referência da Escola Pública; Escola da Freguesia da Nossa Senhora da Glória, hoje funcionando como Colégio Estadual Amaro Cavalcanti; Escola da Freguesia de Santa Rita, hoje funcionando como Centro Cultural José Bonifácio; Escola da Freguesia de São José, demolida em 1920 para a construção do Palácio Pedro Ernesto; Escola da Freguesia de São Francisco Xavier do Engenho Velho, onde hoje se localiza o Colégio Orsina da Fonseca; Escola da Freguesia de Nossa Senhora da Conceição da Gávea, atualmente funcionando como Escola Luiz Delfino; e a Escola da Freguesia de São Cristóvão, atual Escola Gonçalves Dias.

Na construção do Estado republicano no Brasil, a tese da educação pública livre, laica e científica redefiniu a política educacional. O Regulamento da Instrução Primária e Secundária do Distrito Federal, de novembro de 1890, promoveu o *boom* das escolas públicas primárias de 1º e 2º graus, distintas para cada sexo, com um planejamento de ensino de caráter prático/popular. No que concerne ao ensino secundário, o referido Regulamento de 1890 determinava que "este ensino integral será dado pelo Estado no Ginásio Nacional" como referência para os Ginásios Estaduais e demais estabelecimentos particulares, tendo como Plano de Estudos o primado das ciências físicas e naturais ("as matemáticas", os fenômenos físico-químicos, as organizações vitais), além da língua portuguesa e gramática, história e geografia.

Apesar da ruptura republicana com a tradição do Imperial Colégio – expressa pelas mudanças de nomes: Instituto Nacional de Instrução Secundária (1889), Ginásio Nacional (1890), Externato Nacional Pedro II e Internato Nacional Bernardo Pereira de Vasconcelos (1909), Colégio Pedro II (1911); a extinção do bacharelado; a abolição de títulos e diplomas; e das políticas de equiparações aos ginásios estaduais e aos colégios particulares (1892/1895 e 1911/1927) – a instituição sobreviveu às fases de crise de identidade de sua natureza elitista e esgotamento de seu modelo de educação clássica, num processo de transformação permanente de abrigo dos órfãos, colégio/seminário (ensino religioso), colégio de elite (ensino humanístico), para colégio de massa (formação geral).

A tradição reinventada do toque festivo do sino foi revivida nas solenidades comemorativas do Centenário de Fundação do Colégio Pedro II, de dezembro de 1937 a março de 1938, e fizeram parte do calendário cívico do Estado Novo, que buscava demarcar o lugar da política cultural nacionalista de Getúlio Vargas. Marco do patrimônio cultural da cidade do Rio de Janeiro, o prédio histórico do século XIX, hoje Campus Centro do Colégio Pedro II, foi tombado pelo IPHAN, em maio de 1983. (Processo Nº 1031 - T. 80, inscrição Nº 489, Livro Histórico, fl.86, e inscrição Nº 550 do Livro de Belas Artes, fl. 04, vol. 02). Neste espaço escolar, o velho sino, silenciosamente, marca na memória coletiva a ausência do patrono, e, sobrevive como objeto de desejo e chamego até hoje de todos os alunos do terceiro ano do Ensino Médio, que marcam sua despedida do colégio revivendo a tradição de tocar "o sino do imperador". Na relação do indivíduo com o colégio e do colégio com a sociedade, a preservação do sino e de sua singular linguagem afetiva simboliza a dialética da lembrança e do esquecimento na cidade. ◈

BIBLIOGRAFIA

DÓRIA, Escragnolle. *Memória Histórica do Collegio de Pedro Segundo (1837-1937)*. Rio de Janeiro: Ministério da Educação e Saúde, 1937.

VERA LUCIA CABANA ANDRADE é professora doutora em História Social pelo IFCS/UFRJ, professora aposentada da UERJ e do Colégio Pedro II, sócia honorária do IHGB e do IHGRJ e sócia titular do IHGN. É também membro da Comissão de Memória Histórica do Colégio Pedro II.

Objeto de procedência chinesa, em madrepérola, com desenho em guache sobre papel representando o terreiro do Paço.

Leque comemorativo do aniversário de D. João VI

Museu Chácara do Céu/ Museus Castro Maya

c. 1818-1821

José Pessôa

Os leques são ventarolas descerráveis originárias do Japão e da China. Difundiram-se na Europa entre os séculos XVII e XIX, tornando-se item indispensável do vestuário feminino. A possibilidade de fechar e abrir suas hastes, aumentando ou diminuindo os leques de forma dinâmica, levou à criação de uma verdadeira linguagem secreta no manuseio destes pelas damas das cortes ocidentais. Os leques comemorativos apareceram neste mesmo período para registrar os acontecimentos importantes, ligados principalmente à realeza. No Rio de Janeiro, a vinda da família real portuguesa em 1808 iria difundir o uso do leque na cidade, bem como o costume de registrar nestes objetos os acontecimentos notáveis da vida da corte. Estes leques comemorativos eram encomendados através de casas comerciais, as chamadas Casas das Índias, existentes na cidade. As encomendas seguiam via Macau, centro da presença portuguesa na China, até os centros manufatureiros de Cantão e Nanquim. Seguindo quase sempre o mesmo padrão, os leques apresentavam de um lado o acontecimento comemorado, copiado a partir de um desenho ou gravura enviado do Rio de Janeiro, e de outro, motivos decorativos de gosto chinês.

O leque comemorativo do aniversário de Dom João VI, que faz parte do acervo dos Museus Castro Maya, foi confeccionado em madrepérola e folha de ouro com pintura a guache sobre papel que reproduz uma festiva parada militar no Largo do Paço, atual Praça XV. No verso temos desenhos de pássaros e flores sobre fundo dourado. Não dispomos de nenhum registro de quem teria feito a encomenda, mas possivelmente foram confeccionados vários leques com o desenho da parada militar no Largo do Paço, do qual restam este e um outro exemplar, com as bordas em azul, conservado no Museu Imperial de Petrópolis.

A partir da representação do Largo do Paço é possível concluirmos que esta teve como base um desenho executado em data posterior à aclamação de Dom João como rei do Brasil, Portugal e Algarve, ocorrida em fevereiro de 1818. A torre da Igreja do Carmo apresenta na face voltada para a rua apenas uma grande sineira, resultado de obras realizadas depois da aclamação do rei. O leque deve ter sido executado, então, entre 1818 e 1821. Portanto, quando o nosso leque foi confeccionado, mais de dez anos já haviam se passado desde que o Príncipe Regente Dom João chegara à cidade. Neste período muitas transformações haviam ocorrido, o príncipe tornara-se rei, sendo o primeiro monarca europeu aclamado nas Américas e o Brasil tornara-se um reino, unido a Portugal e ao Algarve, sendo o Rio de Janeiro a sua capital. A presença da corte portuguesa havia alterado a paisagem da cidade e mudara a sociabilidade dos seus habitantes, envolvidos numa série de cerimônias que ocupavam o espaço público: os nascimentos, os batizados, os aniversários e as bodas reais.

Quando Dom João e sua comitiva chegaram ao Rio de Janeiro em março de 1808, a cidade contava, segundo monsenhor Pizarro, com cerca 50 mil habitantes. Era a cidade mais populosa do Brasil, tendo inclusive uma população maior que a do Porto, segunda cidade de Portugal; mas muito inferior aos 180 mil habitantes de Lisboa. A presença da família real e da corte irá provocar um afluxo contínuo de novos moradores, vindos de Portugal e de outras regiões do Brasil, levando a cidade a duplicar sua população em apenas 15 anos, contando com 100 mil habitantes em 1823.

Na sua chegada, Dom João instalou-se no Paço dos Vice-Reis, única residência de porte no centro na cidade. O prédio ganharia então, um torreão voltado para o mar a fim de nobilitá-lo na visão de quem olhava do mar para cidade. O Paço dos Vice-Reis não ti-

nha, porém, espaço suficiente para abrigar todos os recém-chegados e, portanto, foi requisitado o Convento do Carmo para a rainha e suas damas; e o Tribunal da Relação e Cadeia para os criados da corte. Os prédios, que eram próximos entre si, foram ligados por passadiços de madeira, e a igreja do desativado Convento dos Carmelitas passou a funcionar como capela real.

Foi preciso também encontrar uma solução para alojar os fidalgos que chegaram em 1808 e nos anos seguintes. Para isso foi criada a chamada "Lei das Aposentadorias", que permitiu aos fidalgos portugueses recém-chegados requisitar a casa que quisessem, pelo tempo que lhes aprouvesse. A notificação aos proprietários era feita através das letras PR, Príncipe Regente, escritas com giz na porta das casas e que a sabedoria popular rapidamente traduziu para "Ponha-se na Rua". Apesar de representar um aparente entrave ao crescimento da cidade, pois havia o temor de que ao edificar grandes e nobres casas, os proprietários poderiam perdê-las, no período em que vigorou a Lei das Aposentadorias (1808 a 1818) a cidade não parou de crescer, tendo surgido 600 novas casas e 100 chácaras. Espraiando-se para além do Campo de Santana, na região que seria denominada de Cidade Nova, e nos arrabaldes do Catete, Laranjeiras, Botafogo, Catumbi, Engenho Velho, Tijuca e São Cristóvão.

Para transformar a cidade colonial em sede da corte foi criada em 1808, à semelhança de Lisboa, uma Intendência Geral da Polícia. O intendente era o responsável pela ordem pública, administração das obras e das tropas na corte. Com a criação da Intendência e da Casa das Obras Reais, estas passaram a disputar com a câmara da cidade, a jurisdição sobre as edificações e a infraestrutura urbana.

A Intendência iria promover entre outras obras, a construção de chafarizes, de um cais de pedra na praia do Valongo, local destinado ao desembarque e comércio de escravos, e o calçamento das ruas com o granito abundante da região.

A Intendência também foi responsável por uma proibição que mudou completamente o aspecto da cidade. A partir de 11 de junho de 1809, as gelosias e muxarabis, treliçados de madeira que fechavam janelas e varandas das casas, não poderiam mais permanecer, devendo ser substituídas por vidraças. Os muxarabis eram uma solução arcaica, de tradição medieval e árabe, trazida pelos primeiros colonizadores e que se difundiu nas cidades do Brasil colonial. Para a corte portuguesa do início do século XIX, a visão destas grades de madeira conferia à cidade um aspecto exótico e oriental. Luis Gonçalves dos Santos, cronista dos acontecimentos do Rio de Janeiro do início do século XIX, mais conhecido como Padre Perereca, denominou o uso das gelosias de "góticos costumes".

Com o crescimento da cidade, o problema do escoamento das águas das chuvas, que já afligia os cariocas no início do século XIX, ficou provavelmente agravado pelo calçamento das ruas, o que levou o Senado da Câmara a convocar engenheiros militares para elaborarem estudos que buscassem solucionar a questão.

Para receber as instituições criadas para o governo do reino foram adaptados sobrados e construídos novos prédios. A Real Fábrica da Pólvora foi instalada num antigo engenho de açúcar, às margens da Lagoa Rodrigo de Freitas. O próprio Príncipe Regente, fascinado pela beleza do local, iria também instituir ali o Real Horto. O sobrado onde vivera o Vice-Rei Marquês do Lavradio passou a hospedar o Tribunal da Relação. A Real Biblioteca iria se instalar num sobrado nos fundos da Igreja da Ordem Terceira do Carmo. As ruínas da inacabada Sé Nova, no Largo de São Francisco de Paula, foram aproveitadas para a construção da Academia Militar, e próxima a esta foi construído o Real Teatro São João. No Campo de Santana, assim denominado por causa da igreja de mesmo nome erguida ali em 1735, instalaram-se o Museu Real, a Intendência Geral da Polícia, o Quartel da Infantaria e as obras da casa do Senado da Câmara.

Todas essas obras transformaram a imagem do Rio de Janeiro, que segundo a inglesa Maria Graham, preceptora dos filhos de Dom Pedro I, parecia mais europeia do que Bahia ou Pernambuco.

Na cidade transformada em sede da corte portuguesa, três locais em especial, seriam o cenário das novas sociabilidades urbanas. O Rocio Pequeno, atual Praça Tiradentes, foi, com a construção do Real Teatro São

João, transformado no local predileto de diversão das elites. Próximo a este, o Campo de Santana ficou consagrado como o palco da diversão popular, com a construção periódica de campos de curro, para a realização de touradas. E finalmente o Largo do Paço, que era a porta de entrada, centro de festas e do ritual da corte. O tratamento semelhante das fachadas do Paço, do Convento do Carmo e dos sobrados pertencentes à família dos Teles de Menezes, que completavam as edificações da praça, deram ao local a teatralidade necessária para ritualização da corte e o decoro arquitetônico da porta oficial de entrada da cidade, marcada também pelo chafariz obelisco de Mestre Valentim. Na pintura do leque, o chafariz já apresenta o provisório cano de extensão para o mar, necessário para fornecer água aos barcos diante do progressivo assoreamento do cais. É seguramente a imagem mais antiga desta solução.

É nesta praça que Dom João seria aclamado rei do Brasil, Portugal e Algarve, e nela se dava a parada festiva do seu aniversário. Nosso leque é um registro precioso das festividades que animavam a cidade do Rio de Janeiro no início do século XIX. A identificação do fato comemorado é feita pelo brasão de Portugal com a coroa real e uma pomba segurando uma faixa no bico, na qual está escrito 13 de maio, data natalícia de Dom João.

As tropas estão perfiladas ao longo do perímetro da Praça, na frente do Paço vê-se muita fumaça das salvas de canhão, enquanto carruagens vindas da Real Cocheira que ficava nas proximidades passam em direção ao desfile. A população assiste a tudo na praça e nas sacadas ao redor, empunhando uma curiosa profusão de guarda-sóis coloridos. As festas eram planejadas meticulosamente, e a pintura no leque é uma imagem elucidativa destes acontecimentos. Podemos decifrar o movimento das tropas graças a um desenho conservado na Sociedade de Geografia de Lisboa, intitulado "Movimentos executados pelas tropas de guarnição da Cidade do Rio de Janeiro no faustíssimo dia 13 de maio de 1821. Natalício de S.M. ELREI nosso SENHOR". Numa planta do Largo do Paço e adjacências, estão assinaladas as posições que deveriam tomar os diversos batalhões, com a cavalaria junto à fachada do Paço, e as infantarias ao longo do perímetro da praça, finalizando, já fora desta, com o Regimento dos Henriques, de uniforme branco e vermelho, composto de ex-escravos e seus descendentes. A artilharia responsável pelas salvas ficava postada em frente ao Paço com seis canhões. Gravada no leque da dama da corte, a cidade em festa celebrava na comemoração do aniversário do rei a sua própria imagem. ◈

BIBLIOGRAFIA

COUTO, Jorge (org). *Rio de Janeiro, Capital do Império Português (1808 - 1821)*. Lisboa: Fundação Calouste Gulbenkian, 2010.

FERREZ, Gilberto. *O Paço da Cidade do Rio de Janeiro*. Rio de Janeiro: Fundação Nacional Pró-Memória, 1985.

Museu de Arte da Bahia, *O leque: seu tempo e sua linguagem*. Catálogo de exposição. Salvador: Museu de Arte da Bahia, 1995.

VAINFAS, Ronaldo, NEVES, Lucia B. P. das. (org.) *Dicionário do Brasil Joanino, 1808-1821*. Rio de Janeiro: Objetiva, 2008.

JOSÉ PESSÔA é arquiteto e doutor em Planejamento Urbano e Regional pelo Istituto Universitario di Architettura di Venezia, Itália, professor associado da Escola de Arquitetura e Urbanismo da Universidade Federal Fluminense e pesquisador do CNPq.

Mais do que meros ornamentos, os balangandãs carregam alusões ao universo religioso e cultural das negras quitandeiras.

Penca de Balangandãs

Museu Histórico Nacional

SÉCULO XIX

Juliana Barreto Farias

No Rio de Janeiro do século XIX, à beira da Baía da Guanabara, na antiga Praia do Peixe, junto ao Largo do Paço (atual Praça XV), foi construído entre 1834 e 1841 o edifício da Praça do Mercado, que existiu até 1907, quando foi demolido para dar lugar a outro mercado público, bem maior, uma estrutura em ferro e vidro. Este antigo mercado ficava numa construção projetada pelo arquiteto francês Grandjean de Montigny, que se transferiu para o Brasil em 1816, como membro da chamada Missão Artística Francesa, com o objetivo de criar uma instituição de ensino artístico à moda europeia, tendo realizado algumas construções públicas importantes na época.

E ali na Praça do Mercado, "velhas quitandeiras" africanas e crioulas destacavam-se e eram facilmente reconhecidas por seus vistosos trajes e adereços. Quase sempre traziam a cabeça coberta com um alto turbante de musselina e um longo pano da costa colorido, amarrado à cintura ou jogado sobre os ombros. Pelos braços e pescoços, muitos colares e pulseiras de ouro, prata, corais ou miçangas. Algumas, mais "afortunadas", ainda acrescentavam outros sons e brilhos à indumentária. Contrastando com as saias coloridas e brancas, atavam aos quadris pencas em prata carregadas de miniaturas de animais, frutas e outros objetos feitos com o mesmo metal, figas em marfim ou pingentes em coral, como se pode observar em algumas fotografias e ilustrações de época.

Ao caminharem em meio ao "vozerio" no qual se confundiam pregões de africanos e portugueses, burburinho de fregueses e uma estridente algazarra de galinhas, pássaros e outros bichos, as pequenas negociantes com joias à cintura também acabavam se incorporando àquela sinfonia dissonante. Quando se movimentavam, as peças metálicas (ocas, em sua maioria) não paravam de tilintar. E o som produzido era tão marcante que teria dado origem ao termo que as denominava: *balangandã*.

No Brasil, desde pelo menos o século XVIII, pencas de balangandãs designavam os ornamentos de prata, compostos em conjunto por nave (o prendedor), corrente e diferentes elementos agrupados, geralmente em formato de figa, chaves, moedas, peixe, dentes, cachos de uva, cocos de água. Como essas combinações partiam de escolhas individuais, cada penca era um conjunto único. À diferença das obras cinzeladas e mesmo de outros exemplares de joalheria, ela era especialmente composta por sua usuária, e atualizada pela incorporação de novos objetos ou exclusão dos já existentes. Na penca em exposição no Museu Histórico Nacional, no Rio de Janeiro, além das representações recorrentes, também foram acrescentadas miniaturas metálicas de violão, pandeiro, revólver, âncora, galinha, peixe, pássaros, cachos de uva e romãs.

Compondo as chamadas "joias de crioula", justamente por serem mais usadas pelas negras nascidas no Brasil (e em especial as baianas), essas peças tinham o seu maior centro de produção na cidade de Salvador. Embora não seja possível precisar quando começaram a ser confeccionadas no país, parecem ter sido a solução encontrada pelos ourives baianos, no século XVIII, para unir adereços já existentes (a penca e os balangandãs). O que pode ser atestado a partir das marcas de contrastes – que identificavam os autores das peças – presentes em boa parte delas. Segundo a pesquisadora Simone Vicente da Silva, todas as coleções de pencas atualmente expostas em museus brasileiros ou em posse de particulares são identificadas como originárias da Bahia. Embora isso possa ser de fato comprovado em algumas instituições, na ficha que acompanha o balangandã conservado no Museu Histórico Nacional, consta que "autor/fábrica" e "local/país" ainda estão "em pesquisa". De qualquer forma, ainda hoje muitas são produzidas e vendidas em Salvador como *souvenirs* "tipicamente baianos".

Contudo, alguns registros indicam que, se não exatamente a fabricação, pelo menos a comercialização dessas pencas já era realizada no Rio de Janeiro em princípios do século XIX. O artista francês Jean-Baptiste Debret, que esteve na cidade nesse período, representou diversas quitandeiras negras pelas ruas do Rio com suas joias e outros adereços. Na aquarela intitulada *Negra tatuada vendendo cajus*, de 1827, estão bem visíveis os pendentes presos à cintura, agrupados em torno de uma argola, como um balangandã. E no texto que acompanha a prancha, ele ainda acrescentou ser "raro que uma vendedora negra ambulante se mostre na rua sem pequeno amuleto ao pescoço, o que não a impede de usar também dois outros à cintura, de cambulhada com cinco a seis talismãs, de forma e de natureza diferentes".

Em 1846, o inglês Thomas Ewbank, em visita à Rua dos Ourives, observou a presença de uma "caixa perpendicular, pendurada na porta de toda loja". Dentro de cada uma havia cruzes, crucifixos, coroas, palmas e outras pequenas joias religiosas como imagens de santos, além de amuletos de ouro, prata, pedra e marfim. Estas últimas constituíam, em alguns lugares, o principal artigo em exposição. Além disso, muitas dessas peças eram vendidas pelas ruas por escravos e libertos. Segundo Ewbank, "gêneros secos, joias, mercadorias de luxo são expostos sobre balcões ou mesas portáteis, com caixas de vidro fixadas por cima. Tais coisas são muito numerosas".

Não temos como saber se esses adornos e joias eram confeccionados na cidade do Rio. Ainda assim, a partir de meados da década de 1830, os "fluxos e refluxos" de africanos e crioulos entre Rio de Janeiro e Bahia tornaram-se cada vez mais constantes. Enquanto proprietários temerosos não hesitavam em se desfazer de seus escravos, especialmente após o levante dos malês, em 1835, livres e libertos também seguiam, com seus próprios recursos, para a capital do Império. Muitas vezes iam em busca de "parentes" ou antigos companheiros que tinham sido forçados a migrar. Ou então eram atraídos pelo crescimento econômico da região, que parecia lhes acenar com novos mercados para seus "negócios" e mais oportunidades de trabalho e investimento. Pouco a pouco, foi se formando uma ativa rede comercial e religiosa que ligava as comunidades de africanos e seus descendentes nas duas regiões.

Entre os que viviam nesses caminhos cruzados estava o preto mina Antonio Godinho. Escravizado na Bahia, este liberto de 60 anos acabou se estabelecendo no Rio, mas, conforme afirmara em 1860, costumava "estar fora do Rio de Janeiro em seu negócio para a Bahia e Pernambuco". E suas transações comerciais incluíam muitos corais e joias, que oferecia a conterrâneos e outros clientes. Como a encomenda que trouxera naquele ano para a forra nagô Faustina Dourado, quitandeira na Praça do Mercado: "certo cordão de ouro que lá se fabrica", ao preço de 300 mil réis.

Quem sabe também fosse um dos "fornecedores" de outras vendedoras negras do principal mercado municipal de gêneros alimentícios do Rio de Janeiro no século XIX, que reunia africanos, portugueses e "brasileiros" em mais de cem bancas internas e nos tabuleiros e quitandas espalhados nas áreas ao redor, oferecendo frutas, verduras, aves, peixes, louças e outros produtos e miudezas. A baiana Izidra Maria Maximiana, que alugava uma vaga ali, formou ao longo dos anos uma robusta coleção. Entre as peças descritas no seu inventário *post-mortem*, aberto em 1887, havia uma boa parte em ouro, incluindo pulseiras com 16 corais; um fio de contas pequenas com uma cruz; dois cordões com um crucifixo e uma figa também de ouro; outro cordão e uma figa de ouro baixo; 12 anéis de "ouro muito baixo e ordinário" e três pares de brincos. Também contava com uma figa de marfim; um fio de contas e coral; um par de brincos de coral; e seis corais grandes e dispersos. E o que parecia ser a descrição de uma penca de balangandãs: "cinco argolas de prata com diversos objetos de enfeites e moedas; um ananás e uma corrente de prata".

Assim como ela, outras comerciantes da Praça do Mercado também demonstravam um nítido apreço por joias de ouro e prata. No inventário da africana mina Emília Soares do Patrocínio, uma das vendedoras mais antigas do local, as peças não foram descritas. Entretanto, sabemos que, junto com os móveis, valiam 519 mil réis. O que, em 1885 (época em que foram registradas no documento), era um valor expressivo, suficiente, por exemplo, para a compra de uma escrava. Em seu próprio inventário, a cativa Ignácia foi avaliada em 400 mil réis.

Bem mais do que vistosos adornos, essas peças tinham outros, e importantes, significados. Em primeiro lugar, podiam servir como "método de poupança", que volta e meia era usado como garantia ou para o efetivo pagamento de empréstimos. Examinando testamentos das forras minas do Rio de Janeiro, especialmente no século XVIII, a historiadora Sheila Faria verificou que 70% eram proprietárias de objetos de ouro e prata, muitos deles imagens e medalhas sacras. Em diversos momentos, essas peças eram usadas em redes financeiras que praticamente só envolviam mulheres na condição de credoras ou devedoras, algumas vezes com penhor das joias mais valiosas e outras somente através da palavra, já que não havia nos testamentos referências a registros escritos.

As quitandeiras da Praça do Mercado também empenhavam seus objetos de maior valor para angariar crédito ou saldar dívidas antigas. No entanto, essas transações não eram necessariamente femininas. A mina Maria Rosa da Conceição havia recorrido ao Monte do Socorro, popularmente conhecido como "casa de prego", para pegar a quantia de 120$000 réis. Emprestando dinheiro a pessoas que não tinham acesso a estabelecimentos bancários, a casa levava como garantia metais preciosos, brilhantes e outros bens, cobrando juros baixos. Em 1858, um cordão, uma figa, um relicário e uma moeda que pertenciam a Maria Rosa ainda estavam penhorados ali.

Para além dessas evidências mais diretas, a aquisição dessas joias de ouro, prata, contas de vidro, coral, marfim e outros materiais podia ter objetivos aparentemente bem mais sutis. O uso ritual, por exemplo. Na costa ocidental africana, as contas e os corais não eram apenas enfeites, mas objetos plenos de força mística, axé. Na cidade de Lagos, o deus Olokun, senhor do mar, era muito identificado com o uso de contas e conchas. Um de seus nomes de louvação era justamente Senhor das Contas. No tabuleiro de adivinhação, elas representavam riqueza entre os iorubás, conferindo poder aos objetos ali manejados. Já em Iwô, também na região da atual Nigéria, símbolos das divindades iorubás eram compostos em uma série de pequenas pencas em ligas de prata.

Outros artefatos próprios à religião dos orixás podiam igualmente ser associados aos balangandãs do Brasil. Como a ferramenta de Ogum, caracterizada por um molho de miniaturas de ferramentas para a luta e para o trabalho, confeccionadas em ferro batido, em número de sete, catorze ou vinte e um, e agrupados num argolão ou em outra peça que o sustente. As *ibás*, insígnias dos orixás femininos colocados nos assentamentos *(peji)* ou nas cinturas como adereços, também se assemelhavam às pencas das negras na Bahia e no Rio de Janeiro. Usadas ritualmen-

te, estas correntes juntavam pequenos objetos com atributos de iás como Iemanjá, Oxum ou Iansã. Para cada uma delas, há um material de preparação determinado: ferro cromado, para Iemanjá; latão, para Oxum; e cobre, para Iansã. E também elementos característicos da entidade. No caso de Oxum, é possível encontrar peixe, pente, colher, garfo, faca. Não há indicações mais antigas do uso desses artefatos, e eles não eram (e nem são) presença obrigatória em todos os candomblés ou em suas representações. Ainda assim, Oxum era tida como a protetora das negras quitandeiras, justamente as mulheres mais retratadas portando pencas e balangandãs à cintura.

Será que nos tabuleiros cariocas de Emília do Patrocínio, Maria Rosa da Conceição e Izidra Maximiana frutas e verduras também se combinavam com divindades e adivinhações? Estaria aí, nesta sagrada junção, uma das origens de suas pequenas fortunas? Nos mercados da costa ocidental africana, isso era muito comum. Como assinala o historiador nigeriano Toyn Falola, nas áreas iorubás do período pré-colonial, as mulheres não só dominavam as atividades comerciais e os espaços dos mercados, como eram responsáveis por todos os ritos que se realizavam nesses lugares, também considerados como parte do "ambiente religioso"; mantinham um papel fundamental na manutenção da "prosperidade" e no "equilíbrio espiritual desta sociedade". Nesse universo em que produtividade, fertilidade e riqueza associavam-se à energia feminina, as deusas também apareciam como as verdadeiras protetoras dos mercados.

No Rio de Janeiro, algumas evidências esparsas parecem indicar que o culto aos orixás, ou ao menos o comércio de alguns produtos religiosos, estava de alguma forma presente na Praça do Mercado. Embora não indique a fonte de suas informações, Vivaldo Coaracy afirma, nas memórias sobre o Rio que publicou na década de 1950, que, em meio a uma "completa confusão de raças e tipos humanos", destacavam-se as "pretas minas, com seus trajes característicos e abundância de miçangas, a negociar em quitutes e rendas, bonecas de pano e misteriosos filtros e patuás". Já o memorialista Luiz Edmundo fornece, em registro feito na década de 1930, uma descrição um tanto enviesada de algumas mulheres do mercado e seus signos étnico-religiosos: "São negras baianas, com as suas trunfas multicores e os seus saiões de chita amplos e rodados, vendendo figas-de-guiné, colares, angu, vatapá, moqueca, gralhando metálicos e retumbantes dialetos africanos, como se estivessem nas feiras de Quelimane ou de Dandum."

De um jeito ou de outro, essas práticas podem ter sido reavivadas – e, muitas vezes, ganharam novos significados – deste lado do Atlântico. Adornos e joias, cujo uso pelas africanas e suas descendentes chegara a ser proibido na época colonial, indicavam prosperidade, prestígio social, clientela numerosa e sinal de que a quitandeira vendia produtos de boa qualidade. Para as cativas e libertas adeptas do candomblé, também representavam proteção. Assim, ao valor estético, elas agregavam o valor místico. Com seus anéis, pulseiras, colares, rosários e enfiaduras de ouro, prata, corais ou contas, elas certamente mercadejavam gêneros de primeira necessidade e, ao mesmo tempo, reverenciavam seus deuses. O que, decerto, só aumentava o prestígio e a riqueza que já desfrutavam entre os "seus" e também entre alguns moradores da Corte Imperial. Com a demolição da velha Praça do Mercado e a inauguração, em 1907, de um novo mercado municipal, também na região da atual Praça XV de Novembro, quitandeiras africanas e crioulas foram deixando seus postos, sendo logo substituídas por mercadores brasileiros e portugueses. E suas vistosas (e já tão famosas) indumentárias e joias, que, de alguma forma, continuariam a ser fabricadas até meados do século XX, reencontrariam seu lugar em algumas memórias do Rio de Janeiro. ◈

BIBLIOGRAFIA

COARACY, Vivaldo. *Memórias da cidade do Rio de Janeiro.* São Paulo-Belo Horizonte: Edusp-Itiaia, 1988.

FARIAS, Juliana Barreto. *Mercados minas: africanos ocidentais na Praça do Mercado do Rio de Janeiro.* Rio de Janeiro: Arquivo Geral da Cidade, 2015.

LODY, Raul. *Pencas de balangandãs da Bahia: um estudo etnográfico das joias-amuletos.* Rio de Janeiro: Funarte/Instituto Nacional do Folclore, 1988.

SILVA, Simone Trindade Vicente da. *Referencialidade e representação: um resgate do modo de construção de sentido nas pencas de balangandãs a partir da coleção do Museu Carlos Costa Pinto.* Dissertação de Mestrado em Artes Visuais, UFBA, 2005.

JULIANA BARRETO FARIAS é doutora em História Social pela USP e professora-adjunta da Universidade da Integração Internacional da Lusofonia Afro-brasileira (UNILAB), Campus dos Malês/BA. Autora do livro *Mercados minas: africanos ocidentais na Praça do Mercado do Rio de Janeiro (1830-1890)*, e coorganizadora do livro *Mulheres negras no Brasil escravista e do pós-emancipação* (Selo Negro, 2012).

A peça de porcelana, fabricada na China por encomenda, exibe o brasão do Império do Brasil.

Bule de café da Companhia das Índias

Museu Histórico Nacional

DÉCADA DE 1820

Claudia Beatriz Heynemann

Distinguido com símbolos do Império do Brasil, o bule de café da Companhia das Índias deve essa denominação ao modo como a partir do século XVI passaram a se referir às louças de exportação fabricadas na China. Na intensa atividade mercantil europeia, estiveram à frente as companhias de comércio, originadas mais remotamente no século XI, entre as quais se destacam a Companhia das Índias Ocidentais e a Companhia das Índias Orientais inglesa, a Companhia Holandesa das Índias Orientais e a Companhia Holandesa das Índias Ocidentais, todas do início do século XVII. Trocas vultosas atraíram os portugueses e posteriormente os ingleses, que iriam tomar a frente no negócio da porcelana chinesa. Essas louças receberam influência ocidental em seus motivos, formato e no estilo, obedecendo aos modelos apresentados pelos funcionários das companhias, com variações no tempo e de acordo com as encomendas realizadas.

Mas se os serviços de porcelana tomavam critérios ocidentais, eles também eram um indício da presença e do gosto pelas especialidades orientais, chinesas sobretudo, entre os europeus e entre aqueles que viviam nas colônias, como no Império luso, no qual os portos de Salvador e do Rio de Janeiro tiveram inegável relevância na rota dos navios da Carreira das Índias a partir do século XVII, que tinham como des-

tino Goa e Macau. Antes ainda, essas louças cruzaram o Atlântico com os portugueses no século XVI, sendo de todo modo notável a influência oriental na colônia americana, sensível nas artes, na migração de espécimes botânicos, no comércio e no consumo de artigos que chegam a bordo dessas e de outras embarcações que ancoravam no litoral brasileiro. É provável, visto que o comércio direto com o Oriente era proibido aos colonos, que grande parte desses bens fosse objeto de contrabando, largamente praticado. Pois tudo o que vinha da China tinha interesse, fossem chás, sedas, leques, sapatos, itens de uma extensa pauta de mercadorias que aqui aportavam. O historiador José Roberto Teixeira Leite escreve que de "todas as mercadorias que ao longo de mais de três séculos o Brasil recebeu da China, a porcelana foi decerto a mais apreciada – hé [sic] a droga que mais facilmente se vende nesta terra, como se lê num manuscrito do Arquivo Histórico Ultramarino de Lisboa (...). Tal predileção dos brasileiros e luso-brasileiros explica o enorme número de porcelanas que recebemos, e que certos cálculos chegam a orçar em 10 milhões de peças".

A cafeteira aqui apresentada ostenta o brasão do Império e traz "decoração composta por esferas armilares, coroas imperiais e cruzes sobre campos de ouro, em cada cruz a inscrição *Viva a Independência do Brasil*" na descrição de José Roberto Teixeira Leite. Integra um serviço de chá e café, que segundo esse autor, vem a ser um caso único de serviço armoriado feito na China especificamente para o Brasil, daí ramos de café e de fumo, culturas que assumiam a dianteira na pauta de exportações do país, não terem sido esquecidos na composição. Por sua singularidade a peça estava destinada à Casa Imperial, mas similares mais comuns podiam ser encontrados nas casas da nobreza ou da boa sociedade, adquiridos na capital. Conquanto o consumo do café só se popularize na Europa no século XVIII, não se deve esquecer que já nos anos 1600 estabelecimentos como o Régence, de 1681, se celebrizaram em Paris. A história do fruto inicia-se no século VI, quando a planta *Coffea arabica* foi descoberta na Etiópia, ainda não submetida à técnica de torrefação que no século XVI daria vez ao preparo da infusão, disseminada a partir desse momento por uma rota que passa pelos países islâmicos e que chega a Veneza em 1615. Por volta de 1690 a Companhia das Índias Orientais (VOC) leva o cultivo a Java, e mais a frente os franceses os seguem na colônia de Reunião. Na década de 1720 o arbusto é adaptado no Suriname, Martinica, Guadalupe e nesse período ele é introduzido no Grão Pará e Maranhão, onde frutificou antes como planta ornamental e assim se manteve por todo o setecentos colonial. Produção irrelevante que não faria sombra a outros itens fossem eles o açúcar ou o ouro.

É no Século das Luzes que o costume se espalha em Paris, onde vendedores armênios cumprem o ritual valendo-se da cafeteira e das xícaras. O hábito toma conta da sociabilidade parisiense, popularizando-se fora dos ambientes burgueses, circulando entre empregados domésticos ou caixeiros. Nesse retrato da vida cotidiana da época moderna traçado por Fernand Braudel, descortina-se a era da "glória dos cafés" no século XVIII. O produto estava em muitas partes do mundo e igualmente em Lisboa, onde, afirma, "o café, vindo do Brasil, é barato, bem como o açúcar moído que lhe deitam...".

A cena internacional é de organização do cultivo e de conquista dos mercados do café, mobilizando setores capitalistas, dando impulso às lavouras nas colônias. No final do século XVIII o Rio de Janeiro, sede do governo do Estado do Brasil e principal porto do Império, é o primeiro lugar no Centro-Sul a receber o café nos arredores da cidade, nas montanhas, e concentradamente na Floresta da Tijuca. Demoraria alguns anos para que o café carioca tivesse repercussão entre o público, a começar pelo próprio príncipe D. João, que em 1801 ordena o envio anual de dez arrobas do "melhor café mais escolhido, mais assazonado, e conduzido com todo o resguardo que possa haver neste Estado, com o sobrescrito 'Para S. A. R. o príncipe regente nosso senhor, e seu serviço particular'". Esse café era o de Goa, de Malabarte, acompanhados por arrobas do "melhor café de Moca" remetidos de Goa pela nau *Marialva* em 10 de maio daquele ano, em resposta à carta de D. Rodrigo de Souza Coutinho a Francisco Antônio da Veiga Cabral da Câmara Pimentel, capitão-general do Estado das Índias, conservada pelo Arquivo Nacional.

A migração da corte portuguesa em 1808 seria decisiva para a lavoura do café em consequência do crescimento da população carioca, que requeria gêneros de primeira necessidade. Vinha a ser mesmo uma saída para os nobres da colônia, tendo grande sucesso na Corte, encontrando, sobretudo em seus morros, um solo propício ao plantio. Nas primeiras décadas do século XIX a Floresta da Tijuca perderia o lugar para o Vale do Paraíba, região para a qual foram direcionados escravos comprados a custo reduzido no mercado mundial e que apresentou rendimento muito superior de arrobas por pé de café, como assinalam Rafael Marquese e Dale Tomich. Contudo, antes que se enxergasse ali a decadência, a Tijuca joanina abrigaria a cultura do café no cenário que já então se tornara refúgio de estrangeiros e artistas, nobres exilados franceses, vivendo a nostalgia, em chácaras e fazendas, na parte mais amena da cidade. Moradores que entraram de vez para a história do Rio de Janeiro e que se distribuíam pela área da Floresta foram os Taunay, o Conde de Gestas, a Baronesa de Rouen, e outros que adquiriram grandes propriedades cafeicultoras. Um deles, o conhecido Louis Lescene, requereu em dezembro de 1821, à Junta do Comércio, Agricultura, Fábricas e Navegação, conjunto documental preservado no Arquivo Nacional, a isenção de direitos sobre máquinas debulhadoras e um ventilador, se apresentando como proprietário de um sítio com plantação de café na Tijuca.

No início da década de 1830, em que o Brasil lidera o mercado mundial, e o Vale do Paraíba está em franca ascensão, ainda se vê o café nos morros da cidade, descritos por Charles Bunbury Fox, que observou ser essa "a principal cultura na vizinhança do Rio e, aliás, na província em geral (...). Tenho visto cafeeiros crescendo exuberantemente no meio das matas do Corcovado entre plantas silvestres". Nesse caso, escreve o naturalista, indicava o local onde havia plantações abandonadas depois de poucos anos, como era costume no Brasil. Bunbury estava certo em suas constatações: a crença de que era necessário iniciar a lavoura no terreno da floresta virgem e a prática do seu abandono resultaram numa combinação fatal para a Mata Atlântica. Como concluiu o historiador americano Warren Dean, "o café avançou, portanto, pelas terras altas, de geração para geração, nada deixando em seu rastro além de montanhas desnudadas".

A floresta dos cafezais foi um dos sítios de maior impacto para os artistas desembarcados no Rio de Janeiro das primeiras décadas do XIX. Além de obras de Jean-Baptiste Debret, Nicolas Antoine Taunay, Johann Moritz Rugendas e outros, uma incursão pelos desenhos e aquarelas do pintor Thomas Ender, que permaneceu no Brasil entre 1817 e 1818 e produziu mais de dez paisagens da Tijuca, é um indicador do processo de configuração cultural da paisagem da Floresta, com atenção para as vistas das cascatas, rios, caminhos. Rios e caminhos que mobilizaram administradores e políticos em torno da tarefa de restauração da mata, essencialmente a partir da década de 1840, quando entre outros males, longas estiagens atormentaram os moradores. Muitos argumentos em prol do replantio foram enumerados: somava-se a preservação dos rios que abasteciam a cidade à influência sobre o clima, a salubridade, a possibilidade de se tornar um celeiro de árvores de construção. Refúgio de quilombolas, fonte de lenha para carvão, residência da boa sociedade, hospital de convalescença como foi chamada por ministros do Império, a Tijuca imperial é também a Floresta Nacional da Tijuca, situada na capital, lugar do ideal de civilização, do projeto de erguer uma nação nos trópicos. Na literatura oitocentista, a Floresta ambienta romances, protagoniza tramas, e está na correspondência entre Machado de Assis e José de Alencar, que introduz na Corte o poeta Castro Alves e o recebe na Tijuca, "esta montanha encantadora. A natureza a colocou a duas léguas da corte, como um ninho para as almas cansadas de pousar no chão".

Em dezembro de 1861 a portaria 577 deu "instruções provisórias para o plantio e conservação das florestas da Tijuca e Paineiras". A área denominada Floresta Nacional da Tijuca compreendia a vertente sul do pico do Papagaio e Tijuca, entre o Alto da Boa Vista, a pedra do Conde e o açude da Solidão – eram terras desapropriadas pelo Estado, mediante a aquisição de propriedades. Entre dezembro de 1861 e 1874 o major Manoel Gomes Archer, primeiro administrador da Floresta, contando com a mão de obra de seis escravos públicos, chamados "escravos da nação" e dispondo de conhecimentos práticos empreendeu de modo pioneiro o trabalho de reflorestamento, utilizando-se em larga medida de mudas e sementes recolhidas na sua propriedade, em Guaratiba. Calcula-se que sobreviveram, entre as mudas plantadas, cerca de 60 mil árvores. Compondo uma vegetação híbrida que traduz o seu caráter experimental e a orientação paisagística romântica, a obra de restauração da floresta funcionou como um laboratório de silvicultura, e como um exemplo para a cidade do Rio de Janeiro e as províncias. A iniciativa foi reconhecida, mesmo em seu tempo, como algo extraordinário, e constitui hoje um testemunho de séculos da experiência histórica na região, vestígio significativo e delicado, louça fina da memória carioca.

BIBLIOGRAFIA

BRAUDEL, Fernand. *Civilização material, economia e capitalismo: séculos XV-XVIII. Tomo I. As estruturas do quotidiano.* Lisboa: Editorial Teorema, 1992.

DEAN, Warren. *A ferro e fogo: a história e a devastação da Mata Atlântica.* São Paulo: Companhia das Letras, 1996.

LEITE, José Roberto Teixeira. *A China no Brasil: influências, marcas, ecos e sobrevivências chinesas na sociedade e na arte brasileiras.* Campinas: Editora da Unicamp, 1999, p. 9-24.

MARQUESE, R., TOMICH, D. O Vale do Paraíba escravista e a formação do mercado mundial do café no século XIX, *in* GRINBERG, K., SALLES, R. (orgs.). *O Brasil Imperial, volume II: 1831-1870.* 2ª ed. Rio de Janeiro: Civilização Brasileira, 2011.

RUSSEL-WOOD, Anthony John R. "A dinâmica da presença brasileira no Índico e no Oriente." *Topoi* 03 - Julho-Dezembro de 2001 | Volume 02, pp. 9-40. Disponível em http://www.revistatopoi.org/numeros_anteriores/topoi03/topoi3a1.pdf. Acesso em 5 de maio de 2015.

CLAUDIA BEATRIZ HEYNEMANN
é doutora em História, supervisora de pesquisa no Arquivo Nacional. Entre outros títulos publicou *Floresta da Tijuca: natureza e civilização* (1994) e *As culturas do Brasil* (2010).

Adotado pelas damas da corte, o acessório era utilizado para prender coques altos e mantilhas.

Pente Trepa-Moleque

Casa da Marquesa

c.1825 - 1830

Michelle Kauffmann Benarush

A vida social no Rio de Janeiro do século XIX é caracterizada por uma intensa renovação cultural voltada para a sua transformação numa *belle ville* tropical. A estética francesa colaborou para a afirmação da cidade como sede da Corte do Império do Brasil depois da independência nacional. O Rio de Janeiro Imperial se torna o único local, no Brasil, no qual é possível levar uma vida cosmopolita característica de uma classe senhorial. Inundado por novos estabelecimentos luxuosos, nos quais se vendiam de carruagens a tecidos, vidros e papel, o centro da cidade se estabelece como o local ideal para flanar e comprar. Dizia-se que o Rio de Janeiro de então era o Brasil e que a Rua do Ouvidor era o Rio de Janeiro.

Fato é que a moda prospera em ambientes urbanos, com concentração populacional e redes mercantis estabelecidas. O avanço tecnológico do século XIX permite que a moda se estabeleça firmemente na sociedade ocidental e se popularize ao longo dos dois séculos seguintes. Novos espaços públicos, comércio borbulhante, inaugurações e bailes se tornam ocasiões para as quais é necessário se trajar com pompa. Não é exagero dizer que a moda no século XIX ampara a formação de uma fidalguia carioca, ansiosa por novos modelos de prestígio social.

A pressão para a adequação comportamental se choca fortemente com o jeito de ser patriarcal das famílias brasileiras. A mulher, cuja vida pública é restrita e tem seus estudos dificultados, faz do universo doméstico toda sua vida. A roupa simboliza o recato exigido, aprisionando-a em espartilhos, anáguas e volumes excessivos, representativos de uma moral rígida. Seu único meio de escape é o casamento, para o qual toda sua formação é dirigida. Uma vez casada e liberta da condição virginal e decorosa, lhe é facultado amplo acesso a roupas e acessórios e, por meio do vestuário, consegue recursos para expressar sua personalidade, demonstrando publicamente seu gosto, status e riqueza. Torna-se então sua própria criação artística. Sua aparência, postura, dotes sociais passam a ter importante papel na conquista de êxitos do marido.

Se durante o dia a vida da mulher é voltada para a criação dos filhos e a administração do lar, à noite, nos bailes, um novo mundo se descortina. As festas representam uma chance de relaxamento das regras, um suspiro frente à rigidez dos costumes, uma oportunidade de proporcionar ao outro, mesmo que de relance, uma melhor aparência de si. Nos bailes é possível desnudar partes estratégicas do corpo, chamando atenção para os calcanhares, com bainhas mais curtas; para a nuca, com cabelos presos, ou para o colo, com decotes extravagantes.

É também baseado nesse "ritmo erótico", nesse truque em chamar atenção para certas partes do corpo, que as oscilações da moda se estabelecem, como analisa Gilda de Mello e Souza. Os vestidos de meados do século XIX traduzem um estilo de vida de elite, de quem tem serviçais para manter a qualidade impecável das roupas, de quem não trabalha e, por consequência, pertence à classe privilegiada. Já os volumosos cabelos, hiper erotizados, simbolizam a própria natureza da mulher, a feminilidade, a sedução. Daí a solução aparentemente sóbria dos penteados elaborados, que de recatados não têm nada, pois fazem forte alusão ao poder feminino, sem o risco da exposição excessiva. Tais penteados possuem tripla função: insinuar quanto ao volume dos cabelos, acentuar a nuca e expor um belo pente de tartaruga.

O traje feminino não escapou ao retrato da sociedade do Rio de Janeiro apresentado em *Memórias de um sargento de milícias*, romance em folhetim publicado entre 1852 e 1853 por Manuel Antonio de Almeida, que a certa altura anota: "...porque era feito por moda (...) como ter um vestido de mangas de presunto, ou trazer à cabeça um formidável trepa-moleque de dois palmos de altura."

Os pentes estilo trepa-moleque, utilizados para sustentar coques altos, compunham um visual vistoso e inusitado. Também conhecidos por *peineta* (*peinita*) ou *mantilha comb*, sua origem é o pente de mantilha espanhol, acessório usado em festas tradicionais espanholas. Fabricados em materiais diversos, como metal, osso e tartaruga, e extremamente decorativos, chegam a trinta centímetros de altura, permitindo ampla visibilidade a uma distância considerável. Evidente que, dado o humor do carioca, o próprio nome que se dá ao pente vem de seu tamanho exagerado, que, de tão absurdo, permitiria que um moleque por ali subisse. O pente também era conhecido como "tapa-missa", pois impedia a visão de quem sentasse atrás de tão audaciosa senhora.

A partir da almejada chancela francesa para o acessório e para as modas de maneira geral, o penteado elaborado e rico em detalhes espalha-se rapidamente pela Europa e de lá para as Américas. A inscrição no pente apresentado – *HENON Fils Ainé Paris* – prova que o mesmo foi fabricado na capital francesa. Entretanto, não se sabe se a peça foi adquirida na Europa ou no Brasil, mas as duas possibilidades são factíveis, já que o comércio de produtos franceses (mesmo que de estética espanhola) se consolidou ao longo do século.

A prancha colorida de modas e periódicos femininos, como *A Estação: jornal ilustrado para a família*, que começa a ser publicado em 1879, conduzem a mulher e a costureira a uma determinada estética em relação às vestimentas. Entretanto, o corpo da brasileira em nada se assemelha ao da europeia idealizada. O clima tropical tampouco, e a sociedade vê-se obrigada a interpretar e reinventar sua estética. O caldeirão cultural do país hospeda uma moda miscigenada, inspirada na tradição francesa e mesclada pelo exotismo do negro africano e do índio brasileiro.

A mulher brasileira oitocentista abastada chega a uma célebre modista francesa na Rua do Ouvidor munida de um corte de tecido e um croqui. O desenho ilustra uma silhueta graciosa: um vestido de saia ampla de inspiração romântica. Juntas, decidem que detalhes alterar: diminuir a manga, pois aqui faz calor; ampliar o decote e subir a barra, já que não há calçamento nas ruas. Em seguida, sele-

cionam a renda que arremata a peça, conferindo-lhe um toque especial. E assim cria-se uma moda local. Baseada na beleza da mulher, emoldurada pelos cabelos escuros, pelo tom de pele moreno. Uma moda francesa re-proporcionada para o corpo ondulado da brasileira.

O pente trepa-moleque que arremata a composição visual não pode deixar de ser francês. Feito em tartaruga entalhada, decorado com laços, guirlandas, estrelas, folhas, coroas de louro e ânforas. Tem extraordinários vinte e seis centímetros de altura! É um pente-obra de arte. Esse e outros componentes essenciais, como o espartilho que molda o corpo e o onipresente casaco de pele, prevalecem como signos imutáveis da dependência cultural ainda mantida em relação à Europa.

A cereja do bolo do pente em questão é a atribuição à Domitila de Castro Canto Mello, a Marquesa de Santos (1797-1867). A marquesa compõe de forma única o ritmo da classe senhorial do Primeiro Reinado. Amparada por forte cobertura devido ao seu relacionamento com Pedro I, Domitila saltita por entre bailes, óperas e recepções, linda e imponente. Morena de olhos penetrantes, a legítima brasileira torna-se peça chave do quebra-cabeça do homem que decide permanecer e promover a Independência do Brasil, ainda que desacreditado pelos brasileiros e sem apoio dos portugueses.

De família politicamente influente, Domitila, que é paulista, personifica histórias das mulheres independentes de sua cidade, levando delas o orgulho e o oportunismo e encarnando com "soberba e elegância" seu papel de amante. Domitila e sua família se mudam para a capital do Império, dando início a sua meteórica ascensão social. Apaixonado, D. Pedro confere-lhe credenciais especiais, cargos, títulos, e, sensível à importância do trajar, oferece-lhe tecidos, joias e patrocina suas visitas à melhor modista da cidade, mademoiselle Joséphine, a mesma que atendia a primeira imperatriz do Brasil e, por consequência, como registra a pena da ficção de Manuel Antonio de Macedo:

> ...de todas as senhoras da corte, e, portanto, de quantas outras senhoras tinham pais e maridos dispostos a pagar frequentemente a habilidade e a fama da modista, cuja tesoura de

> imperial predileção cortava cara e desapiedadamente. (...) Mme. Josephine foi grande coisa, e no seu tempo não houve modista que retalhasse mais fazendas e ganhasse mais dinheiro: ela era mais do que intérprete fiel das modas de Paris, era a própria moda.

A Marquesa de Santos torna-se seu maior troféu: bela, inteligente, com desenvoltura política e protagonista de sua própria vida. Organiza saraus, jantares e eventos, exercendo na corte papel fundamental. Sua borbulhante vida social choca o tradicional costume nobiliárquico, que condena as mulheres a uma pacata vida doméstica. A historiadora Mary del Priore faz a seguinte descrição:

> Domitila exibia sua perspicácia, verve e alegria, seduzindo a todos. De acordo com os cânones da época, passeava sua beleza, montada em guarda-roupa caro: fardas bordadas de 350 contos de réis ou mantos de escumilha e cetim no valor de 1920 contos de réis eram, por exemplo, despesas pagas pelo palácio que deixaram registro nos papéis.

Tão imoderado romance, que chocou na mesma medida os brasileiros e as cortes europeias, chega ao fim depois de sete anos. Domitila é banida do Rio de Janeiro e retorna rica à sua cidade natal, não antes de vender seus bens a D. Pedro. A morte da marquesa, amante e ousada, dá vida à sua versão empreendedora, matrona e dama da sociedade.

De tão representativo da estética feminina da época, o pente trepa-moleque e o penteado de coques altos que prendem mantilhas, batizado de "orientalismo" por Gilberto Freyre acabam...

> tornando-se insígnias de classe inferior, de raça negra ou de mulher da roça. Os adornos de rendas – rendas de ouro ou veludo – das mantilhas ou dos mantos de mulher – que outrora distinguiam as classes ou subclasses – passaram assim a perder seus antigos significados.

Como toda moda, seja ela esteticamente estapafúrdia ou tolerável, também esta contém em seu ápice a indubitável certeza de seu declínio. O mecanismo da moda incentiva e enfatiza esse ciclo eterno de altos e baixos. Encontrando sua razão de ser na distinção de classes, no prestígio do bom gosto, na necessidade de representar o espírito de uma época, de estar dentro de um grupo ou de expressar a individualidade, a moda e o vestuário nunca deixarão de ser uma ferramenta tácita de comunicação. O papel que as líderes de moda desempenham, aderindo a um novo estilo e promovendo sua aceitação, é parte crucial no processo criativo, interpretando e criando sua própria composição.

A roupa que molda o corpo aos gostos é a mesma que ajuda a determinar o papel da mulher na sociedade. Mas nem só de roupas se faz a mulher. Penteados, panos e leques compõem, juntamente com a etiqueta, o andar, o dançar, o intrincado quebra-cabeça da aparência visual. Detalhadamente estudado, cada item faz da mulher uma inesgotável fonte de capital simbólico. Intermediando diálogos constantes entre o público e o privado, o vestuário materializa desejos e regras e, através de suas características físicas (cor, forma e textura), expressa sentimentos, discute relações de poder, de gênero, prestígio e distinção. Na cidade, a roupa se define como marca da experiência urbana. ◈

BIBLIOGRAFIA

DEL PRIORE, Mary. *A carne e o sangue: a Imperatriz D. Leopoldina, D. Pedro I e Domitila, a Marquesa de Santos.* Rio de Janeiro: Editora Rocco, 2012.

FREYRE, Gilberto. *China tropical.* Rio de Janeiro: Global, 2011.

REZZUTTI, Paulo. *Domitila: a verdadeira história da Marquesa de Santos.* São Paulo: Geração Editorial, 2012.

SOUZA, Gilda de Mello e. *O espírito das roupas: A moda do século XIX.* 2ª ed. São Paulo: Companhia das Letras, 2009.

MICHELLE KAUFFMANN BENARUSH
é curadora e pesquisadora, especialista em vestuário; mestre em História e Museologia da Moda pelo Fashion Institute of Technology; membro do Comitê Internacional de Vestuário do ICOM e coordenadora de Acervo e Conteúdo da Casa da Marquesa.

Modelo do monumento ao imperador instalado na Praça Tiradentes.

Maquete da estátua equestre de D. Pedro I

MUSEU NACIONAL DE BELAS ARTES

c. 1860

Sonia Gomes Pereira

O monumento ao imperador D. Pedro I é obra do escultor francês Louis Rochet, inaugurado em 1862 na Praça da Constituição, atual Praça Tiradentes. Para a sua elaboração, foram feitas maquetes preparatórias, como a da estátua equestre propriamente dita, que se encontra no Museu Nacional de Belas Artes.

Desde a declaração de independência, em 1822, havia a ideia de erigir um monumento a D. Pedro I, capaz de se tornar um símbolo da afirmação do estado nacional e da nova condição da cidade do Rio de Janeiro como Corte do Império do Brasil. A proposta só foi concretizada em 1855, quando a Academia Imperial de Belas Artes tomou a iniciativa de realizar o concurso para a construção da estátua equestre do primeiro imperador.

Foi vencedor o projeto de João Maximiano Mafra (1823-1908) – aluno da Academia a partir de 1835, professor desde 1851 e secretário da instituição de 1854 até 1890. No entanto, logo depois, a obra é entregue ao escultor francês Louis Rochet (1813-1878), que obteve a terceira colocação no concurso. Esse episódio gerou polêmica, incluindo controvérsias sobre a autoria do monumento, em que também o então diretor da Academia – Manuel de Araújo Porto Alegre – é citado como verdadeiro responsável por sua concepção. Em 1856, em sua primeira viagem ao Brasil, Rochet propõe algumas modificações no projeto original – sobretudo relativas aos materiais e, consequentemente, ao orçamento – que são aprovadas. Quatro anos depois, em 1862, a obra é inaugurada.

O monumento cívico destaca o protagonismo que a Academia Imperial de Belas Artes assumiu no Rio de Janeiro do século XIX. Desde a sua criação em 1816 e de sua efetiva abertura em 1826, a Academia e seus professores se envolveram na criação dos espaços públicos que configuraram as feições da Corte Imperial. Nesse sentido, sobressai a construção de alguns prédios notáveis, como a própria sede da Academia, inaugurada em 1826 para abrigar a instituição de ensino artístico, ou a Praça do Comércio (atual Casa França-Brasil), destinada a local de reunião de comerciantes para pregões, inaugurada em 1820, mas que pouco tempo depois passou a ser usada como sede da Alfândega na cidade – que são obras do professor de arquitetura Grandjean de Montigny. O legado do mestre se traduziu na obra dos seus discípulos, entre os quais podemos citar José Maria Jacinto Rebelo (1821-1871), que projetou, por exemplo, o edifício do Palácio do Itamaraty, datado de 1854, na atual Rua Marechal Floriano; e Francisco Joaquim Bethencourt da Silva (1831-1901), que, entre outros projetos, foi autor do prédio do antigo Instituto Imperial dos Meninos Cegos, atual Instituto Benjamin Constant, no bairro da Urca, cuja construção foi iniciada em 1872. Estes arquitetos estiveram envolvidos ainda em vários outros projetos de edifícios públicos no Rio de Janeiro, como a sede da Santa Casa e do Colégio Pedro II, inscrevendo na cidade a marca do classicismo que, no âmbito da arquitetura, identifica a época do Rio de Janeiro imperial. Outro meio recorrente de intervenção dos professores no espaço urbano foram as decorações para as diversas festividades cívicas, das quais nos ficaram notáveis desenhos aquarelados. Nas cerimônias de aclamação dos imperadores, por exemplo, a cidade se preparava com a arquitetura efêmera de arcos de triunfo, que serviam à passagem de cortejos, e palanques para os pronunciamentos oficiais, que, artisticamente ornamentados, conferiam solenidade à ocasião e caracterizavam a cidade como espaço de promoção do poder monárquico.

A escultura se integrou a esse ambiente de intervenção artística na cidade. Embora já houvesse alguns exemplos de escultura pública no Rio de Janeiro colonial – como as obras do Mestre Valentim no Passeio Público – sua promoção se afirmou no tempo da Corte Imperial, em ações lideradas pela Academia. Além da função ornamental, a escultura na cidade ganhou um sentido cívico e com forte apelo de mobilização social.

No século XIX, o Rio de Janeiro se expandiu para além do núcleo original do Morro do Castelo e do ponto central do Largo do Carmo, atual Praça XV, onde se encontrava a sede do governo no Paço Imperial. No entorno, localizavam-se as antigas igrejas e mosteiros coloniais. No tempo da corte, porém, a cidade cresceu em direção a São Cristóvão, residência dos imperadores. E é exatamente ao longo deste vetor norte que a cidade se configura como território urbano da Corte Imperial, destacando as áreas do Largo do Rocio (hoje Praça Tiradentes) e do Campo de Santana, que se tornaram centro das festividades cívicas na cidade.

A criação da Praça da Constituição no antigo Rocio levou ao estabelecimento de novas instituições importantes, como a Academia Imperial de Belas Artes, a Academia Imperial Militar (depois Escola Politécnica), o Imperial Teatro São João (depois São Pedro e atual João Caetano) entre outras. A construção do monumento ao imperador contribuiu para afirmar a Praça da Constituição como centro simbólico da política e da sociedade imperial, absorvendo muitas das funções cívicas antes desempenhadas pelo Largo do Carmo, então adensado demais com a presença do porto.

Além disso, cabe acrescentar que o período em que as grandes decisões a respeito do monumento na Praça da Constituição foram tomadas corresponde ao momento de afirmação no campo das artes das idéias da geração romântica e, de forma especial, de Manuel de Araújo Porto Alegre, arquiteto e pintor, formado pela Academia e seu diretor entre 1854 e 1857.

Sabemos que a grande preocupação do romantismo foi a criação de uma arte brasileira, mas é importante enfatizar que ela não é vista, naquele momento, em ruptura com a cultura europeia. Seguindo o modelo historiográfico de Luigi Lanzi – o historiador da arte que, no final do século XVIII, ordenou a longa duração da pintura italiana em escolas regionais – a ideia é organizar toda a produção artística ocidental de forma orgânica, destacando raiz e tronco – os antigos greco-romanos e o Renascimento italiano – e os inúmeros ramos que daí floresceram – as escolas francesa, holandesa, flamenga e assim por diante.

É dentro desta perspectiva que os nossos artistas românticos pensavam a arte brasileira. Por um lado, adotando todas as conquistas da tradição europeia, entendida como uma longa genealogia, atualizada pela arte francesa contemporânea. Por outro lado, procurando inserir, neste contexto, elementos que fossem de identificação imediata com a nossa realidade.

É enorme a repercussão deste ideário na arte brasileira. Na pintura histórica, a preferência pelos temas da história nacional e do indianismo. Na pintura de paisagem, a procura por maior aproximação com a natureza própria do país. E na escultura, é justamente o monumento de Pedro I, que pode ser visto como um verdadeiro manifesto destas ideias românticas.

A estátua equestre propriamente dita e sua maquete acompanham uma longa tradição desse tipo de monumentos. A solução de Rochet é bastante sóbria: não há grande movimentação nem no cavalo, nem na figura do imperador – apenas a torção do corpo de Pedro I e a pata dianteira esquerda erguida do cavalo. Mas esse comedimento formal realça a força do gesto do imperador – o braço direito levantado apresentando o Manifesto às Nações, o principal documento da independência – numa mistura muito eloquente de sobriedade e vigor.

Mas o que este monumento possui de mais extraordinário é justamente o seu pedestal. O próprio Rochet reconhece, quando destaca que, ao contrário de quase todos os monumentos equestres realizados até então na Europa, constituídos unicamente por um grupo de bronze, colocado sobre um pedestal de pedra, ou revestido de placas de mármore, muito simples, a nossa escultura possui um pedestal ambicioso contendo painéis em que se destacam grupos de índios acompanhados de elementos da fauna (tatu, tamanduá, jacaré etc.), representando de modo alegórico os principais rios do Brasil.

É justamente na qualidade artística desse pedestal que reside grande

parte do sucesso desse monumento. A sua grande altura, que ultrapassava a escala dos sobrados da cidade da época de sua inauguração, garantiu visibilidade a esse monumento, que mesmo nos dias de hoje consegue despontar na praça em concorrência com o aumento de gabarito de grande parte da massa construída no centro da cidade. A potência desta imagem pode ser aferida pela grande repercussão na cultura visual que conquistou através dos tempos, suscitando alusões e reproduções em caricaturas e postais.

O escalonamento suave do pedestal destaca com grande força plástica os conjuntos dos índios. Apresentados em poses próprias da tradição clássica, essas figuras exóticas são alçadas à dignidade própria dos temas mitológicos. Frente a esse monumento, estamos diante de uma obra clássica, por excelência: contenção e economia formais, aliadas a grande vigor expressivo, em nome de um discurso nobre e exemplar. E a incorporação do elemento exótico – em seu discurso indianista – não constitui uma aberração: os índios são idealizados, à altura da convivência com os mais antigos heróis clássicos.

Trata-se, portanto, de uma resposta dos artistas à discussão levantada por Porto Alegre numa de suas famosas teses apresentadas à Congregação da Academia em setembro de 1855: o monumento a Pedro I substitui os motivos europeus pelos elementos da nossa natureza americana, mantendo uma composição dentro da tradição antiga, com seus princípios de harmonia e simetria. Essa foi a maneira própria de conceber a cultura brasileira e de tentar a sua incorporação à civilização europeia da chamada Geração de 1830.

Assim, o monumento a Pedro I na Praça Tiradentes é, ao mesmo tempo, um excelente exemplo de várias iniciativas do Império: a concretização do projeto político do Estado nacional; a marcação do espaço público da Corte Imperial – o Rio de Janeiro – com obras de caráter exemplar; e a maneira como a Academia Imperial de Belas Artes e seus artistas pensaram construir uma arte nacional, na interseção entre a definição da identidade do Brasil e a incorporação à cultura ocidental. A cidade do Rio de Janeiro, portanto, foi motivo de inspiração e campo de criação artística do Império do Brasil.

BIBLIOGRAFIA

COLI, Jorge (org.). Louis Rochet: *Nova proposição apresentada à Comissão da estátua equestre de D. Pedro I*, em 18 de setembro de 1856; tradução Arthur Valle. 19&20, Rio de Janeiro, v. V, n. 2, abr. 2010. Disponível em: <http://www.dezenovevinte.net/txt_artistas/rochet coli.htm>.

KNAUSS, Paulo. "Negro Horácio: Louis Rochet e a escultura antropológica no século XIX." *Anais do XXVI Simpósio Nacional de História* - ANPUH. São Paulo, julho 2011.

PEREIRA, Sonia Gomes. *Arte brasileira no século XIX*. Belo Horizonte: C/Arte, 2008.

PEREIRA, Sonia Gomes. "A Academia como espaço de formação", in Silvia Borges. (Org.). *Artes visuais no Brasil*. Niterói: Universidade Livre de Niterói, 2012, p. 94-105.

SONIA GOMES PEREIRA é museóloga e historiadora da arte. Fez mestrado na Universidade de Pennsylvania e doutorado na UFRJ. É professora titular emérita da Escola de Belas Artes de UFRJ. Autora, entre outros títulos, de *Arte brasileira no século XIX* (2008).

Na caixa cilíndrica giratória, crianças abandonadas eram entregues aos cuidados da irmandade.

Roda dos expostos da Santa Casa de Misericórdia

Instituto Histórico e Geográfico Brasileiro-IHGB

Século XIX

Mary del Priore

Doada ao Instituto Histórico e Geográfico Brasileiro (IHGB), em 1906, pelo general José Siqueira de Menezes, então comandante da Brigada Policial, a Roda dos expostos da Santa Casa de Misericórdia do Rio de Janeiro existente no Museu do IHGB possui esquadrias em madeira, base lisa e estrutura lateral torneada encimada por frontão triangular com tímpano liso. Sua estrutura em forma de tina resulta de 22 tábuas presas a uma base circular; em sua parte interior, base circular com fenda onde, supostamente, acomodava-se uma criança. Até a sua doação, "a Roda" se confundia com a história da instituição para meninos órfãos da Irmandade da Santa Casa de Misericórdia: criada em 1743 junto ao Hospital da Misericórdia, transferida depois de 1821 para a Rua Santa Teresa, localizando-se entre 1850 e 1860, na Rua da Lapa, para se fixar entre 1860 e 1906 na Rua dos Barbonos, atual Rua Evaristo da Veiga, no Centro, em terreno em que hoje funciona o quartel da Polícia Militar.

Tal tipo de caixa cilíndrica giratória, colocada na parede de um prédio ou muro, foi originalmente utilizada nos conventos femininos, desde a Idade Média. Servia para mediar mensagens, presentes ou alimentos oferecidos às reclusas. Elas os recolhiam, sem ser vistas ou ver quem estava do lado de fora. Ali, eventualmente, também, se depositavam recém-nascidos, motivo pelo qual foi criada, no Hospital do Espírito Santo, em Roma, uma "roda" destinada a receber crianças. O acolhimento do "inocente abandonado" tinha uma finalidade precípua: batizá-lo, pois sem esse sacramento não haveria salvação. Afinal era preciso defender os infelizes, nascidos fora de casamentos sacramentados. O precedente foi copiado em vários hospitais a partir do século XV. O som de um sino, colocado exteriormente, avisava aos internos, da chegada de um enjeitado. Nos mais sofisticados, o peso do bebê acionava a campainha. Foi tão dramática a situação de crianças órfãs e abandonadas em Portugal que, em 1273, a rainha D. Beatriz, esposa de D. Afonso II de Castela, para evitar que morressem ao relento, fundou o Hospital dos Meninos Órfãos de Lisboa. Erguido na rua da Porta de São Vicente se destinava a recolher os expostos e velar por seu bem-estar físico e moral, preparando-os para ganhar seu sustento na juventude.

Objeto insólito e identificado, apenas, por quem conhece sua origem, a "Roda", como foi chamada, faz parte integrante da história do Rio de Janeiro, assim como de outras cidades no Brasil. Ela simboliza o abandono de milhares de crianças, mas também a insensibilidade em torno do "enjeitado" – nome que se dava ao filho não desejado ou que não se podia criar. É uma longa história envolvendo protagonistas anônimos, antes qualificados de "abandonados". Sua condição se relaciona com os chamados "meninos de rua" de hoje, expressão de como a injustiça social atinge a infância nos dias atuais.

Quantas vezes, no sinal fechado das ruas da cidade, sentados ao volante, não pressentimos a mãozinha que se estende para o vidro do carro: "tem um trocado, tia(o)?". Nunca temos o trocado e, às vezes, falta a paciência, além da convivência com o medo urbano que envolve a manifestação da questão social. Na verdade, o hábito de ver crianças mendigando nos cruzamentos da cidade se tornou tão corriqueiro que apesar de sua presença constante, muitas vezes não as enxergamos mais. A história, contudo, esclarece que a injustiça contra criança se confunde com a construção do Brasil desde o século XVI. Vieram de Portugal, nas naus que trouxeram os primeiros padres jesuítas. Apesar de um lar para enjeitados ter sido criado na cidade portuguesa de Santarém, em 1321, o abandono era grande. As crianças eram normalmente deixadas em locais ermos: ruas e terrenos baldios, portas de igrejas. Encontradas pelos padres da Companhia de Jesus nas praças e mercados, os que não estavam "recolhidos" e tentavam sobreviver realizando pequenos furtos ou serviços foram inicialmente arrebanhados para ajudar na missão da catequese no Brasil. Nas escolas jesuíticas, então conhecidas como "casas de meninos", eram preparados para trabalhar como intérpretes junto às crianças indígenas. O padre Manoel da Nóbrega, líder religioso do processo de ocupação portuguesa do Rio de Janeiro, foi um dos principais defensores do ponto de vista que privilegiava a criança como foco importante da ação missionária.

No século XVIII, com a crescente urbanização, o número de crianças abandonadas pelas ruas do Rio de Janeiro cresceu. O fato horrorizava as autoridades, que solicitaram a Lisboa licença para estabelecer uma "Roda". A irmandade da Santa Casa da Misericórdia aceitou a incumbência desde que o rei "concorresse com alguma esmola anual de sua fazenda e com o rudimento de um açougue". Sensibilizado com a falta de recurso para atender os expostos, ele concedeu à instituição um "subsídio anual de 400$000 para a criação dessas crianças".

Foi somente a partir de 1738 que no Rio de Janeiro foram criadas casas para enjeitados, sob a administração da irmandade e designadas como "Casa de Expostos", "Depósito de Expostos", "Casa da Roda" ou, simplesmente, "Roda". No Rio de Janeiro, dois filantropos concorreram para viabilizar o projeto: Romão de Mattos Duarte, Irmão da Misericórdia, natural da freguesia de Carvalhosa, em Portugal, que ofereceu a quantia de 32.000$000 cruzados "em dinheiro contado" e Ignácio da Silva Medella, que "fez esmola, do-

ação e traspasso na importância de 10.4654624". Destas doações surgiram a Casa dos Expostos e o Recolhimento de Santa Teresa para meninas órfãs. A primeira instituição, onde a roda do museu do IHGB funcionava, deu origem à atual Fundação Romão Duarte, educandário que era destinado a meninos, e que ainda existe no bairro do Flamengo. Da outra instituição surgiu o Educandário de Santa Teresa, já extinto e que funcionou em edificação suntuosa na atual Rua General Severiano, em Botafogo. De 1738, quando foi implantada, até 1821, às vésperas da Independência do país, a Roda do Rio de Janeiro recebeu 8.713 crianças. Além dos beneméritos, o Senado da Câmara do Rio, por ordem expressa da rainha D. Maria I, passou a contribuir com 800$000 para as despesas com os enjeitados da Misericórdia.

Na cidade dos tempos coloniais, mães pobres, livres ou escravas, que sobreviviam à custa de trabalhos intermitentes, perdiam seus companheiros ou adoeciam, ora abandonavam seus rebentos em praias, portas de igrejas e terrenos baldios, ora os encaminhavam à roda das Santas Casas. No primeiro caso, as crianças freqüentemente morriam de frio, fome ou devoradas por animais domésticos, que naqueles tempos viviam soltos pelas ruas da cidade. Vários bispos se queixaram às autoridades por se encontrarem despojos de crianças mortas, devoradas por porcos e cães nas áreas onde se acumulava o lixo das cidades coloniais. Pela documentação de outras partes do Brasil, como São Paulo e Pernambuco, sabe-se que a situação do Rio de Janeiro não era um caso único e justificava a necessidade de uma Roda e Casa dos Expostos.

Nas famosas "rodas", as crianças eram geralmente deixadas à noite. A mãe aí se limitava a depositar o bebê, tocando o sino para despertar a atenção do funcionário encarregado para que viesse recolher o "enjeitado". Muitas delas deixavam bilhetinhos explicando as razões do abandono, pedindo cuidados para o filhinho e prometendo vir buscá-lo quando pudessem. Outras procuravam assinalar o rebento com nomes insólitos – Napoleão, Caio Graco, Wandenkolk – na tentativa de poder recuperá-los mais tarde. Afinal, *Joões* e *Josés* eram milhares! Há quem diga que a existência da instituição de auxílio na cidade incentivou o abandono.

Documentos riquíssimos para se estudar o perfil dos enjeitados são os *Livros de Registro da Roda de Expostos da Santa Casa de Misericórdia*. Neles se assinalava, de forma geral, a hora, dia, mês e ano da entrada da criança na instituição; as circunstâncias do abandono; as características físicas e seu aparente estado de saúde; eventuais sinais encontrados junto ao bebê, como objetos, santinhos, medalhas, jóias, roupas, bilhetes. Nesses, muitas vezes eram informados eventuais nomes e sobrenomes já dados, se a criança fora batizada com a data e a freguesia do batismo, até mesmo a cor, as razões do abandono e outras pequenas informações sobre a família.

Pobreza, doenças, morte de um dos genitores, bastardia, são as razões mais invocadas nestas tristes mensagens. Havia também quem abandonasse o fruto de amores ilícitos, sendo mãe solteira, noviça, viúva ou freira. Os reencontros, porém, eram raros, pois os índices de mortalidade infantil, nessas instituições, oscilavam em torno de 50 a 70%. Mais da metade morria até os três anos. No final do século XVIII, surgiram teorias que enfatizavam a importância do aprendizado profissional para o aproveitamento dos enjeitados – explica a historiadora Maria Luíza Marcílio. O fisiocratismo propunha que eles deveriam ser preparados para se tornarem bons agricultores. Já as teorias ilustradas alegavam que eles, sim, poderiam se tornar bons soldados e a Pátria os nutriria, posto que fossem seus filhos. Em contrapartida, deveriam prestar "bons serviços e serem úteis à nação". Já o utilitarismo via com horror a mortalidade dos enjeitados.

Afinal, eram cidadãos úteis que se estava perdendo. Curiosamente, quando o abandono se dava em áreas rurais, os expostos eram imediatamente incorporados como mão de obra na família do pequeno agricultor. Sobretudo nos lares pobres ou onde havia poucos escravos, o enjeitado se tornava agregado, "filho de criação". Mas, principalmente, mais um braço na lavoura.

No século XIX, a promulgação da Lei do Ventre Livre, aumentou mais ainda o abandono. Para fugir ao texto da lei que lhes exigia cuidar dos filhos das suas escravas, os senhores obrigavam as mães a abandonar seus pequerruchos. O artigo 2° da mesma lei dispunha sobre o destino dado a essas crianças: inicialmente eram encaminhadas para estabelecimentos públicos ou instituições autorizadas pelo governo. Se sobrevivessem, meninos a partir dos sete anos iam trabalhar em troca de teto e comida no Arsenal da Marinha ou da Guerra. A idéia era de que perseguissem "profissões honestas". Procuravam-se, também, casas de famílias que pudessem recebê-los como aprendizes de algum ofício ou ocupação. Meninas seguiam nas mesmas condições para o Recolhimento das Órfãs, recebendo ali toda a atenção que exigia a preservação de sua honra e castidade. Se sobrevivessem, aos 14 anos podiam se empregar, recebendo salários.

Outra prática que acabou lançando centenas de crianças à rua, foi a de entregar recém-nascidos aos cuidados de amas de leite. Disseminada no século XIX, esta "moda" vinda da Europa levava os senhores a separarem suas escravas de seus filhos, para obrigá-las a amamentar crianças brancas. Não foram poucas as teses defendidas na Academia de Medicina do Rio de Janeiro que bramiam contra senhores que comercializavam escravas que tinham acabado de dar à luz: "É necessário reprimir o abuso dos senhores de escravos, que mandam lançar na Roda ou abandonam os ingênuos com o fim de alugarem as mães", denunciou uma delas.

À mesma época, revelações sob as tristes condições de guarda e criação de expostos começam a ser apontadas por autoridades. Certo Manoel Velloso Paranhos Pederneiras publicou, em 1855, um opúsculo intitulado *Que regime será mais conveniente para a criação de expostos na Santa Casa de Misericórdia atentas nossas circunstâncias especiais*. Na literatura, com o espírito de cronista da cidade do Rio de Janeiro, Joaquim Manoel de Macedo, em 1869, retratou o tema no seu romance *A luneta mágica*, mencionando justamente a roda da Rua dos Barbonos. Novidade? Nenhuma. Ao contrário, problema antigo, pois em 1685, o jesuíta brasileiro Alexandre de Gusmão já publicara *A arte de bem criar os filhos na idade de puerícia*, ali incluindo um capítulo inteiro sobre "Dos pais que enjeitam os filhos pelo não criar" ou outro ainda, intitulado "Da boa criação dos meninos enjeitados".

No Rio de Janeiro, assim como em outras cidades brasileiras, as crianças que não tinham a oportunidade de crescer sob a proteção da Santa Casa acabavam perambulando pelas ruas, prostituindo-se ou vivendo de esmolas ou de pequenos furtos. Em meados do século XIX, José de Arouche Toledo Rendon dizia delas: "quando chegam à idade adulta, estão com o ânimo tão corrompido e com horror ao trabalho e lhes fica mais suave viver de latrocínios do que de seu suor".

Se voltarmos à cena do sinal numa rua do Rio de Janeiro, não teremos dificuldade em reconhecer a criança que nos estende a mão, assim como nosso velho preconceito. Na verdade, nossa cidade tem uma tradição de centenas de anos de injustiça social que atinge a infância pobre e desvalida e que até hoje não foi eliminada pelos mecanismos de assistência social da sociedade.

BIBLIOGRAFIA

DEL PRIORE, Mary, *História da criança no Brasil*. São Paulo: Contexto, 1991.

MARCÍLIO, Maria Luíza, *História social da criança abandonada*. São Paulo: Hucitec, 1998.

VENÂNCIO, Renato. P. *Famílias abandonadas – assistência à criança das camadas populares no Rio de Janeiro e em Salvador*.Campinas: Papirus, 1998.

VENÂNCIO, Renato, P. Org. *Uma história social do abandono de crianças – de Portugal ao Brasil: séculos XVIII ao XX*. Belo Horizonte: PUC/Minas/ Alameda, 2010.

MARY DEL PRIORE é doutora em História Social. Professora, atualmente trabalha no Programa de Mestrado em História da UNIVERSO. Entre outras academias, é sócia da Academia Carioca de Letras, do Instituto Histórico e Geográfico do Rio de Janeiro e do Instituto Histórico e Geográfico Brasileiro. Entre suas publicações mais recentes, destaca-se *O castelo de papel* (2013).

Muito usados no século XIX, estes óculos sem hastes e apoiados somente sobre o nariz acabaram associados à imagem do autor de 'Dom Casmurro'.

Pince-nez de Machado de Assis

Academia Brasileira de Letras

Segunda metade do século XIX

Renato Cordeiro Gomes

O *pince-nez*, chamado também "óculos de idade", sem hastes nas laterais, só apoiado no nariz e quase sempre reforçado por uma corrente ao lado, tornou-se uma marca registrada de Machado de Assis. Aparece representado na grande maioria de suas fotos e caricaturas, desde uma foto aos 35 anos, passando por outra, de 1890, clicada por Marc Ferrez, até a foto para a qual posou por volta de 1901 em que Machado, de cabelos e barbas grisalhos, é retratado como um homem "branco" com seu *pince-nez* com a corrente do lado esquerdo, olhando para a direita (ao contrário da maioria das fotos hoje preservadas nos arquivos). Este registro terminou consagrado como ilustração recorrente em edições de suas obras completas e de coletânea de correspondência do escritor.

Em passagem da crônica *Bons dias*, publicada em 7 de março de 1888 nas páginas do diário *Gazeta de Notícias*, o autor do romance *Dom Casmurro* declarou: "Pince-nez é coisa que usei por largos anos, sem desdouro. Um dia, porém, queixando-me do enfraquecimento da vista, alguém me disse que talvez o mal viesse da fábrica." Defeito de fabricação do dispositivo ótico ou do próprio Machado? Sobre isso, muito se especulou, a partir dos próprios óculos e na tentativa de explicar doenças de nosso autor, até para desviar o foco da epilepsia. Hermínio Brito Conde, em *A tragédia ocular de Machado de Assis,* atribui ao desajuste do *pince-nez* e seu uso incorreto, a causa das dores de cabeça, bem como indisposições costumeiras. E acrescenta: "De fato, as lentes destinavam-se à visão próxima, mas portava-os permanentemente, o que, de certo, lhe turvava a vista. Precisava de lentes para longe, mas nunca as teve."

A origem dos óculos machadianos não tem registros certeiros. Talvez possa ter vindo da Officina de Óptica e Instrumentos Scientíficos de José Hermida Pazos, espanhol com escritório na Rua do Hospício (hoje Buenos Aires, no Centro). Na propaganda da casa, que fabricava binóculos e aparelhos ópticos, consta o aviso de que o local era visitado por D. Pedro II e seu genro, o conde D'Eu, marido da princesa Isabel. E quem sabe também por Machado de Assis. O cientista também criou, em 1876, a luneta Pazos, hoje instalada na cúpula chamada de Casa das Bruxas, pela forma cônica do teto, no Observatório do Valongo, no Morro da Conceição, junto à Praça Mauá. Pode-se também especular que tenha sido confeccionado pelo técnico Joseph Herschel, judeu alemão que trabalhava na França, e começou a receber encomendas de óculos do Brasil pelas mãos do negociante austríaco Jacob Geiger. Os óculos de Herschel eram recebidos por Geiger que depois os vendia no Rio de Janeiro e em outras cidades do Brasil. Em agosto de 1835, Herschel desembarcou no Brasil para fazer o que vinha fazendo na Europa. Aqui ele permaneceu durante 15 anos. Após esse período, o técnico retornou à França e enviou um sobrinho para continuar seu trabalho.

Machado de Assis via-se obrigado a utilizar lentes corretivas para a miopia que, em sua época, se apoiavam em armações conhecidas como *pince-nez*, que se mantinham fixas ao rosto pela ação de uma suave força elástica sobre o nariz. A praticidade desse instrumento, que facilitava seu uso por longos períodos, existe desde 1820, possibilitando grande gama de estilos, perfeitamente adaptáveis a diferentes formas e tamanhos de nariz.

Restam, salvo engano, dois exemplares do *pince-nez* machadiano, um dourado e outro de liga metálica, exibidos juntos na vitrine do Espaço Machado da Academia Brasileira de Letras, acompanhados de pena, tinteiro e textos manuscritos... Assim conjugam-se ver e escrever, que fecundam o imaginário que a obra de Machado constrói.

As lentes, ao lado da própria literatura, são mediações, com que se olha a realidade, a acrescentar-lhe outra dimensão. Ver longe e ver de perto, regulamentando a visão oblíqua e dissimulada da sociedade brasileira, com distanciamento e aproximação, revela um traço forte da potência da ficção, da escrita e da percepção: "muito de distância e muito de proximidade impedem a vista" – afirma Blaise Pascal, filósofo francês do século XVII, fartamente citado pelo escritor brasileiro. Ao explorar a potência da palavra, a escrita transforma, transfigura, como um mago que pratica a alquimia do verbo. Machado é conhecido como "o bruxo do Cosme Velho", bairro carioca em que morava.

Nas crônicas de sua permanente colaboração para a imprensa e em seus contos e romances, Machado apoia-se na geografia referencial da própria cidade, que é, no entanto, dramatizada para apreender a experiência urbana dos personagens e narradores. A vida cotidiana transforma-se numa "singular ocorrência" (título de um dos seus contos), que a lente machadiana amplia. Deste modo, o Rio de Janeiro ocupa o epicentro de sua obra, para além da cor local, que o Romantismo explorava. A paisagem urbana e a paisagem humana se imbricam. Basta lembrar a tentativa de reconstruir a casa da Glória na de Matacavalos (atual Rua Riachuelo), ou a função dramática do mar metaforizado em *Dom Casmurro* ou em *Quincas Borba*. Ou mesmo seguindo o caminho de Deolindo Venta Grande, no conto "Noite de Almirante", roteiro da busca de Genoveva, que vai do Arsenal de Marinha, passando pela Gamboa, pela Praia Formosa: a procura se dá no espaço da rua que se funcionaliza na narrativa: busca > encontro > desencontro.

Machado de Assis já vê o nosso Romantismo como uma tradição que ele recebe, sobretudo, de José de Alencar que, junto a Joaquim Manuel de Macedo e Manuel Antônio de Almeida, inauguram o costume da narrativa urbana carioca, legado transferido a Lima Barreto e João do Rio. Essa tradição é renovada por cronistas dos anos de 1940-1950, por ficcionistas como Marques Rebelo e Antônio Fraga, aos quais se juntam Nelson Rodrigues, João Antônio, Rubem Fonseca e tantos outros em tempos mais recentes.

Por vezes, a escrita do Rio reforça o lugar comum de admiração pela integração entre cidade e natureza que constitui a originalidade da paisagem carioca, tal como nos versos "Cidade feita de montanhas/ em casamento indissolúvel/ com o mar", do poema "Retrato de uma cidade" (1977), de Carlos

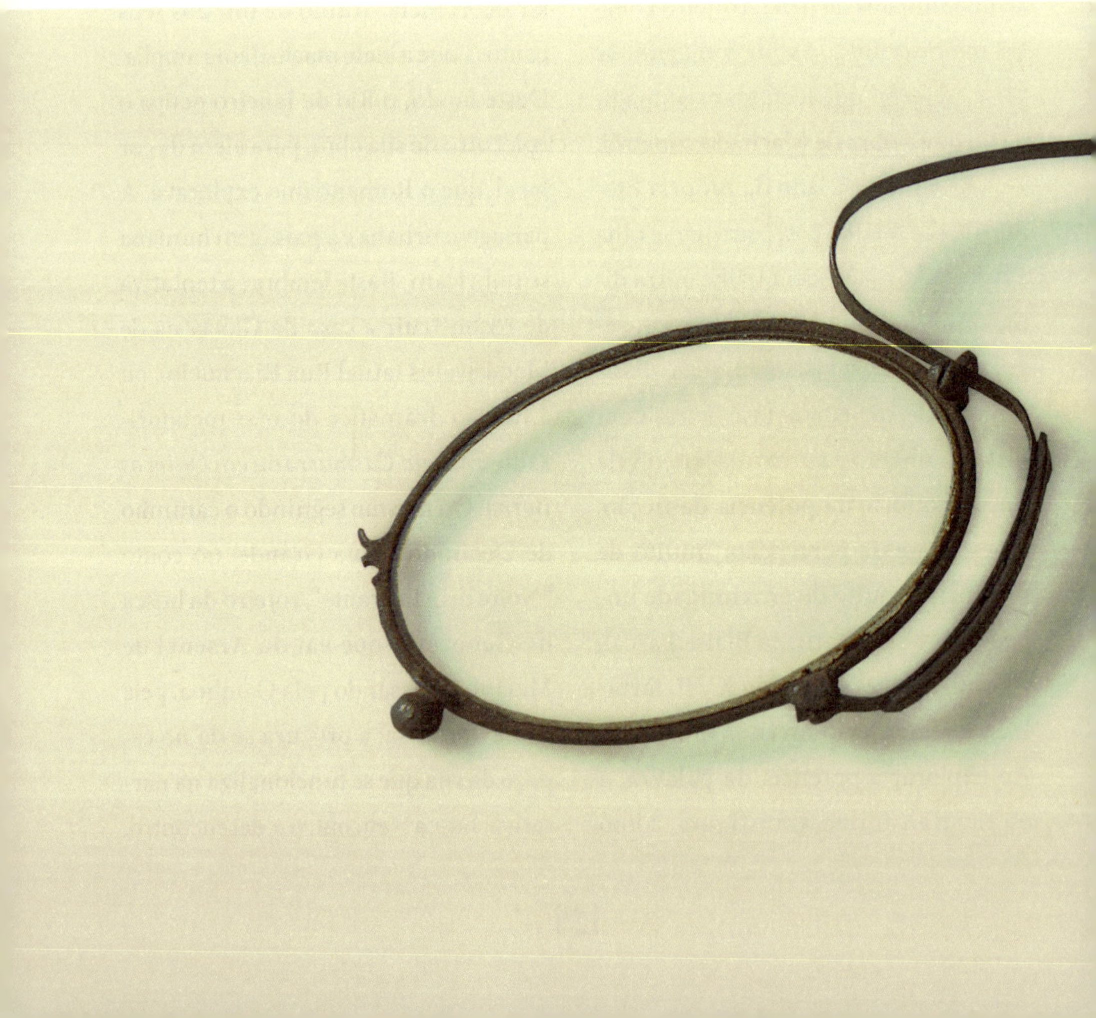

Drummond de Andrade. Por outro lado, a força das representações literárias sobre o Rio de Janeiro está, sobretudo, na capacidade de abordar a cidade como síntese das variadas tendências morais, culturais e políticas do Brasil. "A cidade não é aquilo que se vê do Pão de Açúcar", diz a frase de Rubem Fonseca que abre o conto "O caso F.A.", do livro *Lucia McCartney*, de 1969. Nesse caso, traduz-se certa representação do Rio como a pólis perversa, com tudo que ela rejeita, exclui, segrega, desdenha, destrói.

A cidade construída na cena escrita de Rubem compõe um amplo painel sobre a violência, estabelecendo um diálogo constante com o mundo extraliterário que rompe com a rede de significações produzida pela banalização e pelo caráter de espetáculo da violência oferecida pelos meios de comuni-

cação de massa contemporâneos. Por outro lado, na obra do autor, a cidade é aquela que se percebe de muito perto, a cidade da desmedida que afeta suas relações com o humano, o esfacelamento e a falência da afetividade como forma de violência. Assim, dramatiza a perda da cartografia afetiva das pessoas que "vivem empilhadas na cidade enquanto os tecnocratas afiam o arame farpado", como declara o personagem-escritor entrevistado no conto "Intestino grosso", que encerra o volume de contos *Feliz Ano Novo*, de 1975.

Sob esta visão da realidade urbana da metrópole carioca, parece, entretanto, circular um viés romântico e nostálgico de uma cidade cordial e compartilhada, núcleo do conto "A arte de andar nas ruas do Rio de Janeiro", que faz parte de *Romance negro e outras histórias*, de 1992. Este conto retoma aquela tradição da narrativa carioca, para registrar os percursos de Augusto, que se torna escritor diletante, após ganhar um prêmio na loteria, e se instala num sobrado vazio, no centro da cidade, lugar de origem do protagonista e do Rio de Janeiro, para escrever um livro com o título do conto. Nas trajetórias deste falso *flâneur* exilado na pós-modernidade que não vê a cidade através da multidão, mas a olha com seu olhar enraizado, a narrativa dissemina cenas que mimetizam a violência urbana proliferante, para estampar o estado de abandono e de crescente miséria que corroeu o mito da antiga Cidade Maravilhosa. Enquanto olha e escreve, o escritor andarilho registra os que estão à margem da sociedade, com suas vozes que não se comunicam. Registrando essa cidade polifônica e sua face obscura e ao mesmo tempo tão visível, acredita que pode, porque pensa, solucionar os problemas da cidade dividida, não-compartilhada e perversa. Mas seu objetivo não é oferecer a cidade como espetáculo exótico do "horror, do crime e da miséria"; enfoca de fato a corrosão do diálogo, a perda dos referenciais de sua cartografia afetiva, a violência da destruição da memória carioca coletiva. Andando pelo centro histórico da cidade, "Augusto quer encontrar uma arte e uma filosofia peripatéticas que o ajudem a estabelecer uma melhor comunhão com a cidade. *Solvitur ambulando*" – resolve-se andando, atesta o narrador.

As representações do Rio de Janeiro pela cidade das letras estão condicionadas pelas perspectivas adotadas por cada narrador/leitor. Dependem, portanto, dos distanciamentos e aproximações que regulam a percepção de quem vê/lê. São, assim, visões que dependem das lentes mediadoras, emblematicamente alegorizadas, talvez, no *pince-nez* de Machado de Assis e que possibilitam ir atrás dos rastros do Rio de Janeiro. A percepção sensível das imagens verbais conduz o leitor a rastrear a memória do Rio, numa operação que se faz por conexões que constroem percursos. A sobrevivência dessas imagens da metrópole carioca legitima a existência da leitura como gesto em contínua transformação, à semelhança da cidade moderna e suas derivas pós-modernas, submetida a uma permanente demolição. O que sobrevive é o que foi fixado pela memória no livro de registro da cidade, em seus arquivos, ou pelas lentes de um p*ince-nez* atualizado pelas tecnologias. ◈

BIBLIOGRAFIA

BROCA, Brito. *A vida literária no Brasil, 1900.* 4. ed. Rio de Janeiro: José Olympio: ABL, 2004.

DINIZ, Júlio (org.). *Machado de Assis (1908-2008).* Rio de Janeiro: Ed. PUC-Rio: Contraponto, 2008.

GOMES, Renato Cordeiro, NEVES, Margarida de Souza; VELLOSO, Mônica Pimenta. Rio de Janeiro: Capital City. In: VALDÉS, Mario J. And KADIR, Djelal (eds.). *Literary cultures of latin american: A comparative history.* Vol II: institutional modes and cultural modalities. Oxford: Oxford University Press, 2004. p. 566-584.

RESENDE, Beatriz (org). *Cronistas do Rio*, Rio de Janeiro: José Olympio, 1996.

RENATO CORDEIRO GOMES, doutor em Letras pela PUC-Rio, professor associado dos departamentos de Comunicação Social e de Letras, da mesma instituição; pesquisador 1-A do CNPq. Autor de *Todas as cidades, a cidade: literatura e experiência urbana* (2ª ed., 2008).

A sopeira de cerâmica fabricada na Grã-Bretanha
exibe a imagem do morro que seria arrasado em 1922.

Terrina com imagem do Morro do Castelo

Museu Histórico Nacional

Final do século XIX

Aline Montenegro Magalhães

Adquirida de um antiquário em 1943, a sopeira sem tampa do século XIX exibe uma imagem do Morro do Castelo decalcada na parte central do bojo. Na ficha catalográfica que identifica a terrina no Museu Histórico Nacional não há informações sobre sua produção, sua autoria ou de quem teria feito a paisagem de suas faces. Contamos apenas com a atribuição da peça ao século XIX, tendo como referência o Segundo Reinado, sem um ano específico de datação, além da caracterização de manufatura na Grã-Bretanha. Trata-se de louça fina, de gosto inglês, em técnica *camaïeu*, com influência de Wedgwood, mas possivelmente decorada no Brasil com processo de decalque de esmalte.

No objeto, não foi encontrada a gravação de fábrica que costuma vir no fundo externo dos artefatos de cerâmica indicando sua origem. No seu lugar, apenas um carimbo, na mesma cor da estampa com a inscrição "MORRO DO CASTELLO", que por sinal, é sua principal informação... Aquela paisagem do século XIX pode nos embrenhar em outras temporalidades, pois dali desponta a Igreja dos Jesuítas, que remete ao processo de ocupação da cidade de São Sebastião do Rio de Janeiro, no distante século XVI.

O processo de fundação do Rio de Janeiro se deu a partir de 1565, ocupando de forma estratégica, porém precária, a praia entre os morros Cara de Cão e Pão de Açúcar, no atual bairro da Urca. Em 1567, após anos de lutas pelo controle da região da Baía de Guanabara, para dar início à colonização efetiva do território, o governador-geral Mem de Sá decidiu transferir a cidade para o Morro do Descanso, assim chamado pelo desejo de se ter um pouso tranquilo depois de período tão turbulento. Em 1570, nos "Instrumentos dos Serviços", Mem de Sá explicou sua escolha:

> Escolhi um sítio que parecia mais conveniente para edificar nele a Cidade de São Sebastião [...] e edificar uma cidade grande, cercada de muro por cima, com muitos baluartes e fortes cheios de artilharia. E fiz a igreja dos padres de Jesus, onde agora residem [...] e a Sé de três naves, também telhada e bem concertada, fiz a casa da câmara [...], a cadeia, as casas dos armazéns e para a fazenda de sua alteza sobradadas e telhadas e com varandas, dei ordem e favor com que fizessem outras muitas casas [...]

Com a cruz da Sé de São Sebastião e da Igreja do Bom Jesus dos Perdões (dos Jesuítas, depois denominada de Santo Inácio), bem como as armas da Fortaleza de São Sebastião, estavam lançadas as bases para o estabelecimento da colonização portuguesa e o avanço efetivo da cidade no alto do morro, que deixou de ser chamado do Descanso para denominar-se São Januário e, por fim, por sua fortaleza mais parecer um castelo, passou a ser conhecido para sempre como Morro do Castelo.

O mais movimentado acesso ao Morro do Castelo foi a Ladeira Nova, eternizada como Ladeira da Misericórdia, que se iniciava na Rua da Misericórdia, no Largo de mesmo nome. A ladeira, a rua e o largo assim foram denominados em referência à Santa Casa da Misericórdia, instituição criada por volta de 1582, por iniciativa do padre José de Anchieta, que dessa forma destinou um lugar para cuidar dos doentes de escorbuto aportados na cidade numa armada de Castela, naquele ano. A partir de então, a Santa Casa foi crescendo junto à Igreja de Nossa Senhora do Bonsucesso, a padroeira da irmandade, especializando-se no tratamento do corpo e da alma com hospital e cemitério, entre outras funções. Assim, foi sendo definido o bairro da Misericórdia, na várzea junto ao Morro do Castelo.

No alto da colina também foram construídas outras edificações, como o colégio dos padres jesuítas junto à Igreja de Santo Inácio, a Casa de Câmara e Cadeia, armazéns e diversas moradias para o povoado. No ano de 1587 esse núcleo urbano contava com 3.850 habitantes, sendo 750 portugueses, 3 mil índios catequizados e cem negros africanos, conforme a estimativa do Barão de Rio Branco em seu livro *L'Esquisse de l'Histoire du Brésil*, publicado em 1889.

Embora fosse considerado lugar seguro, com bom ancoradouro no sopé e ampla visão da Baía de Guanabara, permitindo o controle de entrada e saída das embarcações, o Morro do Castelo não oferecia boas condições para o desenvolvimento da cidade. Contando apenas com uma nascente de água, o abastecimento era deficiente, realizado em sua maior parte com o auxílio dos índios aguadeiros que carregavam talhas com água do Rio Carioca. Os alimentos, materiais de construção e outros gêneros também tinham difícil acesso ao morro, levados nas costas por cerca de 60 metros acima, quando não subiam via guindaste, construído pelos jesuítas, que acabou por batizar um beco na subida do monte.

No século XVII, o Morro do Castelo tinha perdido sua centralidade e a cidade foi descendo ladeira abaixo, expandindo-se sobre a várzea na direção dos morros de São Bento, Conceição e Santo Antônio. No alto da colina, o despovoamento era progressivo e as instituições foram aos poucos sendo abandonadas – com exceção do complexo jesuítico.

Por sua vez, o bairro da Misericórdia, o mais antigo da várzea, alcançado logo na descida do morro, tornara-se, com o seu entorno, o centro administrativo e econômico do Rio de

Janeiro, onde foram construídas novas edificações a fim de abrigar as funções antes exercidas no antigo núcleo urbano. Em 1603, erigiu-se a Fortaleza de São Tiago para incrementar o sistema de defesa, na Ponta da Piaçava, na praia de mesmo nome. Mais tarde, em 1693, o Alvará régio de 16 de novembro determinou edificar na Fortaleza de São Tiago uma casa pública para castigar escravos, um calabouço, igual ao que existia no Morro do Castelo, o que faria a região também ser conhecida como Ponta do Calabouço. Antes disso, porém, em 1639, a Casa da Câmara e Cadeia foi transferida para a planície da Rua Direita (atual Rua Primeiro de Março). Até a Sé de São Sebastião, onde estavam depositados os restos mortais do fundador da cidade, perdeu importância para a Capela de São José, na rua de mesmo nome, pois não havia fé que movesse seus praticantes ladeira acima, a rezar em lugar ermo, de difícil acesso e quase em ruínas.

Um mistério rondaria o Morro do Castelo para o resto de sua existência. Trata-se da história do tesouro que os padres jesuítas teriam escondido nas entranhas da colina. Expulsos pelo capitão-mor do Rio de Janeiro Gomes Freire de Andrada, o Conde de Bobadela, por ordem do Marquês de Pombal, em 1759, os religiosos não teriam tido tempo de levar com eles a carga preciosa. O que se encontrou e foi apreendido pelas autoridades na época foi subestimado e vários foram os empreendimentos posteriores em busca do que supostamente ainda estava oculto. Não faltaram pedidos de concessão para o desbravamento do outeiro baseados em mapas, relatos e manuscritos. Túneis e galerias subterrâneos foram percorridos, assim como se cavaram paredes, solos e ruínas à caça do que nunca foi encontrado.

E o morro continuou a ser atacado. Como se não bastassem as enxadas e picaretas que removiam suas terras farejando os tesouros jesuíticos, a natureza também o castigava com fortes chuvas e deslizamentos. O caso mais emblemático foi o das Águas do Monte, um verdadeiro dilúvio que, em 1811, levou ao desmoronamento de parte do Morro do Castelo, deixando várias pessoas desabrigadas e sepultando outras, como o conhecido Bitu, figura popular na vizinhança. As agressões também eram feitas verbalmente, pois os discursos que defendiam a sua derrubada, considerando-o um obstáculo à salubridade e ao progresso da cidade, começaram a ser formulados em finais do século XVIII, ganhando força ao longo do tempo. E, assim, a colina foi caindo aos pedaços... O primeiro deles retirado a mando de D. João VI para aterrar a estreita e sinuosa trilha da Forca ou do Vintém, que ligava a Rua da Misericórdia à Capela de Santa Luzia, que deu nome à praia que se prolongava até o pé do Morro do Castelo. A obra, que facilitou o acesso dos fiéis à igreja, foi realizada em agradecimento a uma promessa à Santa.

Foi a partir do período joanino que o Morro do Castelo passou a figurar nas pinturas, desenhos e fotografias de viajantes como Thomas Ender e William Burchell. É provável que a imagem estampada na nossa terrina tenha sido produzida nesse processo de registro e divulgação de aspectos da cidade do Rio de Janeiro. O Morro do Castelo não só era protagonista da paisagem vista por aqueles que adentravam a Baía de Guanabara, mas também atuava como importante ponto de visada para tomada panorâmica do centro urbano. Essa posição estratégica possibilitou o funcionamento do sistema semafórico, também conhecido como pau da bandeira, instituído no século XVIII, mas oficializado no XIX, através do qual era estabelecida comunicação com a Fortaleza de Santa Cruz sobre os navios que entravam na baía, por meio de bandeiras de pano, cada uma simbolizando a origem e o tipo de embarcação.

Em meados do século XIX, assistiu-se a outro corte no Morro do Castelo para que fosse construído novo prédio da Santa Casa da Misericórdia. Na ocasião, ergueu-se um muro de arrimo para evitar deslizamentos, como o que ocorreu com as chuvas, em 1811.

Na virada do XIX, além do semáforo que se tornou obsoleto no início do XX, funcionavam no morro o Telégrafo, um relógio, um sinalizador de incêndio, o Seminário São José (demolido em 1904 e transferido para o Morro da Conceição, encerrando suas atividades em 1907) e a Igreja de São Sebastião, já entregue aos padres Capuchinhos ou Barbadinhos. Havia também um hospital e o Observatório Astronômico, abrigados no antigo complexo jesuítico.

Segundo o cronista Luiz Edmundo, "no Rio de Janeiro, os que descem na escala da vida vão morar para o alto". O morro veio a ser ocupado por uma população pobre, formada por tatuadores, cartomantes, rezadeiras, lavadeiras, pequenos comerciantes entre outros, fato que contribuiu para reforçar a campanha pela demolição do Castelo, no sentido de valorizar a área. A maioria residia em barracos de madeira ou em casas coloniais mal conservadas, muitas delas funcionando como estalagens. Podemos destacar o caso da hospedaria de propriedade de Domingos Ferreira Bastos, que ocupava o número 15 da Travessa de São Sebastião. Contando com 148 habitações, a Estalagem do Bastos foi a maior existente na cidade, onde, segundo o engenheiro Miguel Guimarães, que lá fez uma vistoria em 1893, "residia avultado número de famílias e indivíduos de toda a sorte". Esse contingente se mostrava um obstáculo aos projetos modernizadores e de saneamento do centro da cidade, que aproximaria o Rio de Janeiro das grandes metrópoles europeias.

Na visão dos partidários das reformas, arrasar o morro seria uma forma, não apenas de eliminar o acidente geográfico que obstruía a circulação do ar marítimo para o continente, facilitando o surto de doenças, mas, sobretudo, de afastar aquelas pessoas que conferiam à região central da cidade uma aparência de "atraso", fazendo o papel de um "dente cariado", para usar expressão da época. Nesse cenário, a terceira fatia do monte veio abaixo durante as obras para a abertura da Avenida Central, inaugurada em 1904, exatamente no trecho em que seria erguido o prédio da Biblioteca Nacional, ainda hoje existente na Cinelândia.

Após polêmica entre manter ou derrubar o morro, que ocupou as páginas da imprensa por anos, o Castelo acabou sendo arrasado na gestão do prefeito Carlos Sampaio, em 1922. O discurso modernizador e higienista foi mais forte do que a preocupação com a memória do nascimento da cidade... Ou teria sido a cobiça pelo tesouro dos jesuítas ainda a mover terras à base de jatos d'água? Os restos mortais de Estácio de Sá foram transferidos para a Igreja dos Capuchinhos na Tijuca e grande parte dos moradores permaneceu no centro, dividindo-se entre o Morro do Pinto e o de Santo Antônio. Os destroços do Castelo serviram de aterro para alargar o continente sobre o mar no bairro da Misericórdia, onde foi realizada a Exposição Internacional do Centenário da Independência do Brasil, naquele ano de 1922, com a construção de vários pavilhões em estilos arquitetônicos diversificados, demonstrando o progresso e a beleza da Capital Federal.

O fim derradeiro do processo de desmonte do Morro do Castelo aconteceu em 1928, restando ainda o trecho inicial da Ladeira da Misericórdia no Largo de mesmo nome, um dos antigos acessos à colina. Há também o muro de arrimo construído em meados do século XIX, que pode ser visto por quem atravessa um dos estacionamentos da Santa Casa da Misericórdia, onde existe ainda hoje um arco com a inscrição "1870". No Museu Histórico Nacional é possível encontrar outros vestígios, como o frontão que encimava a porta da Igreja dos Jesuítas.

Quanto à terrina, ela traz o decalque do Castelo, porque, por mais que a colina histórica estivesse em decadência no século XIX, era um dos ícones da cidade. Os viajantes chegando ao Rio de Janeiro, do porto, avistavam o Castelo com suas igrejas, como que lhes dando boas vindas... No MHN, a terrina, justamente por trazer a imagem do Castelo, costumava ser utilizada para ilustrar narrativas "heroicas" em exposições sobre a colonização portuguesa. Atualmente em reserva técnica, a peça é exibida em mostras temporárias sobre a história do MHN e sobre sua ação na política de preservação do patrimônio, numa alusão ao desejo de memória que fundamentou a criação do próprio museu no mesmo ano, 1922, em que um marco da fundação da cidade foi literalmente tombado. ◈

BIBLIOGRAFIA

CUSHION, John P. *Pottery & porcelain tablewares.* Studio Vista: London, 1976.

FAZENDA, José Vieira. *Antiqualhas e memórias do Rio de Janeiro.* Rio de Janeiro: Documenta Histórica, 2011. 5v.

KESSEL, Carlos. *Tesouros do Morro do Castelo: mistério e história nos subterrâneos do Rio de Janeiro.* Rio de Janeiro: Jorge Zahar, 2008.

NONATO, José Antonio; SANTOS, Núbia Melhem (Org.). *Era uma vez o Morro do Castelo.* 2ª Ed. Rio de Janeiro: Iphan, 2000.

PAIXÃO, Claudia Míriam Quelhas. *O Rio de Janeiro e o Morro do Castelo: populares, estratégias de vida e hierarquias sociais.* Niterói: UFF, Dissertação de Mestrado defendida no Programa de Pós-Graduação em História, 2008.

SILLOS, Jacques. *Largo da Misericórdia: fragmentos da memória urbana em uma paisagem residual.* Rio de Janeiro: Andrea Jakobsson, 2015.

ALINE MONTENEGRO MAGALHÃES
é doutora em história social pela UFRJ, pesquisadora no Museu Histórico Nacional, pesquisadora associada ao PROARQ/UFRJ.

Instrumento com que o músico e compositor tocava na Banda do Corpo de Bombeiros do Rio de Janeiro.

Tritonicon de Anacleto de Medeiros

Museu Histórico do Corpo de Bombeiros do Rio de Janeiro

Segunda metade do século XIX

Luiza Mara Braga Martins

Seria possível apreender a vida de uma cidade através da escala de um instrumento musical? No nosso caso, estamos nos referindo ao tritonicon de Anacleto de Medeiros, um dos instrumentos que este afamado maestro de bandas cariocas da virada do século XIX para o XX tocou na Banda do Corpo de Bombeiros.

Anacleto de Medeiros na verdade se formou como clarinetista pelo Conservatório de Música em 1886 na cidade do Rio de Janeiro. Nascido na ilha de Paquetá em 1866, filho de uma negra alforriada, a música o desobrigou de uma vida penosa tal qual levavam os afrodescendentes, mesmo os libertos, seus contemporâneos, já que a escravidão só seria abolida no Brasil em 1888.

Fez seus estudos básicos na Escola dos Meninos Aprendizes do Arsenal de Guerra. Clarinetista por formação, mas multi-instrumentista por vocação, Anacleto era célebre por saber tocar todos os instrumentos de sopro que conhecia. Foi o mais importante maestro de bandas do Rio de Janeiro, e esteve à frente da Banda do Corpo de Bombeiros da cidade desde sua fundação em 1896 até 1907, ano de seu falecimento. O Corpo de Bombeiros, fundado por D. Pedro II em 1856, contava com uma banda que iniciou suas atividades com vinte e cinco músicos.

Mas que instrumento musical vem a ser o tritonicon? Seu criador, Vaclav Frantisek Cerveny, natural de Praga, inventou em meados do século XIX este instrumento de sopro, fabricado em metal e munido de um sistema de quinze chaves. As chaves estão estendidas numa sucessão lógica ao longo do corpo do instrumento. Musicalmente, é muito útil para fazer o som das "baixarias", ou seja, as linhas de baixo tocadas originalmente com a mão esquerda do piano, inicialmente para executar as polcas europeias e, depois, o choro carioca. O formato do tritonicon se assemelha ao do antigo ophicleide, de 1817, também presente na Banda do Corpo de Bombeiros e que exercia a mesma função musical nas "baixarias". Trata-se de um instrumento raro e que poucos conhecem.

As bandas civis e militares chegaram ao Brasil com a corte de D. João VI em 1808. Suas funções foram múltiplas na vida da cidade a partir do Segundo Reinado, participando de vários aspectos da vida social, desde apresentações em circos até o Carnaval, passando por jogos, campanhas políticas e festas de todo tipo.

As bandas ajudaram a abrasileirar os gêneros musicais vindos da Europa, num processo de circularidade cultural musical que ficou conhecido por aqui com o nome de choro. Foram abrasileiradas a valsa, a polca, o *schottish* (xótis), a quadrilha e a mazurca, a partir da fusão com registros musicais que vinham da África, como o lundu. Os músicos chorões, reunidos inicialmente em 1870 em torno do flautista Joaquim Callado no "Choro do Callado" ou "Choro Carioca", um quarteto ideal formado por dois violões, um cavaquinho e uma flauta, nacionalizaram os modismos que vinham das cortes europeias.

O advento do choro é uma realidade urbana do Rio de Janeiro, faz parte da vida genuinamente carioca: músicos que circulavam pelo mundo do erudito saltavam assim para as ruas populares. Danças de salão como a polca, que vieram da Europa desde meados do século XIX, foram apropriadas pela população carioca, tanto pela dança do maxixe quanto pela música do choro, sempre – e nunca é demais ressaltar – com o intermédio do lundu africano. Chiquinha Gonzaga consagrou-sc a macstrina dos teatros de revista com seus maxixes buliçosos. Já Ernesto Nazareth, que não gostava do gênero, afamou-se como "pianeiro" popular ao som de tangos brasileiros, tocados em salas de espera de cinemas elegantes e lojas de venda de partituras musicais.

Anacleto Augusto de Medeiros também foi um grande chorão e, apenas cinco anos após ser empossado como regente da Banda do Corpo de Bombeiros do Rio de Janeiro, levou vários músicos chorões para suas fileiras. Entre eles estavam o professor de flauta de Pixinguinha, que nos bombeiros tocava ophicleide, Irineu de Almeida; aquele que seria o sucessor de Anacleto na regência, Albertino Pimentel Carramona, no pistom; Lica, no bombardão; João Ferreira de Almeida, no bombardino; Candinho do Trombone; Tute, no bumbo e nos pratos; Irineu Pianinho, na flauta, e tantos outros. Anacleto, portanto, fez da Banda do Corpo de Bombeiros um reduto de chorões, que não se cansavam de abrasileirar os gêneros europeus. Sobre a admiração que Pixinguinha devotava a Anacleto, basta dizer que gravou, com seu conjunto Oito Batutas, um belo choro de seu antigo professor, chamado *Três estrelinhas*, pela gravadora RCA Victor da Argentina, quando de sua turnê em Buenos Aires, em 1923.

O Rio de Janeiro na virada do século XIX para o XX era uma cidade cativada pelo choro e animada pela vida boêmia. Nas festas em casas de família, os músicos chorões desafiavam-se nos instrumentos em troca dos sabores da boa mesa. Não cobravam para tocar nos batizados, noivados, casamentos e bodas, aniversários e festividades em geral, alegrando as famílias que pudessem servir uma boa refeição.

Os chorões tinham profissões estáveis: eram sapateiros, litógrafos, lustradores, porteiros e serventes de repartições públicas, guardas municipais, tipógrafos, escriturários, contínuos de banco, bombeiros hidráulicos e guardas-civis. Mas a grande maioria dos chorões era oriunda do baixo escalão do funcionalismo público, como ferroviários e funcionários da alfândega, mas principalmente dos Correios e Telégrafos. A população da cidade do Rio de Janeiro, muito festeira, dispunha de centenas de músicos chorões. Estes contavam com um salário regular, que lhes permitia comprar um instrumento e ter tempo para estudá-lo. Tocavam para animar as festas familiares, daí o choro ser uma música doméstica, apesar de também se apresentarem nos clubes, bailes, bandas, chopes berrantes, cafés cantantes, teatro de revista e em inspiradas serenatas noite adentro. Os chorões tocavam, além da flauta, violões e cavaquinhos, uma profusão de instrumentos, como a requinta, o bombardão, a harmônica, o bombardino, o ophicleide, o tritonicon, o trombone, o pistom, o piano, o clarinete e, mais tarde, o saxofone, quando o ophicleide saiu de moda.

Anacleto foi maestro de outras bandas concomitantemente, como a Banda da Fábrica Bangu e a Banda da Companhia de Tecidos e Fiação Confiança Industrial no bairro de Vila Isabel. Mas foi nos bombeiros que ele fez história. Anacleto de Medeiros conduzia a Banda dos Bombeiros com rigidez, alta qualidade técnica e repertório de bom gosto. Adaptava, para suas apresentações em festas cívicas, religiosas e concertos, músicas europeias e cariocas, tanto trechos de óperas, marchas e dobrados quanto choros de Carramona, de Henrique Alves de Mesquita, assim como suas próprias composições.

Um dos motivos do sucesso da Banda do Corpo de Bombeiros foi seu grande volume de gravações para a indústria fonográfica, que nascia no Brasil no alvorecer do século XX com a Casa Edison, estabelecimento com sede na Rua do Ouvidor, que depois de se dedicar ao comércio de equipamentos sonoros, passou também a gravar discos a partir de 1902. A Banda do Corpo de Bombeiros, por seu grande volume de som e alto refinamento técnico, era uma das mais requisitadas pela Casa Edison no antigo

sistema de gravações mecânicas, no qual gravaram mais de cem títulos! Só no ano de 1927 os microfones elétricos chegaram aos estúdios de gravação no Brasil. Eles permitiam gravar com mais precisão vozes sussurradas e instrumentos de menor potência sonora.

Era com algum instrumento de sopro que mais provavelmente Anacleto compunha. Apreendia desta forma a vida da cidade na qual veio estudar música nos idos de 1883. Por esta época, entre o final do Império e o início da República, o Rio de Janeiro era uma cidade dividida entre o Atraso, a Civilização e o Progresso.

Um dos sinais deste atraso: a cidade-capital era tomada por habitações populares conhecidas como cortiços, nas quais grassavam doenças endêmicas. Um deles, possivelmente o mais famoso, de propriedade do Conde d'Eu, marido da Princesa Isabel, era um enorme conglomerado de cômodos habitado por milhares de populares e conhecido como "Cabeça de Porco". Anacleto dedicou-lhe uma composição, uma polca com o mesmo nome, gravada pela Banda do Corpo de Bombeiros no início do século XX.

Com a República e o novo século chegaram também as reformas urbanas do prefeito Pereira Passos, buscando fazer uma cidade europeia nos trópicos, nos moldes das reformas do prefeito Haussmann, em Paris. "O Rio civiliza-se!" era o mote destes tempos em que a capital da jovem República tornou-se praticamente um canteiro de obras, num processo de exclusão social que expulsou os pobres do Centro remodelado da cidade e deixou-os à própria sorte, indo habitar em favelas – um novo fenômeno social – ou indo residir em subúrbios distantes.

O médico sanitarista Oswaldo Cruz conseguiu livrar a cidade das doenças endêmicas, mesmo às custas de uma grande rebelião popular, a Revolta da Vacina. Engenheiros remodelaram o porto e suas vias de acesso, medida tida como fundamental para um país cuja economia era voltada para a exportação. Praças foram criadas e arborizadas e construiu-se a Avenida Central, a mais elegante da cidade, hoje Avenida Rio Branco.

Anacleto de Medeiros, que percebia a cidade a partir da sua condição de músico, compôs um dobrado intitulado "Avenida". A inauguração da

Avenida Central se deu em 15 de novembro de 1905 e Anacleto participou executando o dobrado com a Banda do Corpo de Bombeiros. À sua maneira, o maestro lia assim a cidade e suas transformações.

O tempo de Anacleto foi uma fase áurea para o choro, embora este gênero musical só tenha amadurecido de fato nos anos vinte, a partir das composições de Pixinguinha, que ouviu em rodas familiares tudo que tinha sido feito até então em termos de choro, dando-lhe linguagem própria já nos anos dez. *Carinhoso*, para ficarmos num famoso exemplo, foi composta em 1916 e gravada pela primeira vez pela Orquestra Pixinguinha-Donga em 1928, ainda sem a letra de Braguinha e a voz de Orlando Silva, cuja gravação remonta a 1937.

Na verdade, desde o sucesso de *Pelo telefone*, no Carnaval de 1917 (não de fato o primeiro samba gravado, mas o primeiro a se popularizar), o choro vinha sofrendo a concorrência deste gênero que lhe era tão caro, já sendo ameaçado pela influência da música norte-americana. Nas festas religiosas do candomblé em casas de família tocava-se choro e samba, este ainda amaxixado e repleto de instrumentistas de choro. O samba afastou-se do choro no final dos anos 1920, subindo o morro do Estácio e trazendo todo o peso dos instrumentos de percussão para as modernas escolas de samba. Já não havia mais lugar para o tritonicon. ◈

BIBLIOGRAFIA

DINIZ, André. *O Rio musical de Anacleto de Medeiros*. Rio de Janeiro: Jorge Zahar, 2007.

MARTINS, Luiza Mara Braga. *Os Oito Batutas: história e música brasileira nos anos 1920*. Rio de Janeiro: Editora UFRJ, 2014.

NEVES, Margarida de Souza. "Uma cidade entre dois mundos: o Rio de Janeiro no final do século XIX" in GRINBERG, K. e SALLES, R. (orgs). *O Brasil Imperial*; v. III. Rio de Janeiro: Civilização Brasileira, 2009.

VALENÇA, Suetonio Soares. "Polca, lundu, polca-lundu, choro, maxixe" in LOPES, Antonio Herculano (org.), *Entre Europa e África: a invenção do carioca*. Rio de Janeiro: Topbooks, Edições Casa de Rui Barbosa, 2000.

LUIZA MARA BRAGA MARTINS é doutora em História pela UFF, tendo se especializado em História Social do Choro e do Samba Contemporâneos e do início do século.

Aparelho marca Mackenstein, em madeira nobre, equipado com tripé desdobrável e sacola para transporte.

Câmara fotográfica de Marc Ferrez

Instituto Moreira Salles

c.1880

Maria Inez Turazzi

Que pode a câmara fotográfica?
Não pode nada.
Conta só o que viu.
Não pode mudar o que viu.
Não tem responsabilidade no que viu.
A câmara, entretanto,
Ajuda a ver e rever, a multi-ver (...)

Carlos Drummond de Andrade

Há trinta anos, Carlos Drummond de Andrade (1902-1987) compôs estes versos para um livro do fotógrafo e ambientalista Luiz Claudio Marigo (1950-2014) sobre a Mata Atlântica. Com lirismo e substância, o poeta questiona nossa cultura visual já profundamente transformada pela invenção e desenvolvimento do(s) processo(s) fotomecânico(s), mas ainda prisioneira do fetichismo de suas promessas iniciais. Contrariando antiga crença nos poderes do maquinismo fotográfico, Drummond rende homenagens à potencialidade do instrumento como coadjuvante da visão, da memória e da história. Sensível ao ofício e ao olhar dos fotógrafos, ele reconhece no sujeito em processo o verdadeiro protagonismo do ato fotográfico. A câmara do fotógrafo Marc Ferrez (1843-1923) que se encontra no acervo do Instituto Moreira Salles é um desses instrumentos. Ela nos ajuda a ver e a rever, para multi-ver e transver (ouso acrescentar), o papel de velhas câmaras fotográficas na história da cidade, enxergando nesses objetos de coleção bem mais do que simples caixas de madeira com lentes de vidro, já obsoletas e esquecidas.

Os antigos equipamentos fotográficos, a despeito de toda a mudança tecnológica depois da aparição pública da fotografia, em 1839, continuam movimentando uma imensa rede de informações e trocas materiais, culturais, comerciais e simbólicas, tanto no mundo real, como no virtual. A câmara que pertenceu a Ferrez nos conecta, especificamente, à trajetória de um dos maiores fotógrafos de todos os tempos e à excepcionalidade das vistas e panoramas do Rio de Janeiro por ele produzidos; à patrimonialização do acervo do fotógrafo, antes preservado por seus descendentes e agora sob a guarda de instituições públicas e privadas; assim como, ao comércio de materiais fotográficos do passado e do presente e à difusão dessa prática na cidade, desde o século XIX. O múltiplo e o singular, na história da fotografia em geral e dessa câmara em particular, se misturam e se complementam em um objeto que é, também, "lugar de memória" da cidade.

Entre meados do século XIX e as primeiras décadas do século XX, a vida e a obra de Ferrez confundem-se com a história da fotografia no

Rio de Janeiro, tanto quanto com a história do Rio de Janeiro na fotografia. Essas "histórias" só podem ser contadas evocando-se a presença dos objetos que ajudaram a fixá-las (em sentido mnemônico) para a posteridade: estojos de daguerreótipos, aparelhos de pose, visores estereoscópicos, álbuns de família, negativos de vidro, produtos químicos, rolos de filmes e, claro, câmaras dos mais diversos tamanhos, formatos e materiais. Todos, objetos tridimensionais que também foram retratados, muitas vezes até furtivamente, pelas próprias fotografias. Em algumas dessas imagens, esses objetos chegam a ocupar o centro da composição, encenando o aparente protagonismo de uma prática social que, de fato, sempre cultivou o hábito de registrar a si mesma e a seus personagens. Hoje, muitos dos objetos que contam a história da cidade são encontráveis em endereços virtuais de museus, pesquisadores, colecionadores, galeristas e antiquários do planeta.

A escrita dessas histórias foi produzida até aqui com o concurso de uma vasta cultura material relacionada ao universo fotográfico. A biografia de objetos únicos e colecionáveis, como daguerreótipos ou obras de arte por processo fotomecânico e sua presença na cidade; o circuito de artefatos que, sendo múltiplos e seriados, integram notícias, exposições e coleções desde a sua aparição no Rio (como dioramas, câmaras, visores ou acessórios); ou ainda, a intertextualidade de bens reprodutíveis e múltiplos (como fotografias e livros) que, embora não sendo únicos, também se transformaram em importantes objetos de coleção. Estes são apenas alguns percursos, entre tantos outros, no interior dessas histórias. É certo que as imagens ditas "fotográficas" já nem são mais objetos físicos, mas elas ainda ilustram para nós outros bens materiais ou imateriais que só se convertem em patrimônio cultural com um longo e complexo processo de atribuição de valores de rememoração, ancianidade, etc. Imagens que nos ajudam a ver, rever e multi-ver a forma como representamos o tempo que já se foi, o lugar que a história ocupa em nosso presente e o modo como tratamos os bens culturais que herdamos de outras épocas na história do Rio de Janeiro.

Para Ferrez, as câmaras fotográficas nunca foram apenas instrumentos de trabalho ou simples mercadorias para o comércio, embora essa atividade tenha lhe rendido boa parte do sustento e a fama de ter a melhor loja da capital do país para a compra de materiais fotográficos. Estabelecido por conta própria à Rua de São José, no centro do Rio de Janeiro, desde 1867, sob a razão comercial Marc Ferrez & Cia, o fotógrafo pouco a pouco foi se convertendo também no maior negociante do ramo fotográfico na cidade. No local, muitos amadores e profissionais iam se abastecer de novidades e, simultaneamente, absorver a vasta cultura técnica de seu proprietário. Com vendas e entregas de norte a sul do Brasil, Ferrez costumava ostentar com orgulho a lista de fornecedores de sua casa fotográfica. Uma década depois

do incêndio que lhe deixou a zero, em 1873, já possuía em estoque um conjunto expressivo de lentes do "afamado fabricante Dallmeyer", bem como diversas câmaras "dos melhores autores e dos sistemas mais aperfeiçoados". Conhecendo, importando e vendendo equipamentos e materiais fotográficos de procedências e faturas diversas, era natural que escolhesse para seu próprio uso aqueles considerados os melhores de seu tempo.

Com "constante e acurado estudo, e a prática dos diversos processos geralmente empregados e seguidos", como informava aos clientes, Ferrez também se destaca entre os fotógrafos mundiais por ter desenvolvido, com suas próprias ideias, algumas soluções inovadoras que aperfeiçoavam equipamentos disponíveis no mercado internacional. Uma câmara panorâmica giratória fabricada por David Brandon, por exemplo, foi trazida de Paris em 1878 e adaptada por ele para uso no clima quente e úmido da acidentada topografia carioca, sendo posteriormente exibida no Rio de Janeiro, na Exposição da Indústria Nacional de 1881. Outro exemplo foi o aparelho com duas câmaras acopladas para a obtenção do que chamou de "instantâneos marinhos" na Baía de Guanabara, modelo apresentado na Sociedade Francesa de Fotografia, juntamente com algumas dessas imagens, em 1885.

Esses dois equipamentos fotográficos, por razões desconhecidas e intrigantes, mesmo depois de terem consumido tempo, estudo e recursos nada desprezíveis, não sobreviveram até os nossos dias, ainda que os documentos, as fotografias, os álbuns, os negativos e tantos outros materiais da Casa Marc Ferrez tenham sido cuidadosamente preservados pelo fotógrafo, assim como por seus filhos, netos e bisnetos. Da câmara panorâmica giratória, conhecemos apenas dois registros fotográficos e um folheto descritivo (*Exposição de paisagens photographicas productos do artista brasileiro Marc Ferrez photographo da Marinha Imperial e da Commissão Geologica,* de 1881). Do equipamento levado a Paris, não se tem até agora outra referência além de uma breve descrição no boletim da entidade francesa.

A câmara Mackenstein, construída por volta de 1880, chegou-nos com o selo do estabelecimento de origem, raramente encontrável nos aparelhos da época, e todos os seus apetrechos: jogo de lentes, fole flexível de pelica, tripé desdobrável, sacola de transporte e caixilho para negativos de vidro no formato 21,0 x 37,0 cm, sabendo-se que outras dimensões também eram usadas por Ferrez. A qualidade da madeira e dos metais empregados, o primoroso trabalho de marcenaria, a versatilidade no uso de negativos com emulsões e formatos variados e a praticidade no transporte da câmara dobrável, fizeram a fama desses aparelhos. Fundado em Paris, em 1872, pelo alemão Hermann-Josef Mackenstein (1848-1924), o estabelecimento funcionaria até a eclosão da Primeira Guerra Mundial, tendo comercializado equipamentos de fabricação própria ou de terceiros para instituições como a Sociedade Francesa de Fotografia, a Academia de Ciências e vários ministérios da França, além do mercado internacional.

A foto do morro do Corcovado, datada de c.1866, existente no acervo do Instituto Moreira Salles, tomada de dentro da mata, representando Ferrez em atividade na Floresta da Tijuca, é um belo exemplo da importância desses maquinismos na vida do fotógrafo e da cidade. Ela retrata um cenário natural convertido em paisagem emblemática do Rio de Janeiro pelo olhar fotográfico. Olhar que traduz a admiração do fotógrafo e andarilho pela "risonha" e "luxuriante" natureza carioca e sua progressiva transformação pelo homem em paisagem construída. Diante do Corcovado, agora com o mirante de ferro inaugurado com a primeira ferrovia turística do país (1884), Ferrez posiciona o observador atrás de uma de suas câmaras e o transforma em coadjuvante do ato fotográfico. Mas onde estaria o fotógrafo? Junto à câmara que ocupa o primeiro plano da imagem ou atrás daquela que, de fato, registra a cena? O certo é que, enquadrando a todos, pessoas e máquinas, na observação contemplativa da montanha que se projeta sobre a Baía de Guanabara, a imagem transmite toda a cumplicidade do fotógrafo no diálogo silencioso de sua câmara com a natureza e a cidade.

Como em outras fotografias e panoramas, as imagens de Ferrez são interpretações pessoais do cenário monumental do Rio de Janeiro que ajudaram a construir a identidade estética de um território simbólico: a "paisagem carioca". Por essa razão, elas transcendem, no tempo e no espaço, as andanças desse personagem e sua câmara pela cidade. A ampla circulação e consumo dessas imagens, dentro e fora do Brasil, tanto ontem, como hoje, ajudaram a incorporar uma dada visualidade do Rio de Janeiro no imaginário coletivo e, há mais de um século, vem concorrendo de forma significativa para a apreensão e o reconhecimento da paisagem carioca como patrimônio de uma comunidade mais ampla do que aquela formada por seus cidadãos. Em 2012, a Unesco concedeu ao Rio de Janeiro, na recém-criada categoria "paisagem cultural urbana", o título de patrimônio mundial.

BIBLIOGRAFIA

DUBOIS, Philippe. *O ato fotográfico.* 14ª ed. São Paulo: Papirus, 2011.

FERREZ, Gilberto. *O Rio antigo do fotógrafo Marc Ferrez; paisagens e tipos humanos do Rio de Janeiro (1865-1918).* Rio de Janeiro: Ex-Libris e João Fortes Engenharia, 1984.

MARIGO, Luiz Claudio et al. *Mata Atlântica.* Rio de Janeiro: AC & M, 1984.

TURAZZI, Maria Inez. *Marc Ferrez.* São Paulo: Cosac &Naify, 2000.

TURAZZI, Maria Inez. "A vontade panorâmica" e "Cronologia", in *O Brasil de Marc Ferrez.* São Paulo: Instituto Moreira Salles, 2005.

MARIA INEZ TURAZZI é historiadora, doutora em Arquitetura e Urbanismo, bolsista de produtividade do CNPq e pesquisadora-associada do Departamento de História e Labhoi/UFF. Autora de *Poses e trejeitos: a fotografia e as exposições na era do espetáculo, 1839-1889* (1995); *Marc Ferrez* (2000) e *Rio 400+50; comemorações e percursos de uma cidade* (2014), entre outros.

Detalhe de uma das insígnias utilizadas pelo Centro Abolicionista Ferreira de Menezes e pela Caixa Emancipadora Joaquim Nabuco em suas campanhas contra a escravidão.

Estandartes de clubes abolicionistas

Museu do Negro/Igreja da Irmandade de Nossa Senhora do Rosário e São Benedito dos Homens Pretos

DÉCADA DE 1880

Hebe Mattos e Camilla Agostini

Dois estandartes abolicionistas estão expostos no Museu do Negro, localizado na Igreja de Nossa Senhora do Rosário e São Benedito dos Homens Pretos, no Centro da cidade do Rio de Janeiro. Criado em 1920, o museu foi tombado em 1938, ano em que se comemorava o cinquentenário da abolição.

Em 1967 um dramático incêndio atingiu todo o complexo arquitetônico da igreja, destruindo muitos dos objetos sob a sua guarda. Entre as peças queimadas estava uma pequena coleção de estandartes que remanesciam ali em memória da luta abolicionista na cidade do Rio de Janeiro. Por obra do acaso, dois deles se encontravam em restauração nas dependências do IPHAN, escapando da tragédia. São eles que hoje nos fazem lembrar as manifestações oitocentistas que tomavam os teatros e as ruas, reclamando a libertação dos escravos, coletando esmolas para compra de cartas de alforria e contribuindo com o processo abolicionista de uma maneira geral. O papel desses objetos nas ações da campanha abolicionista era o de levar o nome de seus autores e os símbolos de sua luta, todos visíveis a partir de apliques, bordados e pinturas sobre uma superfície de tecido, que se elevava a certa altura por meio de um mastro. Desse modo, os dois estandartes carregam a inscrição do nome de dois pioneiros do abolicionismo.

A inscrição "Caixa Emancipadora Joaquim Nabuco" existente num dos estandartes destaca o político, historiador e diplomata, descendente de família aristocrática de Pernambuco. Joaquim Nabuco formou-se em Direito pela Faculdade do Recife e é autor de *O Abolicionismo*, publicado em 1883. O livro e sua atuação parlamentar o fazem amplamente reconhecido como um dos fundadores do movimento abolicionista. O estandarte que leva seu nome tem 140cm de altura por 85cm de largura e é descrito do seguinte modo no inventário do IPHAN:

> Estandarte de formato retangular, recortado na parte inferior em três pontas retangulares. No campo, em fundo preto, ao centro, figura humana de cabelos longos, marrons, em trajes longos e brancos, trazendo na mão direita um objeto longo e pontiagudo e com a mão esquerda sustentando, supostamente uma cabeça decapitada em formato ovalado, contornado por bordado em elementos fitomorfos dourados, conjunto envolvido por friso retangular com dois recortes inferiores em curva e simétricos, que acompanham o recorte inferior do estandarte bordado em dourado. Ao alto, duas rosas, bordadas, e elemento fitomorfo bordado na parte inferior. Contornando o bordado ovalado, título bordado em dourado, acima e abaixo. Cercadura externa bordada em elementos fitomorfos dourados e rosa. Arremate inferior em franjas douradas, com três bordas.

Na verdade, não se consegue hoje identificar a cabeça decapitada mencionada na descrição. Por sua vez, a imagem central de uma mulher branca é caracterizada pelos funcionários do museu como a "representação da liberdade". E as "rosas" mencionadas não poderiam ser, na verdade, camélias, flores consagradas como símbolos do abolicionismo?

No segundo estandarte, com 137cm X 77cm, consta a inscrição "Centro Abolicionista Ferreira de Menezes, 1882", sendo descrito no inventário do IPHAN da seguinte forma:

> Estandarte de formato retangular, recortado na parte inferior em três pontas retangulares. No campo em fundo preto, ao centro, imagem não identificada, em formato ovalado, contornado com bordado dourado, conjunto envolvido em friso hexagonal irregular bordado, com título bordado em azul escuro. Cercadura externa bordada em elementos fitomorfos, tendo estrela de cinco pontas ao alto, no centro, laço na extremidade central inferior, ladeado, ao alto, por monogramas bordados. Arremate inferior em franjas douradas.

O nome Ferreira de Menezes se refere ao intelectual negro e republicano que foi precursor das ideias abolicionista no país. Formado pela Faculdade de Direito de São Paulo, escreveu peças de teatro e tornou-se jornalista reconhecido, destacando-se nos jornais pela pregação antiescravagista. No final da década de 1870, ele rompeu com a *Gazeta de Notícias*, onde escrevia regularmente, porque o jornal não teria cumprido compromissos assumidos com a propaganda abolicionista. Fundou então, em 1880, a *Gazeta da Tarde*, inteiramente comprometida com essa propaganda. José do Patrocínio, jornalista negro e republicano, como Menezes, foi seu sucessor à frente desta publicação, após sua morte prematura, em 1881.

Na coleção do Museu do Negro, segundo consta no arquivo do IPHAN, estes dois estandartes conviviam ainda com outros cinco, desaparecidos no incêndio, que traziam a inscrição de outras caixas libertadoras, como as que tinham José do Patrocínio e seu jornal *Cidade do Rio* como patronos, além de um estandarte sul-rio-grandense, que caracterizava a extensão nacional do abolicionismo.

A preservação destes estandartes no acervo da tradicional Irmandade de Nossa Senhora do Rosário e São Benedito dos Homens Pretos, fundada em 1640, seguramente se relaciona com o papel desempenhado pelo Rio de Janeiro como centro da causa abolicionista no século XIX. A maioria dos abolicionistas negros da cidade se reuniam em torno da fraternidade religiosa, como o engenheiro André Rebouças e o jornalista José do Patrocínio, entre outros que se dedicavam à luta política pela libertação dos escravos. Em geral, eram homens mestiços, referidos como "pardos" nos termos de época.

O discurso expositivo do museu e o próprio prédio da igreja enunciam narrativas complexas, que carregam aparentes contradições. Seus espaços e as coisas ali guardadas permitem imaginar seus diferentes usos ao longo do tempo. Segundo uma memória publicada pela historiadora Fabiana Cândido da Silva, diretora do Museu do Negro quando da nossa visita, "a Igreja Nossa Senhora do Rosário e São Benedito dos Homens Pretos funcionou como Catedral do Rio de Janeiro e foi a primeira igreja a ser visitada pela família real na chegada de Dom João VI e sua comitiva, em 7 de março de 1808, no Rio de Janeiro". Além de sediar a catedral de 1737 a 1808, no século XIX a Igreja do Rosário teria recebido, por duas vezes, a sede do Senado da Câmara, "que funcionou no Consistório da igreja entre 18 de setembro de 1809 e 6 de junho de 1812 e, em um segundo momento, entre 18 de maio de 1820 e 12 de junho de 1825". No discurso dos nossos guias, nos dois episódios, é a Irmandade de Pretos que cede espaços às autoridades governamentais.

Contudo, fato expressivo da sociedade escravista, a irmandade de pretos dedicada a comprar a liberdade dos seus irmãos cativos, mantinha simultaneamente escravos e uma senzala. Segundo a memória hoje vigente no local, durante o processo abolicionista, essas senzalas tornaram-se esconderijo de escravos fugidos, que ficavam ali disfarçados à espera da compra da liberdade. As senzalas da irmandade dariam acesso a antigos túneis presentes na igreja que, na conjuntura abolicionista, faziam parte das rotas de fuga do movimento, resultando na bela imagem de "negros fugitivos disfarçados de escravos".

Durante o período abolicionista, funcionou na irmandade a escola noturna para libertos criada por Rebouças. A igreja foi sede de encontros, práticas e organizações ligados ao movimento pelo fim da escravidão, incluindo conferências e campanhas de arrecadação de fundos pelas ruas da cidade voltadas para a compra de alforrias, atividades nas quais eram utilizados os estandartes, dando autoria às campanhas e manifestações. O papel desses objetos nas ações públicas foi o de levar o nome de seus autores e os símbolos de sua luta. As aparentes contradições também podem ser observadas nesses pedaços de tecido ornados com imagens e adereços, considerando as duas lideranças anunciadas, Joaquim Nabuco, o aristocrata branco e monarquista, e Ferreira de Menezes, o jornalista negro e republicano.

O estandarte que leva o nome da Caixa Emancipadora Joaquim Nabuco traz alguns adereços que chamam a atenção, junto à imagem da mulher branca ao centro, considerada como a "representação da liberdade". Uma espécie de moldura se destaca em torno da figura feminina, sendo a mais externa composta de representações vegetais que se assemelham a folhas, grãos e flores do café; enquanto os elementos internos compõem algo como um cordão. Nele, pequenos círculos e losangos dourados intercalados sugerem sementes de café e barras de ouro, expressões da força econômica do Brasil monarquista, construída sobre o trabalho do africano escravizado.

Já o estandarte de Ferreira de Menezes tem um aspecto estético geral que sugere referências patrióticas ou nacionais, quase como um protótipo da bandeira do Brasil, seja a imperial ou a republicana, com um fundo verde e detalhes em dourado, azul e branco, formando um hexágono com um círculo dentro. A luta abolicionista, neste caso, ressaltava sua ligação a um projeto de afirmação nacional, em geral associado à causa republicana, que devia englobar todos os brasileiros.

Hoje, no Museu do Negro, a memória dos abolicionistas negros participantes da irmandade – monarquistas, como o engenheiro André Rebouças, ou republicanos, como José do Patrocínio e Ferreira de Menezes – se confunde com o culto à princesa Isabel e à sua participação no movimento abolicionista e na assinatura da Lei Áurea, promovendo a compreensão da pluralidade política daquele tempo. Por outro lado, a devoção, não apenas à princesa, mas à monarquia, se tornaria uma característica central da instituição no século XX, o que se vê refletido na narrativa do museu. Os irmãos mantêm fortes ligações com a antiga família real brasileira e a instituição exibe hoje, em uma das suas paredes, a Carta de Mercê que registra e celebra o dia no qual a irmandade ganhou o título de imperial, concedido por um dos descendentes da família real brasileira, no ano de 1996, sesquicentenário do nascimento da princesa Isabel!

Os sentidos da devoção a realezas são, porém, múltiplos e não deixam de ter raízes no período colonial, especialmente nos diversos rituais de coroação de reis negros nas irmandades de pretos e pardos. Um quadro com pintura retratando a chegada de D. João ao Brasil e sua visita à sede da irmandade, em festa para recebê-lo, bem como a valoração da monocultura do café e do extrativismo aurífero, como no estandarte de Joaquim Nabuco, aparecem lado a lado a inúmeras imagens de outra princesa: a escrava Anastácia. Escrava-princesa, a devoção à rebeldia da escrava Anastácia é marcante em uma oração, também fixada na parede, que a evoca como princesa que dá forças ao povo para a conquista da liberdade: "deusa-escrava, escrava-princesa, princesa-deusa, que taparam a boca, mas não suprimiram o grito rebelde, dai-nos tua rebeldia. Amém."

Os estandartes abolicionistas do Museu do Negro rememoram a pluralidade racial e política do primeiro grande movimento social organizado da cidade do Rio de Janeiro. A atual narrativa expositiva do Museu do Negro e os recantos do prédio que abrigou monarquistas e republicanos que lutaram pela abolição também contam histórias de outras lutas e valores, celebrando a riqueza cultural e a complexidade da cultura negra do Rio de Janeiro no século XXI. ◈

BIBLIOGRAFIA

ALONSO, Angela, *Flores, votos e balas. A campanha abolicionista no Brasil.* São Paulo: Companhia das Letras, 2015.

MATTOS, Hebe. *Escravidão e cidadania no Brasil monárquico.* Rio de Janeiro: Jorge Zahar, 2000.

PAIVA, Andréa Lúcia de. "Os fios do trançado: um estudo antropológico sobre as práticas e as representações religiosas na Igreja de Nossa Senhora do Rosário e São Benedito dos Homens Pretos no Rio de Janeiro", *Tese de Doutorado*, PPGSA, UFRJ, 2009.

PINTO, Ana Flávia Magalhães. "Fortes Laços em linhas rotas: literatos negros, racismo e cidadania na segunda metade do século XIX", *Tese de Doutorado* em História, UNICAMP, Campinas, São Paulo, 2014.

SIVA, Eduardo. *As Camélias do Leblon e a abolição da escravatura.* São Paulo, Companhia das Letras, 2003.

SILVA, Fabiana Candido. *A Igreja de Nossa Senhora do Rosário e São Benedito dos Homens Pretos na História do Brasil*, mimeo, 2014.

HEBE MATTOS é doutora em História, professora titular de História do Brasil da Universidade Federal Fluminense e autora, entre outras obras, de *Das cores do silêncio: os significados da liberdade no sudeste escravista, Brasil século XIX* (1993).

CAMILLA AGOSTINI é doutora em História, professora adjunta de Arqueologia Brasileira da Universidade do Estado do Rio de Janeiro e organizadora do livro *Objetos da escravidão* (2013).

SETH THOMAS

Relógio de Ferrovia

Museu do Trem

Início do Século XX

Carlos Fernando Andrade

Relógios e trens costumam ser associados à ideia de pontualidade... Ao menos na Inglaterra, onde se dizia que os relógios podiam ser acertados pelo horário dos trens britânicos.

Embora no Brasil isso não acontecesse, também aqui as estações reservavam um lugar de destaque para os seus relógios. No Museu do Trem encontram-se vários relógios de ferrovia. Entre eles há um especial, pois se trata de uma alegoria que faz do trem o seu tema. Por seu sentido decorativo e especialmente pelas dimensões da peça (37 x 27 x 35cm), o relógio provavelmente pertenceu a uma sala de controle ocupada por um chefe de estação. Como não foi feito para ser visto à distância, não se trata de um relógio de saguão, apropriado para os viajantes conferirem a hora. O número das 4 horas, em algarismos romanos, foi inscrito de modo especial, para evitar que fosse confundido com o V, de cinco horas, caso o ponteiro estivesse em cima do algarismo IV. Além disso, o cronômetro de segundos confirma que se trata de um relógio para o controle preciso da movimentação de tráfego.

A marca Seth Thomas, a principal fábrica de relógios de trens dos EUA no século XIX, insere o exemplar carioca numa linhagem destacada da relojoaria mundial. É o mesmo fabricante do famoso relógio de quatro faces da Grand Central Station de Nova York.

No Rio, a vinculação entre hora do trem e arquitetura se fez sentir no relógio da Central, como popularmente passou a ser conhecido aquele no alto da torre do edifício da Estrada de Ferro Central do Brasil. Impôs-se, aos quatro cantos da paisagem carioca, como símbolo rigoroso, quando o novo prédio foi erguido na Avenida Presidente Vargas, principal obra viária do período do Estado Novo, regime ditatorial que vigorou no Brasil, de 1937 a 1945.

A Estrada de Ferro Central do Brasil tem sua história iniciada ainda no Segundo Reinado, com o nome de Companhia Estrada de Ferro D. Pedro II, homenageando o monarca. Em 1855, os estatutos foram aprovados e a primeira assembleia geral elegeu o engenheiro Christiano Benedicto Ottoni, para a direção da empresa. Com a proclamação da República, a empresa mudou de nome.

A ferrovia foi concebida no auge do período cafeeiro fluminense, quando ganhou as serras do Mar e da Mantiqueira, espraiando-se pelas províncias de Rio de Janeiro, São Paulo e Minas Gerais. Seus vagões buscavam trazer a produção para o porto do Rio, antes que a ferrovia se configurasse como transporte de passageiros. O primeiro trecho foi inaugurado em março de 1858, ligando a Corte (assim se chamou a estação inicial, localizada no Campo de Santana) a Queimados.

O serviço de trens de subúrbio foi inaugurado em 1861, tendo como estação terminal Cascadura. O crescimento do tráfego de passageiros foi vertiginoso. Em dez anos, seu volume passou de 136 mil para mais de 583 mil, conforme nos informa o processo de tombamento da Estação Pedro II como Patrimônio Histórico Nacional, confirmando o avanço da malha urbana, através do loteamento das áreas em torno das estações.

A criação de novas estações conduzia o investimento imobiliário. O historiador do subúrbio carioca Leonardo Soares Santos exemplifica esse processo por meio dos anúncios na imprensa, como o publicado no *Jornal do Commercio*, em 6 de janeiro de 1898:

> Estação do Rio das Pedras (Madureira). Nesta aprazível estação dos subúrbios da Central, próximo a inaugurar-se, vendem-se lotes de terrenos, planos, prontos a edificar, distante da estação dois minutos, lugar alto, muito saudável, arejado e vistas lindíssimas, preços os mais baratos dos subúrbios, a dinheiro ou em prestações [...].

A instalação das oficinas da ferrovia no bairro do Engenho de Dentro, em 1881, antecipou o desenvolvimento da vida operária nos subúrbios cariocas, que se afirmou em torno das fábricas de tecidos em Bangu, Deodoro e Piedade, além de outras, como a Fábrica de Cartuchos do Exército, em Realengo, de 1898. Em 1913, Marechal Hermes foi inaugurado como o primeiro bairro operário planejado da cidade.

A intensificação do processo de expansão dos subúrbios ultrapassou os limites da Corte, que com o advento da República se torna o Distrito Federal. Em 1914, dá-se o loteamento da Fazenda São Mateus, em terras dos atuais municípios de Nilópolis e São João de Meriti.

Para se ter uma ideia do vertiginoso crescimento do Rio de Janeiro no fim do século XIX, basta comparar os censos de 1872, quando a cidade tinha 274 mil habitantes, e de 1890, quando a população saltava para mais de meio milhão: 522 mil. As freguesias rurais de Irajá e Inhaúma, onde se localizavam as estações da Pedro II, cresciam, no mesmo período, a taxas, respectivamente, de 122 e 135%, superiores, portanto, ao conjunto da cidade, que crescia 90%, conforme nos informa Maurício Abreu.

Em 1937, quando a eletrificação das linhas dos trens cariocas se afirmou, o movimento anual de passageiros era de 32 milhões, chegando a 137 milhões em 1945. A superlotação, decorrente do aumento acentuado de passageiros e da falta de investimentos na aquisição de novas composições, caracterizou a situação de sobrecarga do sistema ferroviário, agravada pela precária manutenção geral dos vagões. Essa combinação de fatores foi fonte dos quebra-quebras que marcaram a história dos serviços de trens no Rio de Janeiro. A pesquisadora Maria Laís Pereira da Silva cita um relatório técnico da década de 1950 que chega a afirmar: "Atualmente é impossível garantir-se que um trem correrá no seu horário, ou que, chegando à estação de D. Pedro II, poderá voltar imediatamente." A qualidade do serviço dissociava os trens da precisão dos relógios.

Além da Central do Brasil, o subúrbio do Rio foi atendido também pela Estrada de Ferro Leopoldina, o que deu origem às expressões Subúrbios da Central e da Leopoldina. Enquanto os ramais da Central se dirigem em direção à Zona Norte e Oeste do Rio de Janeiro, pelos ramais de Deodoro e Santa Cruz, além de fazer a integração com os municípios da região metropolitana, pelos ramais de Belford Roxo e Japeri, o ramal da Leopoldina com destino final em Saracuruna, segue por Bonsucesso para a região da Penha e adjacências, tomando o rumo

leste em direção ao município de Duque de Caxias. A Leopoldina, por atravessar terras bastante embrejadas, apresentou um tráfego suburbano muito inferior ao da Central.

Ao lado do grande sistema suburbano de ferrovia, outras empresas menores, de atuação mais local, foram criadas nos bairros da cidade, como a que chegava ao Alto da Tijuca. Hoje, a única em funcionamento é a Estrada de Ferro Corcovado, que iniciou a circulação de seus trens em 1884, saindo da estação Cosme Velho. Mais de 15 concessões foram fornecidas na cidade entre 1870 e 1910, o que indica que o negócio urbano dos trens parecia promissor.

Mas nem só ao longo dos trilhos de trem crescia o Rio de Janeiro. Em 1856, o médico inglês Thomas Cochrane obteve a primeira concessão pública para criar uma linha de veículo sobre trilhos de ferro por tração animal, inaugurada no ano seguinte com dois veículos importados da Inglaterra, ligando o Centro à Tijuca. A novidade dos trilhos urbanos teve dificuldade de aceitação e, em 1866, a empresa encerrou seu serviço.

Várias concessões se seguiram até que algumas empresas se consolidaram. A partir de 1868, a região da Zona Sul será dominada pela Companhia do Jardim Botânico, fazendo a ligação do Centro até a Gávea, construindo o Túnel Velho, em 1892, para criar a linha de Copacabana. Na Zona Norte, a partir de 1873, a Companhia de São Cristóvão passou a atender aos bairros do Caju e Catumbi, seguindo em direção à Tijuca. No mesmo ano, iniciou-se a ligação do Centro com a região do Engenho Novo e Andaraí, pela Companhia de Vila Isabel, empresa do Barão de Drummond. Foi ele o promotor do empreendimento imobiliário de criação do bairro de Vila Isabel, e que mais tarde incorporaria ainda o controle das linhas de bonde de Cachambi, Boca do Mato e Méier, além de Jacarepaguá. No Centro, a Companhia de Carris Urbanos foi constituída em 1878, a partir da fusão de concessionárias anteriores, mantendo linhas que circulavam até a região portuária e a Praça da Bandeira, concentrando sua atenção no transporte de cargas.

Nas áreas mais próximas ao Centro, portanto, bairros nasciam simultaneamente à chegada dos bondes, como Copacabana, na Zona Sul, e Vila Isabel, na Zona Norte, expondo as relações entre transportes públicos e especulação imobiliária.

Inicialmente movidos a tração animal, a partir de 1892 os bondes passam a circular com energia elétrica. A primeira dessas linhas foi a que ligava o Largo do Machado ao Largo da Carioca, por meio do funcionamento de uma usina de energia a vapor construída na Rua Dois de Dezembro, no bairro do Flamengo. Em 1896, a eletrificação da linha de Santa Teresa inaugura a passagem pelos Arcos da Lapa.

Daí em diante a eletricidade mudou o padrão do negócio empresarial. O resultado foi a consolidação do monopólio dos serviços de bonde na cidade pela The Rio de Janeiro Tramway Light and Power Company, criada em 1905, e controlada por empresários estrangeiros do ramo da eletricidade, o que foi decisivo para todas as linhas serem eletrificadas.

A eletrificação e o monopólio integraram as linhas, concentraram as garagens, uniformizaram as bitolas e empregaram carros com capacidade para levar mais passageiros. Em 1928, a Light and Power adquire o controle da última linha de bonde de burros que ainda funcionava para Madureira. A linha da Ilha do Governador foi a única que escapou do monopólio.

Além do negócio empresarial, o surgimento do bonde elétrico despertou na sociedade urbana um fascínio pela tecnologia, que transformou atitudes. Machado de Assis, em crônica publicada em *A Semana*, no dia 16 de em outubro de 1892, descreveu o que foi chegar à Praia da Lapa num bonde comum e encontrar um dos elétricos:

> Era o primeiro que estes meus olhos viam andar.
> Para não mentir, direi que o que me impressionou, antes da eletricidade, foi o gesto do cocheiro. Os olhos do homem passavam por cima da gente que ia no meu bonde, com um grande ar de superioridade. Posto não fosse feio, não eram as prendas físicas que lhe davam aquele aspecto. Sentia-se nele a convicção de que inventara, não só o bonde elétrico, mas a própria eletricidade.

Apesar de ser um símbolo de modernidade na cidade, o serviço de bondes não escapou do julgamento crítico dos usuários. Maria Laís Pereira da Silva cita matéria do jornal *Gazeta da Tarde*, publicada em 1909, em que se registra: "Os bondes, os célebres bondinhos do Méier continuam, sem exemplo, a trafegar sem horário, sem luz e em péssimo estado de conservação..." Portanto, tal como os trens, a pontualidade não era uma qualidade do serviço de transporte público, mas servia de medida da falta de limpeza e até das falhas de fornecimento de energia elétrica na cidade.

Em pouco tempo, os bondes se tornam o mais importante meio de transporte na cidade, alcançando, entre 1886 e 1896, quase 73 milhões de passageiros, enquanto os trens respondiam por menos da metade. Os bondes se espalham por toda a cidade, até mesmo em áreas servidas pelos trens.

Na década de 1940, Noronha Santos nos dá números mais impressionantes. Naquele ano, os bondes foram responsáveis por mais de 470 milhões de viagens, os trens da Central do Brasil, 94 milhões, e os da Leopoldina, apenas 23 milhões. Os ônibus, entretanto, já respondiam por pouco mais de 50 milhões de passageiros.

De toda forma, até a década de 1960, quando o transporte rodoviário passou a dominar a forma de deslocamento dos cariocas, foram os trilhos que impuseram a conformação física da cidade e, posteriormente, da sua região metropolitana.

Nessa altura, trens e relógios já estavam completamente dissociados. De modo inusitado, e sem a marca da pontualidade britânica, a vida no trem caracterizou as relações de trabalho no Rio de Janeiro, o que foi resumido no samba de Paquito e seus parceiros, Estanislau Silva e Artur Vilarinho, gravado em 1941:

"*Patrão, o trem atrasou...*"

BIBLIOGRAFIA

ANDRADE, Carlos Fernando. Evolução urbana de Nilópolis. *Anais do Seminário de História do Urbanismo.* Rio de Janeiro: 1996.

ABREU, Maurício de Almeida. *A evolução urbana do Rio de Janeiro.* Rio de Janeiro: IPP/Jorge Zahar, 1987.

SILVA, Maria Laís Pereira. *Os transportes coletivos na cidade do Rio de Janeiro*; tensões e conflitos. Rio de Janeiro: Prefeitura da Cidade do Rio de Janeiro (Biblioteca Carioca), 1992.

SANTOS, Noronha. *Meios de transporte no Rio de Janeiro.* Rio de Janeiro: Prefeitura da Cidade do Rio de Janeiro (Biblioteca Carioca), 2v. 1996.

SANTOS, Leonardo Soares dos. Os subúrbios do Rio de Janeiro no início do século XX. *Mneme, Revista de Humanidades*, v.12, n. 30 (jul./dez) 2011. Disponível em: file:///C:/Users/pknauss/ Down loads/1265-4486-1-PB.pdf

CARLOS FERNANDO ANDRADE
é arquiteto e urbanista, mestre e doutor em Urbanismo (PROURB-UFRJ).

Peça ornamental produzida pela Fábrica Santo Antônio, do Porto, Portugal.

Pinha de faiança esmaltada

Museu do Açude/ Museus Castro Maya

C. 1870/1930

Ana Pessoa

A pinha é uma peça ornamental que imita o fruto do pinheiro, de forma aproximadamente cônica ou ovoide, decorada com escamas ou saliências, e que pode ser confeccionada em vários materiais. Em cerâmica, a pinha integra o conjunto de ornatos utilizados para remate de edifícios em cornijas, frisos, pilares de portões, extremidades de balaustradas, frontões ou diretamente aplicados sobre o telhado, produzidos em Portugal, e importados no século XIX para decorar propriedades no Brasil.

Um exemplo típico pode ser encontrado no Museu do Açude, casa de campo do Raymundo Castro Maya (Paris, 1894-Rio de Janeiro, 1968), bacharel em direito, editor de livros, mecenas, colecionador de arte, industrial e empresário dono da Companhia Carioca Industrial. De 1920 até 1968,

Castro Maya adquiriu e colecionou objetos de arte oriental, brasileira, europeia, azulejaria e artes aplicadas que compõem grande parte do acervo dos Museus Castro Maya: o Museu do Açude, criado em 1964, e o Museu Chácara do Céu, fundado em 1972.

O Museu do Açude está localizado na Floresta da Tijuca, em propriedade herdada por Castro Maya, que reformou a antiga construção, acrescentando arcadas e criando beirais com telhas de louça policromada portuguesa, para adaptá-la ao gosto neocolonial, movimento estético do início do século XX, voltado para o resgate da arquitetura e dos motivos decorativos da época colonial para uso contemporâneo.

O acervo do Museu do Açude reúne importantes coleções de mobiliário brasileiro dos séculos XVIII e XIX, de painéis de azulejos portugueses no Brasil e de peças de cerâmica conhecida como *louça do Porto*, um tipo de faiança ornamental fabricada nas cidades do Porto e de Vila Nova de Gaia.

A pinha integra essa última coleção que, como comenta o catálogo da instituição, tem grande valor pela "quantidade e tipologia das formas, modelagem e decoração", e é composta por "vasos, estátuas, pinhas, globos, cachorros, leões, grifos e águias, provenientes de demolições ou de encomenda às fabricas que estenderam sua produção aos tempos modernos".

Difundidas com o Romantismo português, as pinhas são peças em cerâmica que, como comenta Ana Margarida Domingues, substituem os raros remates até então produzidos em pedra, e que se popularizam como ornamentação de jardins e fachadas de obras públicas e privadas em Portugal e no Brasil. Ainda que se tenha notícia da produção, no Rio de Janeiro, de ornatos para "chácaras, jardins, portões, terraços, platibandas e frontispícios", como anunciado, em 1853, por José Gory, no *Almanak Laemmert*, a disseminação dessas peças se deu por intermédio de sua importação, em especial de Portugal, onde já eram produzidas em larga escala.

Da coleção do Museu do Açude, cinco foram produzidas pela Fábrica de Santo António de Vale de Piedade, conhecida como Fábrica de Santo Antônio que, assim como outras cerâmicas do Porto e arredores, como a Fábrica da Massarellos, Fábrica de

Miragaia, Fábrica de Carvalhinho e Fábrica das Deveza José P. Valente, se desenvolveu no período entre o final do século XVIII e início do XX. Como observa Marilene Silva, do Instituto Portucale, ainda que tivessem produções distintas, as trajetórias das empresas se entrecruzavam na circulação de proprietários, artesãos e técnicos, e situações financeiras e comerciais.

A Fábrica de Santo António de Vale de Piedade é uma das mais antigas cerâmicas portuguesas, fundada em 1784, durante o governo pombalino, e no âmbito do apoio e protecionismo real à indústria. Após sucessivas posses, foi a partir da década de 1860 que teve início a produção de peças de ornamentação em relevo para interiores e exteriores, passando a fabricar azulejo, ornamentação para fachada e jardim, faiança fina ou louça de pó-de-pedra e grés. Suas atividades foram interrompidas em 1886, por força de um incêndio, mas retomadas em seguida, por novo proprietário, até 1930, quando a empresa entra em falência.

A fábrica tinha sua produção voltada para o Brasil, seguindo uma tradição de exportação de louça que já se beneficiara, em 1791, segundo João Pedro Monteiro, de isenção de taxas alfandegárias para a América portuguesa, a ponto de os produtos remanescentes dessa cerâmica serem mais abundantes no Brasil do que em Portugal.

A importação se dava por meio de armazéns e lojas de louças, que anunciavam suas mercadorias em jornais e almanaques. Em 1873, por exemplo, a firma Ricardo Graça & Cia, com depósito na Rua São José 60 e 61, informava aos leitores do *Almanak Laemmert* que vendia "azulejos alemães, franceses, holandeses e belgas e do Porto, lindos gostos", ao mesmo tempo em que oferecia "figuras, vasos, pinhas e globos de louças do Porto".

No Rio de Janeiro, o embelezamento dos jardins remetia aos hábitos aristocráticos adquiridos quando da chegada da corte à cidade, com a implantação de chácaras em terrenos que permitissem a instalação da "casa nobre", com ampla área de moradia e serviços, além de jardim bem-cuidado, enfeitado com fonte, estátuas e vasos, em pedra ou mármore. O novo hábito atingiria também as camadas médias que, em casas das chácaras, nem grandes ou luxuosas, cultivavam flores europeias ao lado de plantas e arbustos nativos, à sombra de árvores variadas, em meio a vasos e estátuas.

Ao longo do século XIX, com a expansão da cidade e o retalhamento dos lotes urbanos, as antigas chácaras senhoriais dão lugar a requintados solares e palacetes. Nas últimas décadas, surgem os chalés, resultado do romantismo afrancesado e da importação dos artefatos de ferro.

Nesse meio tempo, se consolida uma "cultura do jardim" e a disseminação dos artefatos cerâmicos portugueses, conforme saborosa evocação de Morales de Los Rios Filho, no seu livro *O Rio de Janeiro imperial*, ao comentar os jardins construídos nas encostas da cidade:

> Em alguns, os parapeitos eram constituídos de grades de ferro colocadas entre pequenos pilares de alvenaria, os quais eram encimados por peças de louça do Porto, branca ou amarela,

representando quimeras, as estações do ano, um esbelto Apolo, uma não menos bela Diana Caçadora ou uma puríssima Vesta. Outras vezes o motivo decorativo estava constituído de uma pinha, um vaso ou um globo, muito decorativos.

Por motivos técnicos e artísticos, a fabricação da *louça do Porto* foi cessando ao longo do século XX. Apesar da intensa produção, poucos exemplares dessas peças, em especial das pinhas cerâmicas, têm resistido ao tempo; expostas ao céu aberto e à ação de retiradas agressivas, as peças ficam irremediavelmente comprometidas.

Cabe, portanto, especial apreço e valorização das raras coleções preservadas, como a do Museu do Açude. ◈

BIBLIOGRAFIA

ALMANACK LAEMMERT, 1853; 1873.

DOMINGUES, Ana Margarida Portela. *A ornamentação cerâmica a arquitetura do romantismo em Portugal.* Tese de Doutoramento em História da Arte. Faculdade de Letras da Universidade do Porto, 2009.

FUNDAÇÃO RAYMUNDO OTTONI DE CASTRO MAYA. *Museus Castro Maya*: Museu do Açude, Chácara do Céu. Rio de Janeiro: Agir, 1994.

MORALES DE LOS RIOS FILHO, Adolfo. *O Rio de Janeiro imperial.* 2ª ed. Rio de Janeiro: Topbooks: UniverCidade, 2000.

MONTEIRO, João Pedro. O Brasil como destino da cerâmica da Real Fábrica de Louça. *Revista Convergência Lusíada* nº. 24, 2º semestre, 2007. pp. 224-243.

SILVA, Marilene. "A cerâmica ornamental portuguesa do século XIX no Brasil: estudo a partir do acervo do Instituto Portucale", in PESSOA, Ana e RANGEL, Aparecida (org.). *III Encontro Luso-Brasileiro de Museus Casas: espaço, memória e representações.* Rio de Janeiro: Fundação Casa de Rui Barbosa, 2014.

ANA PESSOA é arquiteta, doutora em Comunicação e Cultura/ECO-UFRJ, pesquisadora da Fundação Casa de Rui Barbosa e coordenadora do grupo de pesquisa Casas senhoriais e seus interiores: estudos luso-brasileiros em arte, memória e patrimônio.

Feita em gesso e madeira, a maquete exposta em 1906 anunciava o "delírio de mármore, de ouro, bronze e cristal" que seria inaugurado três anos mais tarde.

Maquete do Theatro Municipal

Theatro Municipal do Rio de Janeiro
1905

Cláudio Figueiredo

Instalada no *foyer* do balcão nobre, no segundo andar do Theatro Municipal do Rio de Janeiro, uma maquete do próprio teatro ali exposta – uma peça discreta, toda branca, feita em madeira e gesso – não costuma atrair a atenção do público. E é compreensível que ela passe despercebida: um século depois de sua inauguração, com sua profusão de mármores, espelhos, dourados, esculturas, vitrais e peças trabalhadas em metal, o interior do teatro continua a monopolizar os olhares de frequentadores e visitantes, ocupados em tirar *selfies* com um pano de fundo exuberante e colorido.

Com cerca de 75cm de comprimento, 65cm de largura e 45cm de altura, a maquete traz na sua base a inscrição "Theatro Municipal. Em construção. F. de O. Passos". São poucos os que, antes do espetáculo ou nos intervalos, se detêm para examiná-la. E menos ainda aqueles que param para refletir que, em algum momento, aquela peça já existia quando tudo à sua volta, as colunas e os tetos, os portais e as escadarias, não passavam de uma visão na mente do arquiteto Francisco de Oliveira Passos ou, no máximo, de algumas linhas sobre uma folha de papel. Acondicionado numa caixa de vidro, o modelo – conservado durante anos no Museu dos Teatros, da Funarj – foi integrado ao acervo do Centro de Documentação do Theatro Municipal do Rio de Janeiro.

Os poucos frequentadores do teatro nos dias de hoje que se dão ao trabalho de examiná-la observam a maquete com uma curiosidade distraída. Contudo, os visitantes que se concentraram à sua volta numa certa segunda-feira, há mais de um século, no dia 12 de novembro de 1906, eram animados por vivo interesse e por uma intensa expectativa. Se os cariocas do século XXI hoje veem na maquete apenas uma relíquia de um passado precioso que se quer preservar, os populares do início do século, enxergavam naquela peça de gesso um futuro aguardado com ansiedade. Naquele dia, o canteiro de obras do teatro foi aberto ao público para uma ocasião especial: a visita de inspeção aos trabalhos pelo presidente da República Rodrigues Alves e pelo prefeito da Capital Federal, Pereira Passos, no âmbito das comemorações associadas à inauguração da Avenida Beira-Mar. Prevista para as quatro da tarde, a chegada das autoridades foi precedida pela abertura aos populares do prédio ainda em construção. "O teatro fora franqueado ao público ao meio-dia. A concorrência era extraordinária. Os populares varejaram todas as dependências, subindo até os últimos andaimes", informou o *Correio da Manhã*.

Guiada pelo arquiteto Oliveira Passos, autor do projeto do Theatro Municipal e filho do prefeito Passos, a comitiva presidencial visitou várias dependências da construção, inclusive o palco, que impressionou a todos pelas suas dimensões. Na sala ocupada pelos diretores e engenheiros, as autoridades apreciaram uma exposição improvisada, com modelos das esculturas de Rodolfo Bernardelli, representando A Comédia, A Dança, O Canto, A Tragédia e A Poesia, que seriam instaladas no exterior do teatro; assim como esboços a óleo e desenhos de Eliseu Visconti e de Henrique Bernardelli para a decoração interna, além, é claro, da maquete em gesso do próprio edifício do teatro.

Mais do que as obras de arte, o luxo mesmo dos materiais empregados – segundo os relatos dos jornais – foi o que mais pareceu impressionar os visitantes. A "riqueza levantina" era atestada por objetos como as amostras de vitrais executados na Alemanha, cerâmicas coloridas para o *plafond* das *loggias*, uma pilastra de mármore verde-claro e uma parte da balaustrada da escadaria principal. "Por aquela peça inteiriça de ônix encimada por uma cabeça artisticamente executada em bronze pode-se avaliar o que será o Theatro Municipal quando for construído", observou o repórter da *Gazeta de Notícias*. Tudo prenunciava "o delírio de mármore, de ouro, bronze e cristal" que deixaria maravilhado o cronista Luiz Edmundo.

Recebidos pela banda do Instituto Profissional Masculino, que executou o Hino Nacional no espaço que seria destinado à plateia, Rodrigues Alves e Pereira Passos deixaram o canteiro de obras e embarcaram no automóvel do prefeito sob os aplausos entusiasmados dos populares que os esperavam na saída. Os aplausos consagravam – mas não chegavam a abafar totalmente as objeções, as críticas e os ataques dirigidos ao que talvez tenha sido o mais polêmico dos projetos associados à controvertida campanha de reformas na Capital Federal. Reformas simbolizadas pelas obras visitadas naquela mesma tarde pelo presidente e pelo prefeito: o Pavilhão Mourisco, a Avenida Beira-Mar, a renovação do Passeio Público, o Palácio da Prefeitura na Praça da República, a Avenida Central, concluída no ano anterior, e, finalmente, o próprio Theatro Municipal, que só viria a ser inaugurado a 14 de julho de 1909.

Já naquela mesma noite, a Avenida Beira-Mar se encheria, segundo o *Jornal do Brasil*, de automóveis elegantes que "fonfonavam alegremente", senhoritas que "garrulavam pelo caminho", "ciclistas galhardos", "cavalheiros tesos e elegantes", todos "gozando a delícia da estreia do passeio mais pitoresco e salutar da América do Sul". Mais do que simplesmente prédios ou ruas, as obras proporcionavam um cenário no qual alguns cariocas pudessem viver, no dizer de um cronista, "a Idade do Ouro do bom gosto e da elegância" da cidade.

A reforma pela qual passava o Rio de Janeiro pareceu, a princípio, dividir a opinião pública entre saudosistas e progressistas. Quando, em sua marcha avassaladora, as obras chegaram ao Largo da Mãe do Bispo (a atual Cinelândia), houve quem se preocupasse com a desfiguração de certo passado da cidade. Olavo Bilac não estava entre estes. "Na cidade continuam as demolições – comemorou o poeta numa crônica publicada na *Gazeta de Notícias*. – Agora já a vetusta Rua da Guarda Velha [atual Rua Treze de Maio] começa a ser desafogada. Talvez haja quem lamente a queda daqueles pardieiros medonhos – porque neste mundo extravagante não falta quem goste do que é abominável. Eu por mim confesso que, a cada golpe das picaretas demolidoras, sinto um alívio no coração." Também ele prezava as tradições, apressava-se a explicar o poeta. Contudo, na sua visão, "a tradição, para viver perpetuamente, não carece de ficar materializada em casas medonhas, em ruas tortas, em exemplares de arquitetura teratológica".

O Municipal nasceu de um projeto, a princípio, modesto: a intenção inicial de Pereira Passos tinha sido a de transformar o antigo Theatro São Pedro (no local ocupado pelo Teatro João Caetano) numa casa à altura da Capital Federal. "A nossa cidade não oferece o conforto e os prazeres que deveria ter, como os que oferece Buenos Aires", declarou o prefeito Passos a um repórter. "Não possuímos teatro digno desse nome", opinava ele em 1903. Menos de um ano depois, no entanto, decidiu-se por um teatro inteiramente novo, instalado na cabeceira da Avenida Central, cercado por construções como a Escola Nacional de Belas Artes e a Biblioteca Nacional. Três principais remanescentes do estilo eclético que caracterizou as realizações arquitetônicas da Belle Époque carioca, os edifícios, não por acaso, simbolizavam um determinado legado cultural ao qual a jovem república desejava ver associada a sua capital.

Num processo polêmico, o edital para a construção do teatro resultou na premiação dos projetos "Áquila", de Francisco de Oliveira Passos – filho do prefeito – em primeiro lugar; e "Isadora", de autoria do arquiteto francês Alberto Guilbert, em segundo. Por decisão da comissão julgadora, os dois projetos viriam a ser fundidos num só, cuja

inspiração mais direta vinha da Ópera Nacional de Paris, de autoria de Charles Garnier.

Tanto a escolha do arquiteto como a própria decisão de construir um novo teatro foram, desde o primeiro momento, alvo das críticas mais veementes. "Sabem quem é o Chico? É o filho do prefeito da Capital Federal. (...) Como podia ser ele o autor de um projeto daquela ordem, se, fechado em um quarto, será incapaz de fazer uma planta de uma casa de sapê?" – atacava um adversário de Passos no Conselho Municipal. Já o *Jornal do Commercio* anunciava seu veredicto: "A cidade tem enormes exigências de higiene e os seus recursos não devem ser desperdiçados em obras dessa natureza." Atropelando as objeções e o ceticismo com a mesma desenvoltura com que estourava prazos e orçamentos, a obra seguiu em frente.

O Theatro Municipal, contudo, não teve sua origem apenas na inveja que a cidade sentia de Buenos Aires ou na ambição de seguir padrões parisienses. Na consciência da opinião pública, sua existência se confundia com a cruzada empreendida durante anos por Artur Azevedo. Na imprensa e em diferentes tribunas, o teatrólogo havia defendido a necessidade de um teatro que fosse o lar por excelência da dramaturgia brasileira, nos moldes da Comédie-Française, com uma companhia e uma escola de dramaturgia próprias. Artur Azevedo viria a morrer antes da inauguração do teatro, não chegando, por isso a assistir à derrota de seu projeto.

A polêmica, no entanto, prosseguiu até a véspera da inauguração, quando o caricaturista, catedrático de direito e também dramaturgo Raul Pederneiras endereçou uma carta aberta ao então presidente Nilo Peçanha para protestar contra o menosprezo demonstrado pelos valores da cultura brasileira. Nela se referia àquele "pomposo e absorvente edifício" que, amparado "na imparcimônia de um período perdulário, se ostenta atualmente na Avenida Central, com o título de Theatro Municipal". A indignação com a inexistência de uma companhia própria só fez aumentar com a anunciada decisão de estrear a nova casa com uma companhia teatral estrangeira, liderada pela atriz francesa Gabrielle Réjane. Constrangidas pelas críticas, as autoridades e a elite da capital – tendo investido todos os esforços na criação daquele edifício-monumento – agora pareciam se dar conta de que, uma vez construída aquela magnífica embalagem, era preciso decidir o que iriam colocar dentro dela.

A solução improvisada para satisfazer a autoestima nacional foi anunciada apenas três dias antes da abertura da nova casa. Especialmente concebido para a noite de inauguração, o programa incluiria entre outras coisas um discurso do "príncipe dos poetas" Olavo Bilac; um poema sinfônico do maestro Francisco Braga, *Insônia*; um trecho da ópera *Condor*, de Carlos Gomes, e a ópera em um ato *Moema*, de Delgado de Carvalho. O Theatro Municipal não viria a ser, afinal, a casa da dramaturgia brasileira com a qual sonhara Artur Azevedo, mas encontraria e construiria sua verdadeira vocação ao se dedicar à música erudita e à dança, criando e mantendo orquestra, coral e corpo de baile próprios. Pelo seu palco passaram mitos como Enrico Caruso, Vaslav Nijinsky, Anna Pavlova, Isadora Duncan, Arturo Toscanini, Igor Stravinsky, Pablo Casals e Maria Callas. Mais importante, ao longo de décadas formaram-se no Theatro Municipal gerações de plateias e de artistas brasileiros. No entanto, poucas vezes como naqueles dias nervosos da véspera da inauguração, a cultura da elite da época viveu de forma tão reveladora e em tom de farsa a sua crise de identidade, como uma personagem de um *vaudeville* barato, que, atônita e confusa, entra e sai do palco, vestindo ora um figurino, ora outro, eternamente à procura de seu papel.

BIBLIOGRAFIA

DEL BRENNA, Giovanna Rosso (org.). *O Rio de Janeiro de Pereira Passos: uma cidade em questão II*. Rio de Janeiro: PUC-RJ, 1985.

SANTOS, Nubia Melhem (org.). *Theatro Municipal do Rio de Janeiro: Um século em cartaz*. Rio de Janeiro: Jauá Editora, 2011.

CLÁUDIO FIGUEIREDO é jornalista e tradutor, autor de *Entre sem bater: a vida de Aparício Torelly, o Barão de Itararé*, (Casa da Palavra) e coautor de *Theatro Municipal do Rio de Janeiro: um século em cartaz* (Jauá Editora).

Em feltro e com as cores da Bandeira Nacional, a flor foi confeccionada pela filha de Benjamin Constant, um dos fundadores da República.

Flor positivista

Museu Casa de Benjamin Constant

1908

Marcos Felipe de Brum Lopes

Em 1908, um positivista no Rio de Janeiro recebeu uma flor. Artesanal, o pequeno presente fora feito de feltro e tinha as cores da Bandeira Nacional: caule e folhas verdes, pétalas amarelas presas ao centro azul, como a esfera armilar. Delicadas linhas brancas em cruz insinuam as estrelas e um pequeno anel branco remete à faixa que, na bandeira oficial, contém o lema *ordem e progresso*.

A autora, Bernardina Botelho de Magalhães (1873-1928), era uma das cinco filhas de Benjamin Constant Botelho de Magalhães e Maria Joaquina Botelho de Magalhães. Muito atenta ao que se passava ao seu redor, desde menina cultivava diários através dos quais podemos revisitar seu cotidiano, as aulas de costura e bordado e os dias que precederam a proclamação da República. Em 1908, confeccionou a flor verde, amarela, azul e branca. Como consta da documentação, a flor foi doada ao museu por Henrique Miranda, filho de Manoel.

Manoel Tavares da Costa Miranda nasceu em Canguaretama, Rio Grande do Norte, também em 1873. Positivista, militar e muito próximo da família de Benjamin Constant, fez carreira no serviço público, defendeu a República contra os movimentos de restauração da monarquia e atuou significativamente na construção do culto aos símbolos nacionais, sendo considerado o criador do Dia da Bandeira, à época chamado de Festa da Bandeira. Estava aí a razão para ter recebido o presente: Bernardina via no ato de Manoel uma luta que fora de seu pai, Benjamin Constant, postumamente incluído no conjunto de heróis brasileiros como o Fundador da República.

Bernardina já tinha uma história particular com a Bandeira Nacional, pois participara da confecção do novo símbolo pouco tempo depois da proclamação da República. Logo após o 15 de novembro de 1889, os gabinetes do Governo Provisório se ocupavam discutindo o desenho da flâmula; no âmbito privado, as meninas de Benjamin tomavam lições de bordado. Certo dia, registrou Bernardina em seu diário que saíra com sua mãe, a irmã e a professora de costura "para tratar os preparos da bandeira e mandar fazer o risco do bordado".

O pavilhão nacional nasceu em meio a polêmicas e ataques públicos aos seus idealizadores, os positivistas. Tantas foram as críticas e mesmo piadas que circulavam na imprensa e no boca a boca carioca, que Raymundo Teixeira Mendes, mentor ideológico do novo desenho da bandeira, se viu obrigado a publicar um artigo para se defender. Baseado nas ideias de Augusto Comte, criador do positivismo, buscava de uma vez por todas consolidar publicamente a bandeira da pátria.

Dezenove anos depois, em 1908, quando começaram as festividades em homenagem à bandeira no Rio de Janeiro, os símbolos ainda estavam por firmar-se. Ao que parece, a Festa da Bandeira não surgiu para comemorar um símbolo amado, mas sim para ensinar a amá-lo. Em seu esforço, os positivistas de então chegaram a formar uma Comissão Glorificadora do Natalício da Bandeira da República e a imprensa registrou a participação popular nos festejos. Foi esse o contexto no qual Bernardina transformou o símbolo oficial numa flor.

A flor é um dos mais ricos símbolos das culturas humanas, tão rico que dificilmente pensamos nela como a estrutura reprodutora das plantas. É muito mais um símbolo de afeto, de estética, de perfume, às vezes de efemeridade, de nascimento e também de morte. Relaciona-se sempre com algo externo e bem maior que ela própria, muitas vezes com coisas tão abstratas – mas nem por isso menos reais – quanto o amor. Flores fazem parte do cotidiano e, portanto, são capazes de mediar culturalmente diversas experiências, integrando uma vasta iconografia.

É bastante significativo que a filha do Fundador da República tenha escolhido uma flor para celebrar a bandeira, sobretudo porque, no século XIX e início do XX, era comum que as mulheres se dedicassem ao conhecimento da simbologia das flores. Se for possível relacionar o objeto com uma flor de verdade, duas possibilidades se apresentam. A primeira delas é a centaurea, pelo formato das pétalas repicadas. Nos dicionários dos significados das flores do século XIX, a centaurea simboliza a felicidade suprema. Originária da Turquia, ela também pode simbolizar o céu, o que é, no mínimo, sugestivo, já que a bandeira do Brasil, na sua versão republicana, representaria o céu do Rio de Janeiro no dia 15 de novembro de 1889.

A segunda possibilidade é a rosa, menos pelo formato e mais pelo significado, já que a rosa vermelha é o símbolo do positivismo. Ela talvez seja a melhor representante do amor. Três rosas (uma em botão, uma semiaberta e a última plenamente aberta) significam a mãe, a esposa e a filha; ou o passado, o futuro e o presente. São, enfim, os laços afetivos da família e a concepção filosófica do tempo. Vale registrar que o pensamento positivista é quase sempre formado por tripés: por exemplo, as famílias, como unidades, formam a pátria, e as pátrias formam a humanidade. Por sua vez, o caminhar da humanidade é marcado pelos três tempos filosóficos: experiências passadas, um presente transitório rumo a um futuro positivo. A figura estruturante da família é a mulher, assim como são mulheres as figuras da pátria e da humanidade. E assim retorna-se à flor, símbolo do feminino e do amor.

Com toda a delicadeza de um pequeno objeto museológico de feltro, a flor republicana reveste-se de elementos simbólicos que eram muito importantes para os positivistas como Manoel Miranda e todos os outros que, como ele, investiram num civismo patriótico de veneração e profundo respeito pelos emblemas nacionais. O culto positivista evoca um momento no qual todos os cidadãos dirigiriam seus olhares para o símbolo e, então, formariam uma pátria. O amor à bandeira produz o amor cívico, pois todos estariam reunidos em torno do mesmo sentimento.

Assim, o evento de 1908 – celebrado no âmbito íntimo das afeições pessoais entre Bernardina e Manoel – tinha o objetivo público de uniformizar o culto à bandeira, instituindo um horário para que o símbolo fosse hasteado em vários locais da cidade com participação de alunos, professores, militares e população das ruas cariocas. As escolas receberam circular do diretor da Instrução Pública, Leôncio Correia, com orientações sobre como proceder com as homenagens. As professoras que aderiram aos festejos leram sonetos em saudação à bandeira e mobilizaram os alunos, que entoaram os hinos nacional e à bandeira.

Nessa altura, o Diário Oficial registra ordens para que navios e fortalezas dessem salvas de tiros e para que vários setores das Forças Armadas cultuassem a bandeira ao meio-dia. Sessões solenes no Senado e na Câmara do Comércio também cultuaram o símbolo. O tom das matérias valoriza a adesão popular aos eventos. O *Correio da Manhã* relata, em 20 de novembro de 1908, que "não só nos estabelecimentos oficiais foi prestada homenagem ao símbolo da Pátria. Também os particulares arvoraram a bandeira, rendendo-lhe culto de amor cívico. O Povo associou-se de coração

ao júbilo do dia e, em muitas ruas, à noite, vimos fachadas brilhantemente iluminadas".

De acordo com a imprensa, tudo seguia como desejavam os líderes do movimento, cujo apelo foi assim descrito nas páginas de *O Paiz*, do dia 14 de novembro de 1908: "sabemos que a comissão que tomou a seu cargo a realização dessa festa cívica, não fará convites especiais, mas dirigirá um apelo público a todos os cidadãos para que individualmente ou grupados nas sociedades, institutos e estabelecimentos, que dirigem ou de que fazem parte, se associem à patriótica comemoração, fazendo em suas sedes, ao meio-dia em ponto, o levantamento da bandeira nacional, segundo o programa que adotarem no sentido de dar ao ato a maior solenidade em meio do mais vivo entusiasmo cívico".

As fotografias mostrando a movimentação na cidade do dia 19 de novembro de 1908 apareceram na revista *O Malho* datada do dia seguinte. Vemos ajuntamentos de pessoas em alguns dos lugares mais importantes da Capital Federal, o que sublinha o apelo popular que os idealizadores das festas almejavam. Era preciso formar um povo patriota e cívico, ordeiro e reverente. A Avenida Central, as obras do Porto, o Palácio do Catete e a Prefeitura foram os locais selecionados pela revista para retratar os vivas à bandeira e à República.

As imagens e os relatos do culto cívico nesta e em outras publicações estabelecem os papéis sociais dos participantes. A elite intelectual e a classe política lideram os acontecimentos. A força policial desfilava nas ruas sua reverência, sua marcha ordeira e, é claro, suas armas, mas também limitava o campo de ação dos participantes. O povo aparece como gente devotada, que segue o pavilhão, na maioria homens com seus chapéus ou alunos e alunas das escolas. Fica a impressão de que a bandeira do Brasil seria o norte da bússola nacional, que deveria ser seguido com abnegação patriótica.

Teria Bernardina pensado nisso? Indicaria o presente dado a Manoel a abnegação passiva e a humildade que, de acordo com os dicionários de símbolos, são dois dos atributos das flores? Traduziria esse objeto o pacifismo e o altruísmo caros aos positivistas? Não pregava o próprio positivismo o "viver para outrem", "o amor por princípio" e um "viver às claras"? O que teria acontecido com esse projeto pátrio dos positivistas?

Há duas referências a flores que podemos relacionar com o momento político vivido pelo Rio de Janeiro e pelos positivistas, a partir do diário de Bernardina. No poema *Pensamentos de uma flor*, de Clotilde de Vaux, musa inspiradora de Augusto Comte, a flor diz: "tenho o primeiro olhar do rei da natureza". O rei da natureza é o sol. Em homenagem a Benjamin Constant feita em 17 de novembro de 1889, os alunos da Escola Militar fazem referência ao "sol da Liberdade" e, em seguida, afirmam: "Flores, só flores juncam o solo puro por onde, vitorioso, haveis passado, conquistador sem rival, conduzindo um povo desgraçado à terra da promissão".

Essas vozes do século XIX ecoaram em 1908, numa veneração póstuma aos autores do decreto que instituiu o pavilhão republicano. Feita pela Comissão Glorificadora do Natalício da Bandeira da República, lembrava as ações patrióticas nos idos de 1889 e os heróis Deodoro da Fonseca, Benjamin Constant, Aristides Lobo, Eduardo Wandenkolk, Rui Barbosa, Quintino Bocaiúva e Campos Salles.

Se esses líderes que deveriam guiar o país para uma terra prometida não eram unanimidade em 1889, podemos sugerir que também não o era a devoção aos símbolos nacionais que eles esperavam, em 1908. No dia 20 de novembro deste ano, lemos na folha *O Suburbio*: "pena é que em todas as escolas municipais não se prestasse essa reverência como determinou o dedicado e ilustre diretor de instrução. Sabemos que algumas escolas em diferentes zonas que, além de não terem mastros nem bandeiras, as professoras não ligaram importância às ordens emanadas pela diretoria de instrução, o que assinalamos aqui para que tal abuso não continue em outras comemorações".

Talvez seja ainda mais interessante a reação deixada em manuscrito na edição sobre a Festa da Bandeira publicada no número de 28 de novembro de 1908 da *Revista da Semana*: "quanto [*sic*] vagabundos", registrou em protesto um leitor que, hoje, não podemos mais identificar, bem abaixo da fotografia que mostra os cariocas reunidos na Avenida Central, dando vivas à bandeira. Para esse leitor anônimo o lugar dos desocupados amantes de símbolos, ao meio-dia, deveria ser a fábrica, a loja, talvez o cais do porto, não as ruas.

Nessas visões da participação popular na vida pública estão em jogo o que significaria ser um cidadão da República. Interromper o andamento do dia para que todos olhassem juntos a bandeira, em culto cívico? Ou manter o ritmo cotidiano urbano no qual o trabalhador continua a produzir? De um lado ou de outro, as regras do jogo vêm da elite iluminada e dirigente, classe economicamente dominante que guia um povo abnegado e pacífico.

Há pouco tempo vimos no Rio de Janeiro a Bandeira Nacional instrumentalizada de várias formas, servindo de suporte e baluarte das manifestações populares. Que interesses poderiam estar representados nela, no Rio de Janeiro e no Brasil do século XXI? Teremos ido longe demais, partindo só de uma pequena flor?

BIBLIOGRAFIA

MAGALHÃES. Bernardina Botelho de. *O Diário de Bernardina: da Monarquia à República pela filha de Benjamin Constant.* Rio de Janeiro: Jorge Zahar, 2009.

MARCOS FELIPE DE BRUM LOPES
é doutor em História Social pela Universidade Federal Fluminense, atuando nas áreas de história visual e história da República no Brasil. Historiador do Museu Casa de Benjamin Constant/IBRAM/MinC, foi bolsista Fulbright Scholar-in-Residence e professor visitante na Spokane Comunity College, Washington, EUA, em 2015 e 2016.

As embalagens do início do século falam de uma época em que o fumo era associado à juventude, à saúde e a atividades esportivas.

Carteira de cigarros *Sport*

Arquivo Nacional

1908

Rafael Cardoso

A coleção de "privilégios industriais" pertencente ao Arquivo Nacional detém extensa documentação referente a pedidos de registro de propriedade intelectual. São milhares de projetos e protótipos enviados à Junta Comercial do Rio de Janeiro, entre o final do século XIX e o início do século XX. Muito antes de existir o Instituto Nacional da Propriedade Industrial (INPI) – e mesmo sua antecessora direta, a Diretoria Geral da Propriedade Industrial, criada em 1923 – o registro de patentes e marcas era efetuado no Brasil seguindo os dispositivos de duas leis principais: a primeira Lei de Marcas, de 1875, e a nova Lei de Patentes, de 1882, que veio substituir a antiga Lei de Privilégios de Invenção, de 1830. Entre outras disposições, essas leis previam o depósito na Junta Comercial de exemplares das marcas e rótulos, modelos de invenção e protótipos, que serviriam para estabelecer titularidade e dirimir prioridade em casos de contrafação ou cópia. Transferidos posteriormente para o Arquivo Nacional, esses materiais formam a base de duas coleções preciosas: a de privilégios industriais (PI) e a de indústria e comércio (IC), a primeira contendo modelos de utilidade para patentes e a última contendo álbuns com rótulos e marcas registradas.

A carteira de cigarros *Sport* recebeu seu registro em 7 de novembro de 1908. O protótipo foi depositado por certo Oscar Trinas – estabelecido no Rio de Janeiro a partir de 1903, segundo o *Almanak Laemmert*, como negociante na categoria de charutos, cigarros e fumos e, posteriormente, nos anos 1914 e 1915, como agente comercial – o qual agia presumivelmente como representante da firma Souza Cruz & Cia., fabricante dos cigarros. Há indicações na peça que sugerem se tratar de um exemplar oriundo de fabricação e comercialização regulares, separado

para fins de registro, e não apenas um modelo. Os principais indícios nesse sentido são o pedaço de um selo de imposto, que permanece colado na aba de fechamento da carteira, e a curiosidade de conter os cigarros originais – fato raro. A qualidade de construção e acabamento da peça corrobora essa hipótese, já que diversos protótipos pertencentes à mesma coleção são simples "bonecas", ou seja, propostas ou esboços de ilustrações para embalagens, muitas vezes sem impressão nenhuma. No caso do artefato em questão, a impressão colorida, de boa qualidade, foi realizada na empresa F. Borgonovo, conhecida litografia comercial, cuja assinatura aparece na parte dianteira da carteira, abaixo da ilustração com os remadores. A julgar por sua aparência e características físicas, portanto, é provável que embalagens como essa tenham sido produzidas e distribuídas em maior escala.

Para além das questões técnicas de natureza gráfica, comercial e jurídica – intrincadas demais para serem tratadas aqui – o que esse pequeno objeto tem a dizer sobre o contexto em que foi fabricado e utilizado? Para uma perspectiva de século XXI, salta aos olhos a incongruência de ver o consumo de cigarros associado a atividades esportivas. Porém, o uso do esporte para fazer propaganda de derivados de tabaco só foi proibido, no Brasil, muito recentemente. Qualquer um com idade suficiente se recordará do largo emprego dessa estratégia de *marketing* para anunciar outras marcas do mesmo fabricante – em especial, os cigarros *Hollywood*, nos anos 1980 e 1990. No contexto brasileiro de 1908, a ligação entre esporte e fumo não é nada estranha ou irônica. Antes, é indicativa de outras associações: de ideias de lazer e diversão, juventude e novidade, liberdade e boemia. Em uma palavra, de modernidade.

Quem estuda a história esportiva no Brasil tampouco estranhará o fato de que os esportes representados sejam o remo e o turfe. Entre meados do século XIX e as primeiras décadas do século XX, estas foram as modalidades esportivas mais populares no Rio de Janeiro. O *football*, como costumava ser grafado à época, ainda era visto por muitos com desconfiança, como importação estrangeira, como demonstra a famosa campanha conduzida por Lima Barreto e sua Liga Brasileira Contra o Futebol, entre 1920 e 1922. O consumidor de 1908 que olhasse para a carteira de cigarros *Sport* enxergaria nas ilustrações cenas empolgantes evocativas do cotidiano carioca. Na face dianteira da caixa, aparecem rapazes fortes e saudáveis a remar numa Baía de Guanabara idealizada, sob um sol de raios realmente fúlgidos. Na outra, cavalos a galopar, instados por seus jóqueis em vestes coloridas, diante de um prado que talvez remeta ao Derby Club, do Maracanã, ou ao antigo Jockey Club, no Engenho Novo.

O principal indício de modernidade, em termos arte-históricos, reside no *layout* colorido da carteira. A disposição do nome *Sport*, em vermelho vibrante, contra um plano amarelo saturado, foge dos esquemas característicos das embalagens de cigarros do período anterior à década de 1900, geralmente mais intrincados e carregados de detalhes. Também o letramento – em especial, o dos dizeres "Sport", na frente, e "sublimes" e "ponta de cortiça", em baixo e em cima da caixa, respectivamente – remete a uma estética modernizante que sugeria jovialidade e irreverência para os padrões gráficos da época. Irregular, assimétrico e arredondado, flertando com sugestões de sinuosidade e movimento na forma com que emprega recursos de contorno e sombra, esse letramento se filia a tendências estilísticas que hoje associamos ao *Art Nouveau*, termo que então começava a ser divulgado no Brasil. Ainda com relação ao letramento, vale observar como as letras 'o', achatada em cima, da palavra 'Sport', e 'u', afilado em cima, da palavra 'sublimes', ecoam ambas as ferraduras de cavalo que aparecem tanto na face como nos cantos inferiores, reforçando assim uma unidade entre texto e imagem. Trata-se de projeto bastante sofisticado.

Outros elementos de derivação *Art Nouveau* presentes nesse *layout* são os pequenos ornatos gráficos na face dianteira, nos cantos inferiores, os quais reproduzem um motivo ornamental bastante difundido na arquitetura carioca do início do século XX, e ainda o sinuoso motivo botânico estilizado, que aparece no tampo da carteira, em negativo branco atrás do nome "Grande Manufactura de Cigarros Souza Cruz & Cia.". Esse último texto é desenhado também com letramento de clara tendência *Art Nouveau*. Ao todo, para o olhar contemporâneo, a cartei-

ra se alinha inconfundivelmente com aquilo que Gonzaga Duque, maior crítico de arte do seu tempo, qualificara de *modern style* em artigo publicado na revista *Atheneida*, em janeiro de 1903, no qual discutiu as bases da nova estética moderna.

No mesmo ano em que foi registrada a carteira dos cigarros *Sport*, 1908, o artista Eliseu Visconti pintou seu famoso retrato de Gonzaga Duque, que hoje se encontra no Museu Nacional de Belas Artes. Nele, o grande crítico e escritor aparece trajado elegantemente, como de costume, usando óculos escuros coloridos, com o olhar perdido para a lateral esquerda da tela, um cigarro aceso apoiado displicentemente entre os dedos. Seria tentador buscar adivinhar a marca do cigarro, embora fosse provável que Gonzaga Duque preferisse marcas mais elegantes do que

Sport. O propósito de citar esse quadro aqui é de chamar atenção para o modo como fumar se inseria em determinada sociabilidade boêmia como atividade mundana e elegante. Não qualquer cigarro, claro, pois o Rio de Janeiro dessa mesma época também era cheio de gente "fumando 'mata-ratos' infectos", no dizer do escritor e *flâneur* João do Rio. Existia, contudo, um meio cultural no qual o ato de fumar se fazia gesto performático – quase um modo de expressão estética – um jogo de cena e ritual que juntava frequentadores de cafés, teatros, redações e livrarias na época em que a Rua do Ouvidor cedia sua primazia para a nova Avenida Central (depois, Rio Branco).

Durante a primeira década do século XX, o Rio de Janeiro ansiava por se transformar em metrópole moderna. Coroando as reformas urbanas conduzidas sob a égide do prefeito Pereira Passos, entre 1903 e 1906, a Exposição Nacional de 1908, comemorativa do centenário da Abertura dos Portos, veio inserir a cidade em novo regime de olhar e ser visto. Flanar e exibir estavam na ordem do dia, fosse no calçadão da Avenida ou nos pavilhões da Praia Vermelha. Nesse contexto, toda aparência era alvo de escrutínio, e o menor gesto era capaz de externar não somente o estado de espírito como a inserção social do sujeito. Na grande tela *Boemia*, do pintor Helios Seelinger, vencedora do prêmio de viagem de 1903 na Escola Nacional de Belas Artes, um dos personagens retratados é o também pintor Rodolpho Chambelland, o qual se ocupa no quadro em acender sua cigarrilha, com muito estilo, na chama de uma lamparina de mesa. Não por acaso, Gonzaga Duque, João do Rio e o próprio Seelinger também aparecem nesse quadro, personagens e autores do meio de sociabilidade boêmia onde se sorvia e tragava a incipiente modernidade brasileira.

Talvez a conclusão mais marcante que se possa depreender da carteira de cigarros *Sport* é o quanto ela espelha nossos próprios hábitos. Decorridos 107 anos desde a fabricação desse artefato, ele tem mais em comum com nosso presente do que com o passado que o precedeu havia um século ou mais. Seus cigarros padronizados, com filtros de "ponta de cortiça" e "papel finíssimo" – cada qual estampado com a palavra "deliciosos" – parecem mais com aqueles que podem ser comprados hoje em dia do que com seus predecessores pré-industriais. Suas mensagens publicitárias, de estilo de vida, ainda falam ao coração de uma sociedade que nunca mais deixou de ansiar pela juventude, a moda e a modernidade. A "carteira", colorida e vistosa, se apresenta como solução mais elegante do que os velhos rolos e maços em que os cigarros eram envoltos em tempos idos. É um apetrecho típico da vida urbana, com todo seu dinamismo e estilo, bem distante do "pitar" e "picar fumo" que marcavam essa atividade na roça. O curioso é que ela continua elegante. Duvido que o leitor ou a leitora não queira ter uma.

BIBLIOGRAFIA

HEYNEMANN, Cláudia Beatriz; RAINHO, Maria do Carmo Teixeira & CARDOSO, Rafael (orgs.). *Marcas do progresso: consumo e design no Brasil do século XIX*. Rio de Janeiro: Mauad/Arquivo Nacional, 2009.

VELLOSO, Mônica Pimenta, *A cultura das ruas no Rio de Janeiro (1900-1930): mediações, linguagens e espaços*. Rio de Janeiro: Fundação Casa de Rui Barbosa, 2004.

SEVCENKO, Nicolau, A capital irradiante: técnica, ritmos e ritos do Rio, *in* SEVCENKO, Nicolau (org.) *História da vida privada no Brasil 3: República: Da Belle Époque à Era do Rádio*. São Paulo: Companhia das Letras, 1998.

CARDOSO, Rafael, *A arte brasileira em 25 quadros (1790-1930)*. Rio de Janeiro: Record, 2008.

CARDOSO, Rafael (org.), *Impresso no Brasil, 1808-1930: Destaques da história gráfica no acervo da Biblioteca Nacional*. Rio de Janeiro: Verso Brasil, 2009.

JOÃO DO RIO. As crianças que matam. In: *Cinematographo: Crônicas Cariocas*. Porto: Lello&Irmão, 1909.

RAFAEL CARDOSO é escritor, historiador da arte e doutor em História da Arte pelo Courtauld Institute of Art/University of London. Pesquisa história da arte e do design no Brasil, no período 1840-1930. Seu livro mais recente, co-organizado com Clarissa Diniz, é *Do Valongo à Favela: imaginário e periferia* (2015), catálogo da exposição homônima no Museu de Arte do Rio.

Escultura em terracota de
Nicolina Vaz de Assis.

Busto do prefeito Pereira Passos

Museu da República

1913

Maria Pace Chiavari

Entre 1902 e 1906, durante o governo do presidente Rodrigues Alves, o Rio de Janeiro, como Distrito Federal, vai encarnar a afirmação da República no Brasil, proclamada em 1889. Um intenso programa de reformas urbanas resultará na mudança da imagem da cidade, instalando no passado os edifícios neoclássicos do tempo do Império.

Este esforço de renovação teve como seus grandes marcos a abertura da Avenida Central (atual Avenida Rio Branco) e as obras do porto do Rio, conduzidas pelo Governo Federal. Componente importante deste processo foi a nomeação para o cargo de prefeito do engenheiro Francisco Pereira Passos, cujo governo foi acompanhado pela desativação da Câmara Municipal, o que conferiu um tom autoritário à sua administração. O programa municipal de embelezamento e saneamento resultou na urbanização da Avenida Beira-Mar, criando os jardins dos bairros da Glória, Flamengo e Botafogo, no alargamento de ruas importantes, como a Rua Uruguaiana, entre outras iniciativas, e na completa reformulação do código de obras da cidade. A imagem do "bota-abaixo" traduziu uma determinada leitura do processo de reformas urbanas. Por outro lado, as novas e grandes edificações de arquitetura eclética constituíram o símbolo da cidade europeizada da *Belle Époque* nos trópicos, em que as artes tiveram uma participação destacada e que justificaram outra expressão de época para traduzir o processo de transformações urbanas: "o Rio civiliza-se".

O busto em terracota com a efígie de Francisco Pereira Passos sugere a proximidade do prefeito das reformas urbanas com as artes. À primeira vista, pode-se considerar que se trata de um *bozzetto*, ou seja, um esboço preparatório, ou um molde em vista da posterior fusão em bronze. Todavia, sem descartar essa primeira possibilidade, as dimensões relativamente reduzidas da escultura (41,5 x 20 x 19 cm com uma base de 13 x 13 x 12,5 cm), assim como o cuidadoso detalhamento na moldagem, parecem excluir o uso monumental.

Não se pode desprezar também o fato de que, a partir das primeiras décadas do século XX, a escultura em terracota voltou à moda, substituindo as tradicionais pinturas do retrato a óleo nas residências aburguesadas. O busto de Pereira Passos fortalece sua ligação com a tradição da terracota a partir da inscrição da marca "Bordallo Cerâmica", empresa responsável pelo processo de fabricação do objeto e cujo nome está gravado em forma de carimbo circular, na lateral esquerda da base do busto, assim como, na parte interna. Trata-se de uma fábrica de faianças, fundada em 1884 na região central de Portugal, herdeira de antigas técnicas e de grande renome em seu tempo, sendo muito conhecida no Brasil, onde o legado português era importante.

O busto que retrata Pereira Passos pertence ao acervo do Museu da República, compartilhando o espaço com numerosas esculturas semelhantes, em bronze, de presidentes da República. Todavia, além da dimensão e do material utilizado, é a proveniência a principal marca de distinção do busto, pois não foi produto de uma encomenda oficial. A peça entrou para o acervo do museu, na década de 1960, por meio da doação de Maria Passos de Castro e Ernestina Passos Bulhões de Carvalho, herdeiras e netas de Pereira Passos. Junto com o busto foram doados diversos objetos pessoais, entre os quais a escrivaninha do antigo prefeito, além de seu arquivo pessoal. Não consta a data de confecção da escultura, nem o nome do autor da obra nos registros do museu.

Sabe-se, no entanto, que o busto tinha lugar na residência de Pereira Passos, no bairro de Laranjeiras, e que convivia com sua coleção de arte, composta principalmente de pinturas brasileiras e europeias. Maria Isabel Lenzi, em estudo sobre a atividade de Pereira Passos enquanto colecionador, aponta seu vivo interesse pela produção premiada nos salões acadêmicos. Por coincidência, é justamente na lista das obras apresentadas no Salão da Escola de Belas Artes, em 1913, que se encontra a referência ao "*Busto do Dr. Francisco Pereira Passos*", registrando que a autoria da obra é da escultora Nicolina Vaz de Assis. Segundo o jornal *A Imprensa*, o Salão de 1913 foi inaugurado no final do mês de agosto, portanto cinco meses após a morte de Pereira Passos, em 12 de março do mesmo ano, ocorrida a bordo do navio que o levava mais uma vez à Europa.

Não se trata do único busto do antigo prefeito que chegou aos nossos dias. Hoje, no Rio de Janeiro, encontram-se três outros bustos em bronze de Francisco Pereira Passos, produzidos por Rodolfo Bernardelli. Mais destacado escultor no Brasil da virada do século XIX para o XX, ele foi diretor da Escola Nacional de Belas Artes e professor de Nicolina Vaz de Assis. Dois desses bustos resultaram de encomendas privadas. Um deles, adquirido pelo comendador Calixto Granado, pertence atualmente ao acervo da Farmácia Granado. O outro, oferecido à cidade pelo comendador Antônio Ribeiro Seabra, foi erigido na Praia de Botafogo, em setembro de 1916, e hoje se encontra na Escola Pereira Passos. O mais conhecido dos bustos deve ser caracterizado antes como um dorso de grandes proporções, pois, com seu pedestal de granito, completa um conjunto de 3 metros de altura, tendo sido inaugurado em novembro de 1913, como monumento oficial instalado por iniciativa da municipalidade diante do Paço Municipal, antiga sede da Prefeitura, no Centro. A sua composição escultórica em bronze destaca o detalhe das mãos do prefeito sobre um mapa, numa alusão ao seu papel de engenheiro e planejador urbano da Capital Federal. Devido à ulterior transferência por ocasião da abertura da Avenida Presidente Vargas, na década de 1940, e da demolição do Paço Municipal, o busto oficial se encontra atualmente na Praça Pio X, no entroncamento da Avenida Presidente Vargas com a Avenida Rio Branco.

A comparação entre os bustos em bronze criados por Bernardelli e a peça em terracota de sua aluna Nicolina Vaz de Assis Pinto do Couto revela certo distanciamento da abordagem solene adotada pelo mestre. A "expressividade" que se nota na figura de Pereira Passos criada por Nicolina Vaz é uma das marcas que singulariza a criação da escultora, segundo Gonzaga Duque (1863-1911), o mais conhecido crítico de arte do início do século XX. O movimento das sobrancelhas e os olhos abertos na versão da artista se distinguem da figura de olhos fundos, de sobrancelha tensa e ríspida, da obra de Bernardelli.

De todo modo, é o olhar do personagem que se torna o elemento chave da leitura da personalidade do retratado. As ideias iniciais de Pereira Passos a respeito do planejamento urbano no Rio de Janeiro começaram a tomar forma em 1874, quando foi nomeado engenheiro do Ministério do Império. Num documento relativo a essa época, presente no Arquivo Pereira Passos, o jovem engenheiro chegou a considerar a hipótese do desmonte dos morros do Castelo e de Santo Antônio, projetos que só seriam realizados anos depois. Naquela altura, ele iniciava a elaboração de seus planos para modernizar a corte imperial com avenidas, alargamento de ruas e saneamento de canais e mangues. Aos conhecimentos dos projetos de Haussmann em Paris, juntam-se os sugeridos pelo relatório de Beaurepaire-Rohan e pelos planos de Grandjean de Montigny, apresentados, em 1847, ao imperador pela Comissão da Academia Imperial das Belas Artes. Muitas dessas ideias viriam a fazer parte dos planos do prefeito Pereira Passos. Todavia, in-

tervenções urbanas como a proposta de arrasamento dos morros e a expansão ao longo da diretriz sul fazem parte da herança deixada à cidade pelo funcionário público que enxergava o urbanismo como ciência.

No arquivo do prefeito, encontra-se um detalhado e elogioso relato, com o título "Passos, o mágico", em que são resumidas as realizações de sua época à frente da administração municipal, ressaltando que em lugar de "becos estreitos, ruas mal calçadas e com casas velhas sem higiene, surgiram artérias asfaltadas amplas e extensas". E o texto segue comentando: "Alargam-se e prolongam-se ruas antigas e acanhadas, como a Rua da Carioca, a 13 de Maio, Uruguaiana, Camerino, Acre, Frei Caneca, Ourives, entre outras. [...] Coroaram suas obras as avenidas de esplêndido panorama que orlam o Rio à margem da baía e, com a abertura do Túnel Novo, ligam a cidade ao oceano" [referência à Avenida Beira-Mar, à Avenida Osvaldo Cruz e à Avenida Atlântica]. O documento ressalta a importância assumida pelo paisagismo de jardins na cidade: "Passos determinou que se plantassem milhares de árvores. A cidade se adornou assim de numerosos e belos jardins públicos e praças. À sua iniciativa deve-se a maravilhosa arborização da Ilha de Paquetá. Embelezou-se o Alto da Boa Vista, estabeleceu a Mesa do Imperador em ruínas e tornou acessível a Furnas de Agassiz." Em relação ao saneamento, a principal obra foi a extensão do problemático canal do Mangue até o mar e a urbanização e arborização de sua avenida. Não faltaram iniciativas para melhorar as condições da educação, da saúde e do comércio, como a construção de escolas e do Mercado Público em estrutura de ferro, no antigo bairro da Misericórdia (atual Praça Marechal Câmara) em substituição ao antigo, erguido no século XIX, na Praça XV de Novembro. Depois de lembrar que os investimentos em infraestrutura fizeram "a cidade de escassa iluminação de gás se transformar na cidade de luz", o documento conclui que "ele nos legou a cidade tropical mais linda [...] do mundo". Registra-se aí a memória positiva das realizações do prefeito, deixando de ressaltar as contradições do processo das reformas urbanas que, com a derrubada de mais de 300 edificações, teve como consequência a expulsão de muitos moradores da área central da cidade, organizando uma ordem espacial excludente.

Ao modelar o busto em terracota, Nicolina Vaz de Assis parece ter construído um diálogo com o personagem retratado, representando uma personalidade que não se limitava ao clichê de autoridade oficial. O aspecto frio, rígido e autoritário, que caracteriza a fisionomia de Pereira Passos nos numerosos retratos realizados pelo fotógrafo da prefeitura Augusto Malta, assim como nos bustos produzidos por Rodolfo Bernardelli, atenua-se pelas mãos da escultora, como se os sinais da velhice tornassem o rosto mais reflexivo e menos determinado, porém mais visionário. O olhar do personagem esculpido parece querer ir longe e percorrer o caminho enfrentado pelo engenheiro para fazer da Capital Federal o ícone e o modelo da modernização do país.

Após sua formação inicial na cidade paulista de Campinas, onde nasceu em 1874, Nicolina Vaz de Assis Pinto do Couto se transfere para o Rio de Janeiro em 1889, para ingressar como aluna na Escola Nacional de Belas Artes, com bolsa de estudos do Estado de São Paulo. Embora a inscrição na instituição de ensino fosse aberta às mulheres, era exigida autorização assinada pelo marido da aluna para que frequentasse as aulas de modelo-vivo. Desde 1899, Nicolina Vaz de Assis toma parte como escultora da Exposição Geral de Belas Artes. A participação lhe rende encomendas públicas e particulares de bustos de importantes personagens, fazendo com que esse gênero se torne o aspecto mais reconhecido do seu trabalho. São por ela retratados alguns dos primeiros presidentes da República, desde o marechal Deodoro de Fonseca até Delfim Moreira, cujas imagens integram a coleção do Museu da República.

Nicolina foi a primeira mulher no Brasil a receber uma bolsa de estudos no exterior, criando uma situação inusitada: a concessão da bolsa pelo Estado de São Paulo precisou ser discutida e aprovada pelo Congresso Nacional. Sua trajetória exemplifica como, na época, o acesso à formação artística era desigual entre homens e mulheres. Em Paris, na Academia Julian, onde a artista brasileira se inscreveu, o valor pago por determinados cursos custava às mulheres o dobro do que era cobrado aos homens, evidenciando que, também na França, a identidade de gênero fazia diferença no ensino artístico. Assim, a consagração de Nicolina contribuiu para abrir horizontes de atuação para outras mulheres. Expressão de seu reconhecimento artístico é o seu retrato por Eliseu Visconti, pintado na França. Ao expor a tela no Salão de Paris, em 1905, e no Rio de Janeiro, em 1910, Visconti teve seu talento como retratista elogiado pelo crítico Gonzaga Duque.

No Arquivo Pereira Passos, diferentes cartas atestam a correspondência com o pintor Visconti, convidado pelo prefeito, em 1905, para realizar a pintura das paredes do foyer do Theatro Municipal, embora os dois ainda não se conhecessem pessoalmente. Talvez tenha sido por meio de Visconti que Pereira Passos veio a conhecer a escultora, estabelecida no Rio de Janeiro desde sua volta de Paris, em 1907. Pode-se dizer que o busto em terracota de 1913 pertence à fase de maturidade da artista. Cerca de um ano antes, por coincidência ou não, Eliseu Visconti pintara numa tela a óleo o retrato de Francisco Pereira Passos, que hoje integra a coleção do Instituto Ricardo Brennand, na capital pernambucana.

O fato é que a convivência de Pereira Passos com o pintor e a escultora expressa como as reformas urbanas estiveram associadas a um programa artístico que marcou época e consolidou a era republicana da cidade do Rio de Janeiro. O concurso de fachadas dos edifícios da Avenida Central, registradas no álbum produzido por Marc Ferrez em 1910, confirma o sentido estético da promoção do *boulevard*, que procurava europeizar os trópicos. Edifícios públicos erguidos nos anos seguintes, como o Palácio Monroe (antiga sede do Senado Federal, hoje desaparecido), a Biblioteca Nacional, a Escola Nacional de Belas Artes (que abriga atual o Museu Nacional de Belas Artes), o Teatro Municipal, a Câmara Municipal e o Palácio Tiradentes (que abrigava a Câmara de Deputados e atualmente sedia a Assembleia Legislativa do Estado do Rio de Janeiro) exemplificam como os artistas participaram ativamente do processo de afirmação do Rio de Janeiro da *Belle Époque*. Nesses prédios se encontram obras encomendadas aos artistas mais em voga na época, entre outros os irmãos Rodolfo e Henrique Bernardelli, Eliseu Visconti, Batista da Costa, Rodolfo Amoedo, Belmiro de Almeida, os irmão Rodolfo e Carlos Chambelland, João e Artur Timóteo da Costa, além de Nicolina Vaz de Assis. A Capital Federal que emergiu das reformas urbanas tornou-se, então, propulsora da renovação das artes no Brasil, encarnando um projeto de modernidade que marcou o início do século XX.

BIBLIOGRAFIA

CHIAVARI, Maria Pace. "As transformações urbanas do século XIX". In: DEL BRENNA, Giovanna Rosso (org.) *O Rio de Janeiro de Pereira Passos; uma cidade em questão II*. Rio de Janeiro: Index, 1985.

GONZAGA Duque Estrada, Luiz. *Contemporâneos: pintores e escultores*. Rio de Janeiro: Benedicto de Souza, 1929.

LENZI, Maria Isabel Ribeiro. *Pereira Passos colecionador. Anais do Museu Histórico Nacional*, Rio de Janeiro, v. 33, 2001 p. 45-58.

PORTELLA, Isabel Maria Carneiro de Sanson. Nicolina Vaz de Assis: A força feminina na escultura brasileira - Acervo Museu da República. In: MALTA, Marize; PEREIRA, Sonia Gomes; CAVALCANTI, Ana (orgs.). *Ver para Crer; visão, técnica e interpretação na Academia*. Rio de Janeiro: Escola de Belas Artes/ UFRJ, 2012. p. 219-226.

SIMIONI, Ana Paula Cavalcanti. *Profissão artista: pintoras e escultoras brasileiras*; 1884-1922. São Paulo: EDUSP/ FAPESP, 2008.

MARIA PACE CHIAVARI é arquiteta formada em Florença, Itália, com diploma de Estudos Aprofundados pela Universidade de Paris VIII, França, doutora em Urbanismo pelo PROURB-UFRJ, autora de *Rio de Janeiro: preservação e modernidade* (1998) e coautora de *Brasil: uma cartografia* (2010).

Luminária Tiffany em estilo Art Nouveau

Casa de Rui Barbosa

Década de 1910

Márcio Alves Roiter

Na década de 1970 eu frequentava os concertos realizados na biblioteca da Casa de Rui Barbosa. Mas era atraído de fato pela ideia de descobrir ali peças Art Nouveau! Da longa estadia de 1907 em Paris, depois da Conferência de Haia, eu imaginava que Rui tivesse assimilado os efeitos da Exposição Universal de 1900, aquela que consagrou o estilo, visitada por 51 milhões de pessoas...

Um escritor da época, Paul Morand, comenta o evento, de forma delirante: "É então que ecoa um riso estranho, crepitante, condensado: da Fada Eletricidade. Tanto quanto a morfina nos boudoirs de 1900, ela triunfa na Exposição; ela nasce do céu, como os verdadeiros reis (...) Ela é o progresso, a poesia dos humildes e dos ricos (...), é o flagelo, é a religião de 1900."

Por coincidência ou não, a casa de Rui foi, em 1907, das primeiras a serem eletrificadas na cidade, provavelmente devido ao seu prestígio na condição de consultor jurídico da Rio de Janeiro Light and Power Company Limited. Ao voltar de uma temporada europeia em 1907, ele encontra a residência da Rua São Clemente iluminada: presente de Alexandre Mackenzie, presidente da companhia. Eletricidade que iria alimentar a luminária em bronze e vidro Favrile Fabrique, modelo Linenfold, que, mais de meio século depois, vislumbrei entre as peças Art Nouveau do gabinete em uma de minhas visitas à Casa de Rui Barbosa.

O célebre advogado e político foi um dos que contribuíram para a valorização do Art Nouveau na sociedade carioca. O que tornava sua figura ainda mais interessante aos meus olhos, pois também eu via nesse estilo um significado especial. O Art Nouveau, que despertou em mim verdadeira paixão, tinha algo do espírito adolescente nas representações metafóricas, fluidas, sonhadoras... Arte em tudo e para todos – eram as premissas utópicas dos arquitetos e designers da vida cotidiana em múltiplas atividades. O novo século XX e suas invenções mirabolantes precisavam de um estilo só seu, que colocasse no baú das velharias tudo o que se criara no século XIX. Tão fervilhante era que acabou se espalhando planetariamente entre 1890 e 1914. Recebendo denominações e feições diferenciadas: Modernista na Espanha, Liberty na Itália, Jugendstil na Alemanha, Secessão na Áustria, Arte Nova em Portugal.

E foi adolescente que adquiri meu primeiro objeto Art Nouveau, em 1968, em Paris, ao cursar a Sorbonne por um mês, como estrangeiro. Na ocasião – momento em que as peças daquele estilo começavam a voltar ao mercado de arte – encontrei aquele tinteiro em bronze *Femme-Fleur*, onde uma lânguida figura deitada e nua erguia uma grande flor, camuflando o recipiente da tinta. Bela metáfora! Desde então a flor oferecida pela musa viceja, preenchendo minha vida sob tantas facetas.

A luminária modelo Linenfold não foi o único exemplo encontrado em minha busca por peças Art Nouveau. Lá estavam, *chez* Rui Barbosa, a banqueta do piano, da vertente secessionista; as grandes esculturas em bronze de importantes autores do "1900" francês, de tendência classicizante; a luminária Kayser, alemã, em metal prateado, esta totalmente Art Nouveau, com mais uma deusa repetindo o gestual de sensualidade do meu tinteiro; a floreira inglesa da firma Mappin & Webb em longas e sinuosas linhas; a luminária em ferro e vidro sugerindo uma árvore do francês Edgar Brandt... e os maravilhosos itens de escritório assinados pelo mais importante designer norte-americano do Art Nouveau: Mr. Louis Comfort Tiffany.

Rui Barbosa não poderia querer menos para aparelhar o *bureau* no seu ambiente de trabalho predileto: o Gabinete Gótico. Os preciosos itens dos Studios Tiffany, de Nova York: a lupa e o sous-main (porta-folhas de mata-borrão) da linha Abalone, o tinteiro modelo Zodiac anunciando o Art Déco, estilo pós Art Nouveau, com suas linhas geométricas; e... a luminária em bronze e vidro Favrile Fabrique, modelo Linenfold.

Se ela não possui as dimensões grandiosas da luminária Dragonfly que iluminava em 1903 o salão de Andrew Carnegie no 2 East 91st (hoje Cooper-Hewit, Smithsonian Design Museum) em Nova York, pode exemplificar à perfeição o talento do genial Tiffany. Através de vidros, em tom de amarelo, saturados de óxidos metálicos proporcionando especial fosforescência, através da exclusiva técnica Favrile Fabrique, moldados como se fossem tecido drapeado (linenfold), ambos processos patenteados pelo fabricante, dela emanava uma luz adocicada, repousante, sensual, proporcionando tons sépias ao ambiente.

Ao reproduzir nervuras de um tecido através da linha linenfold, Louis Comfort Tiffany emprestava certo humor às suas criações. Uma referência aos tecidos utilizados nas cúpulas das luminárias do século XIX, a partir de então fora de moda.

Sabemos que Rui dava especial atenção à decoração da casa, sendo cliente das principais lojas do ramo no Centro do Rio. Os arquivos da Casa de Rui Barbosa não esclarecem o local de aquisição tanto da luminária quanto dos objetos de escritório. Mas como o Art Nouveau é um estilo onírico, imaginemos uma visita de Rui à loja

L'Art Nouveau situada no 22, Rue de Provence, Paris. Inaugurada em 1895, revolucionava a arte decorativa francesa, se inscrevia na história do gosto e na defesa de uma estética nova. Será que Rui lá esteve? Possivelmente. Era um lugar da moda na Paris do início do século XX.

Seu criador, o alemão de Hamburgo Siegfried Bing, estabelecido em Paris desde a década de 1860, na condição de *expert* em arte japonesa é testemunha da consagração do japonismo na Exposição Universal de 1878. Bem-sucedido, quer alçar voos mais altos, com a bússola dirigida à modernidade. Em 1894 faz uma histórica visita a Louis Comfort Tiffany. Atravessa o Atlântico para conhecer o grande concorrente dos franceses na fabricação de objetos decorativos neste final do século XIX. Herdeiro do ourives Charles Lewis Tiffany, que em 1850 inaugurara em Paris, 79, Rue de Ri-

chelieu a Tiffany, Reed & Co, Louis Comfort já demonstrava um *savoir-faire* excepcional, inventiva técnica desconhecida na França e, sobretudo, um talento único para os negócios. Assim que retorna, Bing decide renovar a produção e relançar um império nas artes aplicadas na França.

E assim nasce em Paris a imponente galeria L'Art Nouveau, numa esquina das ruas Chauchat e Provence, no 9º arrondissement, projeto dos arquitetos Louis Bonnier e Victor Horta.

Visceralmente ligada à L.C. Tiffany, claro! Além de representar em Paris o *atelier* norte-americano, vendendo por catálogo a imensa produção e expondo diversas preciosidades, Bing lhe encomendava vitrais com desenhos (chamados cartões) de artistas franceses do primeiro time, como Toulouse-Lautrec e Bonnard. Não podemos esquecer que o Rio de Rui adorava os vitrais. Não há noticia de nenhum feito na cidade por Tiffany, ainda que conheçamos a procedência de algumas luminárias importantes, como a Lilies, da família Lebrão, fundadores da Confeitaria Colombo, ou a Zodiac, que pertenceu à Condessa Pereira Carneiro, dona do *Jornal do Brasil* à época.

Mas a febre dos vitrais em nossa cidade muito deve à L. C. Tiffany, sem dúvida. Neste início de século XX a elite brasileira podia escolher entre as inúmeras companhias de navegação à sua disposição para ir à Europa ou aos Estados Unidos. Com certeza muitos brasileiros visitaram exposições que consagravam os vitrais, como a de Turim, Itália em 1902, ou a de Saint-Louis, EUA, em 1904, onde nosso pavilhão, premiado, foi desmontado e trazido de volta ao Rio para se tornar o Palácio Monroe.

A luz intensa dos trópicos e a necessidade de privacidade, agora que os terrenos diminuíam e surgiam até prédios de apartamentos, favoreciam a voga dos vitrais. Toda casa de bom padrão tinha de possuir o seu. Inspirados pelos que decoravam a fachada do Theatro Municipal (de Feuerstein e Fugel, de Stuttgart, Alemanha), as classes emergentes da cidade encontraram nos vitrais imediata referência à paz e meditação das igrejas católicas espalhadas pelo Brasil. E, no Rio, a família Formenti desde 1912 passara a ser a responsável pelas principais encomendas. O pintor, e também cantor, Gastão Formenti criava os cartões, utilizados em diversas construções até hoje presentes, como o Palácio Tiradentes, a Estação de Desembarque de Passageiros na Praça Mauá, ou a Casa Basbaum, na Urca, ícone do estilo Art Déco carioca.

Viver bem, usufruir das novas invenções, instalar o século XX no cotidiano: Rui Barbosa documenta como poucos essa mentalidade. Dotou sua casa de itens que eram raridades na maioria das residências cariocas à época, fossem de alta ou baixa renda: telefone, geladeira, ventilador.

Rui presenciou a difusão dos objetos Art Nouveau pelo Rio. Nos passeios que fazia a pé pelo Centro, ao estacionar sua carruagem ou – pós 1915 – o automóvel Benz na Rua do Carmo, em seu trajeto rumo ao escritório percorria livrarias, lojas de decoração, dezenas de joalherias. Estas exibiam, como segundo negócio, "joias" para a casa. Cliente fiel da Mappin & Webb, da Casa Leonardos, ambas à Rua do Ouvidor, e de muitas outras firmas, Rui Barbosa era sempre festejado ao passar nesta região do comércio sofisticado do Rio, denominada por Machado de Assis "a via dolorosa dos maridos pobres"... Não havia um prédio, mesmo que projetado fora dos cânones do estilo, que não tivesse arte decorativa ditada pelo Art Nouveau: gradis, vitrais, azulejos, pisos...

Entretanto, nenhum exemplar de uma arquitetura "totalmente" Art Nouveau sobreviveu. O fantástico prédio do Elixir de Nogueira, à Rua da Glória, apesar de tombado em fins de 1960, virou pó. A família Silveira encomendara ao arquiteto Antonio Virzi este prédio para fábrica, assim como sua residência na Rua do Russel, erguida em 1916, está felizmente preservada.

Uma preciosa e rara casa Art Nouveau à Rua Jardim Botânico, assinada por Victor Dubugras, o incensado autor do primeiro projeto de arquitetura moderna no Brasil – a Estação Ferroviária de Mairinque, em São Paulo, 1906 – foi descaracterizada por uma escola que ali se instalou nos anos 1980. Dubugras apresentou no concurso para a construção do Theatro Municipal, em 1903, um projeto Art Nouveau extravagante, denominado "Neo", com certeza influenciado pelo nome da galeria parisiense de M. Bing, "L'Art Nouveau"... Ficou entre os três finalistas.

Perdeu para o filho do prefeito Pereira Passos e para o francês Albert Guilbert, autores do projeto do teatro inaugurado em 14 de julho de 1909.

Rui foi também cliente assíduo da mais elegante loja para homens da cidade, A Torre Eiffel (1905), na Rua do Ouvidor, 77/79, demolida no final da década de 1960. A loja chegou a ter filial na Avenida Nossa Senhora de Copacabana, tendo sobrevivido até recentemente. De interiores Art Nouveau, o projeto de Antonio Borsoi reunia em vários andares tudo de que o carioca elegante precisava. Borsoi foi também autor da Confeitaria Colombo, da Joalheria Bernacchi, do Cinema Íris, da Chapelaria Radiante e da antiga sede do *Jornal do Brasil*, na Avenida Rio Branco.

A memória de Rui está intimamente ligada à presença do Art Nouveau no Rio, não só pela luminária Tiffany Linenfold da sua mesa de trabalho no Gabinete Gótico, e por tantos objetos cotidianos até hoje preservados pela Fundação Casa de Rui Barbosa, mas, sobretudo, pelos ares de modernidade que soube imprimir à intelectualidade, à advocacia e à política brasileiras. ◈

BIBLIOGRAFIA

Álbum de objetos decorativos; estudo do acervo do Museu Casa de Rui Barbosa – 1. Rio de Janeiro: Ministério da Cultura, Fundação Casa de Rui Barbosa, 1997.

Le livre des expositions universelles 1851-1989. Paris: Editions des Arts Décoratifs – Herscher, 1983.

DUNCAN, Alastair. *Louis C. Tiffany: The Garden Museum Collection. Suffolk*, Grã-Bretanha: Antique Collectors Club. 2004.

DUNCAN, Alastair. *Luminaire art nouveau art déco*. Fribourg (Suisse): Office du Livre, 1980.

GARCIA, Cynthia Garcia e ROITER, Márcio Alves. *Um passeio na história: 1868 a 2010*. São Paulo: Arezzo, 2010.

ROITER, Márcio Alves, *Art Nouveau e Art Déco: Estilos de sedução*, Rio de Janeiro. Dois Um Produções, 2013.

MÁRCIO ALVES ROITER é pesquisador e curador, fundador-presidente do Instituto *Art Déco* Brasil, autor, entre outros livros, de Rio de Janeiro Art Déco.

Utilizado pela Companhia de Luz Stearica na exibição comemorativa do Centenário da Independência, o móvel é um vestígio da Era das Exposições na cidade.

Vitrine usada na Exposição Internacional de 1922

Museu Histórico Nacional

Início do século XX

Marize Malta

Estamos acostumados a ver inúmeros objetos através dos vidros, por trás das vitrines, móveis onipresentes nas casas oitocentistas; armários com estrutura de madeira, fechados com vidro transparente, capazes de proteger e oferecer à visão o que guardam. Assumiram lugar privilegiado de exposição das miudezas da arte doméstica, sendo peças típicas e fundamentais do século XIX.

O vidro manufaturado foi essencial para a cultura visual dos anos oitocentos. Com o desenvolvimento da técnica das chapas de vidro foi possível cobrir grandes vãos, permitindo multiplicação de janelas e entrada farta de luz nos interiores das casas, fato que também ocorreu no Brasil, provocando a substituição das treliças tipicamente coloniais.

Numerosos outros artigos em vidro invadiram o mercado, como redomas, aquários, terrários, estufas, espelhos e as indefectíveis vitrines e cristaleiras, em diversos tamanhos e feitios. A experiência de ver através dos vidros foi peculiarmente oitocentista, desenvolvendo uma sensibilidade ótica particular, relacionada à espetacularização da apresentação dos objetos. Tudo ficava visível, mas nada podia ser mexido.

No ramo comercial, as vitrines, com seus grandes panos de vidro sem emendas, ofertavam de modo privilegiado as mercadorias, instigando o desejo de compra. Em vez de amontoar os produtos na frente da loja, a vitrine permitia expor as mercadorias organizadas de forma atrativa aos olhos de quem passasse pela rua, sem precisar mudar as coisas de lugar todos os dias, quando a loja fechava. A arrumação das vitrines, como as da Rua do Ouvidor, passou a ganhar cuidados e arranjos decorativos, o que conferia a alguns objetos uma aura de exclusividade.

Não é coincidência que o grande pavilhão da primeira exposição universal, ocorrida em 1851, em Londres, o Palácio da Grande Exposição dos Trabalhos da Indústria de Todas as Nações, tenha sido uma construção metálica fechada com placas de vidro – o Palácio de Cristal. Não era cristal, e sim vidro plano (chapa de vidro), nem se tratava de um palácio, mas de um grande bazar de mercadorias do mundo todo, exibidas em uma gigantesca vitrine. Seu impacto sobre os visitantes foi de deslumbramento, por sua imensidão, por sua transparência.

As exposições representaram uma acumulação inédita (a Grande Exposição de 1851 expôs 100 mil objetos), reunindo matérias-primas e produtos manufaturados, empresas, fábricas, artistas e artífices, oferecendo oportunidades de comparação, competição e expansão dos negócios (todas as categorias recebiam prêmios e medalhas), mas igualmente lugar de encontros e passeios didáticos, perfeita forma de lazer, tipicamente burguesa, em que a experiência de ver e ser visto sintetizava a condição do espetáculo e da vigilância. "Quanto mais os olhos viam, mais queriam ver", como diria João do Rio, testemunha ocular da exposição de 1908.

As exposições universais acabavam por promover exposições nacionais preparatórias em vários países. No Brasil, a Primeira Exposição Nacional ocorreu em 1861 no edifício da Escola Central do Largo de São Francisco, anunciando a prática de exibir as riquezas nacionais, tanto naturais quanto culturais. O país participou de inúmeras exposições internacionais (a de 1862, em Londres, foi a primeira), fazendo conhecer suas riquezas, manufaturas e produções artísticas.

As exposições traziam novo vigor às cidades, transformando-as significativamente, na medida em que numerosos edifícios eram construídos, outros remodelados e espaços urbanos inventados, pois deveria se garantir condições para o assentamento dos muitos prédios e das múltiplas atividades envolvidas.

A Exposição Nacional de 1908, em comemoração aos 100 anos da abertura dos portos, foi o primeiro grande empreendimento de arquitetura efêmera que tomou a cidade do Rio de Janeiro, a cargo do ministro Miguel Calmon e de Sampaio Correia, este último responsável pela direção das obras. A preparação da área envolveu demolição de edifícios antigos e construção da infraestrutura, incluindo iluminação, calçamento e arborização. A feira ocupou a região entre a Praia Vermelha e a Praia da Saudade, a qual foi aterrada, ganhou uma avenida – Avenida dos Estados (hoje, Avenida Pasteur, Urca) e uma mureta margeando a beira-mar. Além do portão monumental, havia mais de 25 pavilhões e quiosques, coretos, teatro, cinematógrafo, cafés, restaurantes, pista de patinação, cada um em um estilo historicista diferente do outro. Tudo pronto em oito meses.

A população orgulhava-se não só pela capacidade da nova geração de realizar o empreendimento, mas pelo que pôde conhecer das regiões do Brasil, representadas por mais de 11 mil expositores, permitindo compreender o país "na indústria, na arte, no progresso", como observou João do Rio. Para ele, "Aquela exposição era simplesmente a Maravilha!". A Cidade da Maravilha, como foi chamada a feira, teve como grande atrativo a iluminação, deixando muitos assombrados com seus efeitos e coloridos sobre os edifícios e as pessoas. Porém, o que estava em foco era o próprio país que se via em exposição.

Outra grande exibição ocorrida no Rio foi a Exposição Internacional do Centenário da Independência, de 1922, marco de mudança na feição da cidade. A área urbana para a exposição foi construída a partir do desmonte do Morro do Castelo (sua grande justificativa política), permitindo instalar o evento do Passeio Público à Ponta do Calabouço, e de lá para a nova área aterrada. As obras, a cargo do prefeito Carlos Sampaio, implicaram o desmanche da imagem colonial e retrógrada da cidade e a construção de um novo espaço de progresso e civilização em que o "aspecto inestético e asqueroso" não tinha lugar, como ele diria. Eliminava-se, a seu ver, a "protuberância tão prejudicial ao arejamento da metrópole" e, por conseqüência, um marco da memória urbana da cidade, de suas origens, arrasando um morro inteiro, suas casas, monumentos e moradores, e provando a capacidade, em meio a contestações e comoções, de reinvenção da paisagem da cidade.

A exposição contou com a participação de 14 países estrangeiros que foram testemunhos de uma cidade que desejava ser vista como se projetando para o futuro e com a capacidade de construir uma urbe tão grandiosa quanto sua paisagem natural. Na inauguração, ocorrida em 7 de setembro, ocorreu a primeira transmissão oficial de rádio. Principalmente concentrados na recém-traçada Avenida das Nações se espalharam 26 pavilhões e mais de 20 outras edificações, como bares, restaurante, cinema, quiosques, um palácio para festas e um parque de diversões.

Nos pavilhões, os vários produtos apresentados eram dispostos em vitrines, que auxiliavam a organizar o percurso e a disposição das seções. Algumas empresas, não tendo produtos esteticamente interessantes para mostrar, tratavam de mandar fazer vitrines imponentes e elegantes, com composição decorativa atraente. Foi o caso da vitrine da *Companhia de Luz Stearica*, móvel em madeira entalhada e grandes placas de vidro, com expositores circulares abertos nas extremidades. As quinas e a parte superior receberam ornamentação com flores e caules ondulantes e contorcidos, de gosto *art nouveau*. A empresa, que orgulhosamente exibia seu monograma nos seis painéis inferiores, premiada 15 vezes, era responsável pela fabricação de vela, sabão e glicerina, a maior produtora de estearina do país, cuja fábrica se encontrava em São Cristóvão e que já havia pertencido ao barão de Mauá.

O clima das exposições era de efervescência. A cidade se vestia para festa, com muitos edifícios que competiam entre si em termos de escala, desafios construtivos, composição arquitetônica e repertório estilístico. Apesar de menos da metade dos pavilhões serem em estilo neocolonial, foram eles que receberam destaque na história. Alguns profissionais à época acreditavam que a atualização da herança colonial portuguesa seria uma forma de renovação, uma postura de ultrapassagem do modelo historicista, de base europeia. Em estilo neocolonial foi o Palácio das Grandes Indústrias, fruto da reforma e ampliação do conglomerado militar que incluía a Casa do Trem, o Arsenal da Guerra e a Fortaleza do Calabouço, prédio projetado por Archimedes Memória e Francisco Cuchet, que abrigaria o atual Museu Histórico Nacional e onde se encontra a vitrine em questão.

Se muitos dos edifícios foram demolidos ao longo dos anos, alguns ainda hoje testemunham a escala do empreendimento. As construções seguiam a prática das exposições universais, pensadas para serem provisórias e de rápida execução, mas algumas acabaram durando mais tempo, como o Pavilhão do Distrito Federal, hoje o prédio do Museu da Imagem e do Som; o Pavilhão de Estatística, atualmente o Centro Cultural da Saúde; o Pavilhão de Honra da França, uma réplica do Petit Trianon de Versailles, atual anexo da Academia Brasileira de Letras. Ainda hoje conhecidos e com construções impulsionadas pelo evento, são os hotéis Glória, Copacabana Palace e Sete de Setembro, sendo que o último perdeu sua função de hotel balneário e pertence à Universidade Federal do Rio de Janeiro, tendo abrigado a Casa do Estudante Universitário.

As exposições serviram como um vasto campo de experimentação arquitetônica e urbanística, refazendo a cidade e sua imagem. Mais do que espaços de promoção de negócios e lazer, elas permitiam colocar a própria cidade na vitrine. Provavelmente, se não houvesse a exposição de 1908, chamada de cidade da maravilha, o Rio de Janeiro não fosse conhecido como a cidade maravilhosa! E se não tivesse ocorrido a exposição de 1922, não teríamos o atual prédio do Museu Histórico Nacional nem a vitrine preservada em seu acervo. Uma vitrine de exposição dentro do que foi um pavilhão. Tudo exposto e em exibição, verdadeira vitrine da história da cidade, memória de uma época que viu a própria cidade (maravilhosa) passar em vitrine.

"Nos teus olhos também posso ver / As vitrines te vendo passar / Na galeria / Cada clarão / É como um dia depois de outro dia / Abrindo um salão / Passas em exposição / Passas sem ver teu vigia / Catando a poesia / que entornas no chão".

As Vitrines, Chico Buarque, 1981.

BIBLIOGRAFIA

LEVY, Ruth. *A exposição do centenário e o meio arquitetônico carioca no início dos anos 1920.* Rio de Janeiro: EBA Publicações, 2010.

______. *Entre palácios e pavilhões: a arquitetura efêmera da exposição nacional de 1908.* Rio de Janeiro: EBA Publicações, 2008.

LIVRO DE OURO commemorativo do centenário da independência do Brasil e da exposição internacional do Rio de Janeiro. 7 de setembro de 1822 a 7 de setembro de 1922 – 7 de setembro de 1923. Rio de Janeiro: Edição do Anuário do Brasil – (Almanak Laemmert), 1923.

PEREIRA, Margareth da Silva (org.). *1908: um Brasil em exposição.* Rio de Janeiro: Casa 12, 2010.

RIO, João do. *Cinematógrafo (crônicas cariocas).* Rio de Janeiro: Academia Brasileira de Letras, 2009 [original de 1909].

MARIZE MALTA é doutora em História (UFF), mestre em História da Arte (UFRJ) e professora associada da Escola de Belas Artes da Universidade Federal do Rio de Janeiro, sendo bolsista de produtividade do CNPQ. É autora de *O olhar decorativo: ambientes domésticos em fins do século XIX no Rio de Janeiro.*

A peça do figurino foi usada pela cantora na fase áurea dos cassinos cariocas, como o da Urca, o Copacabana e o Atlântico.

Saia de Carmem Miranda

MUSEU CARMEN MIRANDA
FUNARJ/SEC-RJ
DÉCADA DE 1930

César Balbi e Vivian Fava Paternot

Com inspiração modernista em Di Cavalcanti, que traduziu em suas obras as cores e a sensualidade dos trópicos, em conjunto com os toques e expressões marcantes dos personagens retratados, a saia usada por Carmen Miranda no final dos anos de 1930 e início dos anos 1940 foi idealizada por J. Luiz Borgerth Teixeira. Com modelagem em godê é composta de 135 losangos coloridos em retalhos de veludo e lamê, e no cós, três fileiras de strass e quatro aberturas em "V" junto à cintura. Usada com um turbante com duas cestas de frutas, bata feita com rendas e retalhos de veludos e muitos balangandãs, no pescoço e braços, e nos pés sapato plataforma. A partir de janeiro de 1939, Carmen Miranda inaugura uma nova forma de expressão em suas apresentações ao transformar a baiana estilizada em figurino indispensável. Jotinha, como era conhecido, foi ilustrador e figurinista da revista *Fon Fon*, pioneiro na maquiagem, caricaturista e pintor de retratos.

Antes da baiana, Carmen pode ser caracterizada na década de 1930 como uma artista de visual Art Déco. Passando a partir de então a representar uma mulher moderna que desenhava suas próprias roupas, usava penteados e maquiagens arrojadas e era imitada por mulheres de todo o país. Com essa determinação, idealizou sua primeira baiana a ser usada em *Banana da Terra*, sexto e último filme dela no Brasil, que estreou em janeiro de 1939, no qual a cantora/atriz faz uma composição cênica para a música de Dorival Caymmi "O quê que a baiana tem?". Antes mesmo da estreia do filme, Carmen já introduziu a baiana nos seus shows no Cassino da Urca. Segundo Ruy Castro, foi com a baiana de J. Luiz e uma maquiagem mais escura que Carmen se apresentou na Urca em fins de novembro de 1938 e recebeu o astro do cinema Tyrone Power nos palcos do cassino. E foi com a mesma inspiração, readaptada pela equipe de figurino norte-americana do Teatro Schubert, que Carmen estreou nos palcos da Broadway com a revista musical *Streets of Paris*, em 1939, consagrando-se ali como cantora e atriz internacional.

A saia encontrava-se entre vários objetos de indumentária doados em agosto de 1956 ao Rio de Janeiro por David Alfred Sebastian, marido de Carmen, e faz parte da coleção do Museu Carmen Miranda, que conta atualmente com cerca de quatro mil itens originais no seu acervo, sendo 480 peças de vestuário e acessórios.

O Museu Carmen Miranda do Rio de janeiro, inaugurado em 1976, possui o maior acervo existente sobre a cantora. Nascida em Portugal em 1909, em seu tempo de sucesso no Rio de Janeiro, em plena década de 1930, foi considerada a mais carioca das cariocas, pois ao seu repertório, em sua maioria sambas e marchas, misturava as gírias do malandro e mulato carioca, personagens vistos nesse período com simpatia, já que traziam a alegria, a musicalidade e a beleza dos escravos africanos.

Inaugurando com a nova imagem outra fase da sua carreira artística, Carmen Miranda soube assimilar o ritmo carioca e baiano nessa saia, incorporando ainda os motivos geométricos em sua estreia nos Estados Unidos, em 19 de junho de 1939, que viria a marcar definitivamente sua brasilidade para o mundo.

Esse objeto, que completa a indumentária de baiana estilizada, nos reporta ao tempo em que os cariocas estavam amadurecendo no movimento modernista, iniciado em 1922 em São Paulo, ao mesmo tempo em que associavam a cultura baiana aos seus costumes através das quituteiras da Praça Onze.

Quando Carmen foi contratada para o Cassino da Urca, em pleno Estado Novo de Getúlio Vargas, foi assinado um contrato de exclusividade com aquela que anos mais tarde ficou famosa em Hollywood como Brazilian Bombshell. No palco ela era ainda a nossa "Pequena Notável", assegurando exuberantes números diários, tornando-se grande sucesso de público e consagrando-se, no final da década de 1930, como a maior estrela brasileira de seu tempo. Seu contrato no Cassino da Urca lhe rendia 30 contos mensais, valor nunca recebido por qualquer outro artista. Nesse período os cassinos passaram a contratar grandes estrelas, tanto nacionais como internacionais, para atrair o público.

A partir da década de 1930, o Rio de Janeiro passou a contar com um grande fluxo de turistas internacionais. Isso vinha acontecendo desde inauguração do Hotel Copacabana Palace, em 1923, mesmo momento em que foi criada a Sociedade Brasileira de Turismo, transformada mais tarde no Touring Club do Brasil. Nesse período o universo internacional começou a observar o Rio de Janeiro como uma cidade considerada simpática e o carioca associado a uma imagem sensual e alegre. Trata-se de um período na história do Rio de Janeiro, onde os políticos e a nata da sociedade frequentavam os cassinos existentes (Atlântico, Copacabana, Urca e Icaraí), construídos em locais estratégicos ao redor das praias cariocas com intuito de atrair os turistas internacionais. Joaquim Rolla, percebendo o visual panorâmico, constrói dois cassinos: o da Urca, no Rio, e o de Icaraí, em Niterói. Apostando nisso criou uma embarcação, a lancha Cynea, que levava os artistas, frequentadores e políticos para assistirem shows nos dois cassinos, um às onze da noite, na Urca, e outro, às duas da madrugada, em Icaraí. O turismo, o jogo e o show business passavam a animar uma cidade considerada musical, mas extremamente política, já que, nos cassinos, especificamente nos grill-rooms da Urca, senadores, deputados e diferentes lideranças promoviam suas articulações, enquanto as apostas corriam no salão ao lado.

Em 1938, o Rio de Janeiro já era considerado um dos lugares mais bonitos do mundo, e no carnaval recebeu o transatlântico *Normandie*, o maior, mais rápido e mais luxuoso navio Art Déco em circulação na época, um verdadeiro palácio flutuante francês. Por causa do tamanho, o navio não atracou no porto, permanecendo fundeado na enseada de Botafogo. Era visitado e visto por centenas de cariocas e Carmen, que morava na Urca desde 1937, numa casa decorada também no estilo Art Déco, pôde admirar as luzes do *Normandie*. Seus passageiros internacionais deixaram o convés para lotar os salões dos Cassinos. Era um verdadeiro espetáculo em plena Baía de Guanabara. Esse episódio ficou registrado em todos os jornais e o Rio de Janeiro passou a ser oficialmente um polo turístico internacional. Retornando no carnaval de 1939, o navio traria a bordo o grande empresário da Broadway, Lee Schubert, proprietário de muitos teatros nos Estados Unidos e na Inglaterra. Numa época em que não havia TV, os cassinos eram a diversão da elite e neles Carmen Miranda brilhava como sua estrela absoluta. Nestes mesmos palcos a saia em questão viria a representar um momento importante de sua carreira: ao participar de um espetáculo nessa ocasião no Cassino da Urca, foi convidada por Lee Schubert a se apresentar num de seus teatros em Nova York. A bordo do *Normandie*, Carmen, num jantar com o empresário, inicia sua despedida dos palcos cariocas quando surgiu a ideia do contrato que veio a se concretizar em 4 de maio de 1939, estando ela a um passo de Hollywood. Ao mesmo tempo chegava para se apresentar em seu lugar a famosa Josephine Baker para uma temporada de um mês, que logo se prolongou por alguns meses.

A Segunda Grande Guerra Mundial estava à beira de estourar, mas para os artistas dos cassinos do Rio de Janeiro a luta era outra. Josephine só voltou para Paris depois de iniciada a guerra, quando a Alemanha invadiu a Polônia, e no momento em que o Cassino da Urca representava a junção de vários artistas ao contratar os famosos dançarinos norte-americanos Nicholas Bros para o réveillon desse ano tão marcante para a humanidade.

Em 1940, após temporada nos Estados Unidos, Carmen retornou ao Rio de Janeiro. Por convite de Joaquim Rolla, em julho fez show no Cassino da Urca para uma plateia que representava a elite aglutinada em torno de Getúlio Vargas – marcada, então, pela simpatia pelo nazifascismo – em show beneficente promovido por D. Darcy Vargas. Após a primeira música (*South American way*) no lugar dos aplausos recebeu um silêncio assustador. Constrangida, tentou outra música, mas continuou o silêncio. Na terceira, ela se retirou aos prantos e não retornou mais ao palco. Não era o seu público, era a elite nacionalista. No dia seguinte, nos jornais disseram que ela havia se americanizado. Em setembro desse mesmo ano Carmen

retorna ao palco do cassino e com repertório genuinamente brasileiro criado para ela pelo diretor musical da Urca, Luiz Peixoto, consegue ter de volta o respeito e amor de seu público. Retorna aos Estados Unidos em outubro. E somente após quatorze filmes, vários shows, viagens pela Europa e Canadá, um casamento e um grande esgotamento nervoso, Carmen retorna ao Rio de Janeiro em dezembro de 1954 para se tratar. A princípio descansa no Hotel Quitandinha em Petrópolis, depois no Copacabana Palace Hotel, que por ironia do destino foram hotéis que tiveram seus cassinos extintos. Retornando aos Estados Unidos em abril desse ano, continua sua maratona de shows e profissionalismo. Mas, Carmen, após fazer temporada em Cuba, Las Vegas e gravar um piloto de um programa para TV norte-americana, falece de infarto no dia 5 de agosto. Seu corpo saiu de Beverly Hills, Califórnia, no dia 9 e chegou ao Rio de Janeiro no dia 12, onde foi velado no Palácio Pedro Ernesto, na Cinelândia, sendo visto e acompanhado por mais de um milhão de pessoas até seu sepultamento no dia 13 de agosto de 1955. Foi um dos maiores velórios que o Rio de Janeiro já havia presenciado.

Os cassinos movimentavam as noites cariocas e a economia da cidade, além de oferecer oportunidades de trabalho a vários tipos de profissionais, movimentando grandes empreendimentos na área de produção musical e shows business. Porém, mais do que isso, também serviam como local de arrecadação de fundos de ajuda humanitária através de suas estreias beneficentes, ocasião que a renda era revertida para obras sociais. A primeira dama, D. Darcy Vargas, que viria a fundar a extinta LBA (Legião Brasileira de Assistência) em 1942, era conhecida no final da década de 1930 como "beneficentíssima", pois promovia e ampliava vários projetos sociais através dos cassinos. Em seus áureos tempos, o Cassino da Urca recebia em suas instalações o próprio presidente da República, embaixadores, ministros e senadores para a estreia de uma temporada em noite beneficente. Em 1939, numa reunião no Palácio Guanabara, D. Darcy conseguiu reunir, entre outras figuras da sociedade carioca, a própria esposa do general Eurico Gaspar Dutra, D. Carmela Teles Leite Dutra, que por ironia viria a ser a responsável pelo fechamento dos cassinos no Brasil. Seu marido, décimo-sexto presidente do Brasil, influenciado por ela, considerada grande devota católica, acabaria por proibir os jogos de azar no Brasil através do Decreto-lei n.º 9.215 de 30 de abril de 1946, argumentando que o jogo era degradante para o ser humano. O período dos cassinos chegaria ao seu fim numa última partida de roleta, realizada no Cassino do Hotel Copacabana Palace nessa mesma data.

BIBLIOGRAFIA

PERDIGÃO, João; CORRADI, Euler. *O rei da roleta; a incrível vida de Joaquim Rolla, o homem que inventou o Cassino da Urca e transformou a história do entretenimento no Brasil.* Rio de Janeiro: Casa da Palavra, 2012.

GARCIA, Tânia da Costa. *O "it verde e amarelo" de Carmen Miranda (1930 - 1946).* São Paulo: Annablume; Fapesp, 2004.

CASTRO, Ruy. *Carmen: uma biografia.* São Paulo: Companhia das Letras, 2005.

FRANÇA, Jean-Marcel Carvalho; CRIBELLI, Teresa; PARADA, Maurício. *As descobertas do Brasil.* 1ª ed. Rio de Janeiro: Casa da Palavra, 2014.

ROITER, Márcio Alves. *Art nouveau e art deco: estilos de sedução.* 1ª ed. Rio de Janeiro: Dois Um Produções, 2013.

CÉSAR BALBI é museólogo pela UNIRIO, pós-graduado em Gestão Cultural – Universidade Cândido Mendes. Diretor do Museu Carmen Miranda desde 2003. Dedica-se a pesquisar a artista e seu universo desde 1992. Participou de diversas exposições, incluindo curadoria em duas exposições internacionais. Estudioso de conservação preventiva em acervo têxtil, fotografias e objetos de adorno.

VIVIAN FAVA PATERNOT é museóloga pela Uni-Rio e especialização em Figurino e Carnaval pela UVA. Especializou-se em conservação, restauração e catalogação de acervos têxteis e de vestuário, atuando como assistente de conservação das restauradoras Luciana da Silveira e Helena Cardoso; como museóloga, trabalhou na Casa da Marquesa de Santos – Museu da Moda Brasileira, Fundação Getúlio Vargas, Museu da Imagem e do Som e na TV Globo, acervo de figurino. Atualmente trabalha como coordenadora técnica e museóloga do Museu Carmen Miranda.

JAFAR
ELETROCHOQUE
S.T.
TESTE
V
VOLT.
C
220

Aparelho de Eletrochoque

Museu da Psiquiatria do Instituto Municipal Nise da Silveira

Décadas de 1940 e 1950

André Luiz Vieira de Campos

Em 1944, a psiquiatra Nise da Silveira, após oito anos afastada do serviço público, voltou ao seu trabalho no Centro Psiquiátrico Nacional, no Engenho de Dentro. Em 1936, quando foi presa sob a acusação de comunista, o Centro chamava-se Hospital Nacional de Alienados e estava localizado na Urca. Era o antigo Hospício D. Pedro II, que havia sido transferido para aquele subúrbio. Atualmente, sob o nome de Instituto Municipal Nise da Silveira, evoca a memória desta médica que contribuiu para humanizar o tratamento concedido aos doentes mentais.

Durante o tempo em que a doutora Nise esteve cassada, surgiram diversas técnicas de tratamento na psiquiatria: o coma insulínico, a lobotomia, o cardiazol e o eletrochoque. Após sua anistia, a doutora Nise seria apresentada a estas novas técnicas. Segundo o relato da médica:

> Paramos diante de um doente que estava ali para tomar eletrochoque. O psiquiatra apertou o botão e o homem entrou em convulsão. Depois, ele pediu que trouxessem outro paciente para a aplicação do choque. O médico me disse: aperte o botão. E eu respondi: não aperto.

O eletrochoque, hoje Convulsão Eletricamente Induzida (ECT), foi introduzido em 1938 pelo médico italiano Ugo Cerletti (1877-1963). Nos anos 1930, acreditava-se que pacientes epiléticos vítimas de convulsões não apresentavam psicoses. A partir deste princípio, Cerletti aplicou eletrochoques no cérebro de um esquizofrênico, obtendo uma melhoria no estado do paciente. Cerletti provou a utilidade deste tratamento para diversas indicações, como esquizofrenia aguda e psicose maníaco-depressiva. Rapidamente, o uso do eletrochoque se disseminou por todo o mundo, sendo considerada, até a década de 1960, uma terapia eficaz no tratamento de muitos transtornos.

Entretanto, o eletrochoque extrapolou as indicações originais para se tornar método de controle de internos "problemáticos", além de ser arma de tortura e repressão a dissidentes. Na Europa do Leste Comunista, foi usado contra presos políticos e nos Estados Unidos, nas décadas de 1940 e 1950, era tratamento para diversas "desordens", o que incluía a homossexualidade. O eletrochoque também foi aplicado em usuário de drogas, inclusive no Brasil.

O exemplar da máquina de eletrochoque existente no Museu do Inconsciente (modelo 08-A-258 da marca Japfar) foi fabricado no Brasil e é similar a outros, das décadas de 1940 e 1950, que integram o mesmo acervo. Fechado, é uma maleta retangular forrada de couro, com um fecho de metal e alça. Quando aberto, em um nicho na parte superior há espaço para os dois eletrodos que, colocados junto às têmporas do paciente, transmitiam a corrente elétrica, aplicando o choque. Um manual de instruções orientava o trabalho do médico de acordo com o procedimento: ligava-se a corrente de instalação em 110 ou 220 volts; plugavam-se os eletrodos e ajustava-se o seletor que controlava a aplicação do tempo do choque. A luz verde indicava que o aparelho estava ligado na função "controle de tempo"; enquanto a luz vermelha marcava que o aparelho estava "sem tempo" controlado. Feito isso, os eletrodos eram encostados nas têmporas do paciente e o choque era aplicado apertando-se um botão. Para a boa conservação do aparelho, recomendava-se a utilização, durante a aplicação do choque, de um algodão embebido em água nas chapas dos eletrodos.

Desde a década de 1940 houve resistências ao uso do eletrochoque. Além do aspecto desumano e traumático do tratamento, havia o risco não apenas de possíveis danos cerebrais produzidos pelas descargas, como também de luxações e mesmo fraturas, devido à violência dos tremores.

O olhar da sociedade e da medicina sobre a loucura e seu tratamento variou ao longo da história e marcou a experiência urbana. No Rio de Janeiro colonial e grande parte do século XIX, os afetados pela "vesânia", "alienação mental" ou "delírio", por mais estranhos que fossem, compunham a paisagem da cidade. Loucos pobres perambulavam pelas ruas enquanto não assumissem comportamentos perigosos, pois, neste caso, eram presos ou recolhidos à Santa Casa de Misericórdia, em condições que não diferiam, basicamente, das prisões. Os "lunáticos" com mais recursos viviam com suas famílias, podendo, em momentos de crises, ser internados na Santa Casa.

Entre meados do século XIX e o início do XX, a loucura foi apropriada e transformada pela medicina em doença mental, dentro de processo mais amplo de controle social liderado pela Academia de Medicina. Um marco fundamental deste projeto foi a fundação do Hospício D. Pedro II, em 1853, na Urca; prédio hoje ocupado pelo Palácio Universitário da Universidade Federal do Rio de Janeiro. Seu objetivo era retirar os loucos das ruas e interná-los em um espaço "higiênico" e exclusivo para tal finalidade. Buscava-se, ao mesmo tempo, proteger a população urbana dos "perigos da loucura" e proporcionar aos alienados "asilo, tratamento e curativo", instaurando a era dos asilos manicomiais na cidade do Rio de Janeiro.

A psiquiatria avançou no processo de medicalização, não apenas pelo seu prestígio científico, mas também em virtude das reformas institucionais que a República promoveu no sistema asilar, nas décadas de 1890 e 1900. Em 1890, um decreto estabelecia que:

> Todas as pessoas que, por alienação mental adquirida ou congênita, perturbarem a tranqüilidade pública, ofenderem a moral e os bons costumes (....) atentarem contra a vida de outrem ou contra a própria, deverão ser colocados em asilos (....) exclusivos para alienados.

Os marcos legais desta reforma foram: a criação da Assistência Médica e Legal de Alienados em 1890; a separação, no mesmo ano, do Hospício Nacional de Alienados – nome republicano do antigo Hospício D. Pedro II - da administração da Santa Casa; e a Lei de Assistência Médico Legal dos Alienados, de 1903. Todo o sistema estava subordinado ao Ministério da Justiça e Interior.

Na Capital Federal, as posturas municipais do tempo da administração Pereira Passos (1906) definiam que o sistema asilar, além do Hospital Nacional de Alienados, era composto pelo Pavilhão de Observação e as Colônias de Alienados na Ilha do Governador. Este sistema, associado ao prestígio científico da psiquiatria, permitiu que os comportamentos mais variados pudessem ser diagnosticados como doença mental, engrossando a população internada. Assim, a psiquiatria tornou-se um eficaz instrumento de controle social naquele momento em que o Rio de Janeiro vivenciava grandes transformações econômicas, demográficas e sociais.

O escritor carioca Lima Barreto denunciou a arbitrariedade do sistema asilar e as certezas da psiquiatria. Depois de ter sido diagnosticado como alcoólatra, foi internado duas vezes (1914 e 1919) no Hospital Nacional de Alienados, para onde fora enviado pela polícia a pedido da família. O romance *Cemitério dos vivos* é resultado das observações de Lima no seu *Diário do hospício*, escrito durante sua segunda internação. Ao recuperar a liberdade, Lima registrou que esta era a "maior, senão a única ventura" e o hospício era "uma prisão como outra qualquer".

Apesar das reformas no sistema asilar, problemas persistiam, entre eles a superlotação, que transformou o hospício num "espaço de misturas": diversos tipos e estágios de doenças mentais, além de adultos e crianças. Outra questão era o que fazer com o louco-criminoso. Assim, reformas posteriores realizadas na gestão de Juliano Moreira no Hospital Nacional de Alienados (1903-1931) criaram instituições específicas para os diversos tipos de doenças mentais e de pacientes.

Colônias exclusivas foram criadas na cidade do Rio de Janeiro, como as Colônias de Alienados de Engenho de Dentro (1911), para mulheres, e a de Jacarepaguá (posteriormente chamada Colônia Juliano Moreira), para homens; além de diversos pavilhões para crianças, epiléticos ou leprosos. A partir de 1921, o Sanatório para Toxicômanos passou a abrigar internados por alcoolismo e outras "substâncias inebriantes ou entorpecentes". Em 1927 foi criado o Manicômio Judiciário, como um "hospício-prisão" para psicopatas.

Ao lado das inovações médicas do século XX, persistiram práticas terapêuticas do século XIX. Nas colônias agrícolas, destinadas aos indigentes, predominava a terapia do trabalho na agricultura, mas também na carpintaria, tipografia, lavanderia e demais serviços domésticos. No Hospital de Alienados os reclusos eram utilizados nos serviços de limpeza,

cozinha, lavanderia, jardinagem e oficinas. Juliano Moreira exaltava a importância do trabalho dos internos por, além de disciplinar os corpos e distrair as mentes, constituir uma fonte de rendimentos para o hospital. Também era oferecida a "terapêutica moral", como "passeios ao ar livre, palestras, e salas de leitura", além de jogos de instrumentos musicais. Estas práticas, entretanto, eram regalias dos privilegiados pensionistas.

Também continuavam sendo aplicados os tratamentos semelhantes a castigos. Entre estes, os banhos, com destaque para os de imersão ou as fortes duchas frias.

Uma novidade republicana foi a eletroterapia. Conforme consta no relatório de 1900, apresentado ao ministro da Justiça pelo diretor do Hospício:

> O tratamento eletroterápico empregado no HNA [Hospital Nacional de Alienados] em fins do século XIX início do XX utilizava "correntes farádicas" e contínuas em diversos casos de hemiplegia, algumas de forma histérica; as correntes contínuas em casos com atrofias musculares; as correntes farádicas em nevrites infecciosas; a eletricidade estática no estupor alucinatório e em formas diversas de histerias; a galvanização e paralisação em caso de lipemania e as aplicações de correntes contínuas em delírios alcoólicos.

Assim, observamos que terapias utilizando eletricidade já eram conhecidas no manicômio antes do eletrochoque.

Quando, em 1944, a Dra. Nise da Silveira se recusou a praticar o eletrochoque, entrou em conflito com a instituição psiquiátrica. Sua alternativa foi se refugiar em uma sala de atividades ocupacionais. A teoria médica já falava em terapia ocupacional, mas isto era visto como forma de distrair e disciplinar os pacientes. Nise, entretanto, pretendia através da arte e do afeto, dialogar com eles.

No final da década de 1950, a oferta de praxiterapia consistia em uma das principais estratégias assistenciais do Serviço Nacional de Doenças Mentais. Em 1958 na Colônia Juliano Moreira, 35% dos internos faziam trabalhos praxiterápicos. Em 1952, Nise da Silveira fundou o Museu de Imagens do Inconsciente a partir dos trabalhos produzidos nos ateliês de pintura, modelagem e xilogravura.

Entretanto, apesar do prestígio da praxiterapia e do Museu de Imagens do Inconsciente, procedimentos como o eletrochoque, as injeções e a lobotomia continuavam a ser aplicados. Na década de 1960/70, com a difusão da antipsiquiatra e os avanços dos psicoterápicos, a utilização do eletrochoque foi diminuindo, apesar de não ter desaparecido. Hoje, a ECT é utilizada em casos extremos e, segundo seus defensores, nada tem a ver com o eletrochoque original.

Com a instituição da reforma psiquiátrica no Brasil pela Lei Paulo Delgado (2001), o atendimento aos doentes mentais passou a ser feito nas clínicas e apenas extraordinariamente se autoriza a internação. Pouco a pouco, as antigas colônias psiquiátricas da cidade do Rio de Janeiro foram sendo desativadas. ◈

BIBLIOGRAFIA

BRAGA, André Luiz de Carvalho. A assistência psiquiátrica da Colônia Juliano Moreira no governo JK, *in* VENÂNCIO, Ana Teresa A. & POTENGY, Gisélia Franco (orgs.). *O asilo e a cidade: histórias da Colônia Juliano Moreira.* Rio de Janeiro: Editora Garamond, 2015, p. 253-272.

CARRARA, Sérgio. *Crime e loucura: o aparecimento do manicômio Judiciário na passagem do século.* Rio de Janeiro: EDUERJ, 1998.

ENGEL, Magali Gouveia. *Os delírios da razão: médicos, loucos e hospícios* (Rio de Janeiro, 1830-1930). Rio de Janeiro: Editora Fiocruz, 2001.

MELLO, Luiz Carlos. *Nise da Silveira. caminhos de uma psiquiatra rebelde.* Rio de Janeiro: Automática Edições Ltda., 2014.

NARDI, Antônio Egídio. Eletrochoque. *Ciência Hoje*, nº 309. Vol. 52 (novembro, 2013): 17-21.

ANDRÉ LUIZ VIEIRA DE CAMPOS é professor-associado da Universidade do Estado do Rio de Janeiro (UERJ).

Conjunto de bastões para regência pertencentes ao compositor brasileiro.

Batutas de Villa-Lobos

Museu Villa-Lobos

Meados do século XX

Marcia Ladeira e Pedro Belchior

Batuta – do italiano *batutta* – significa "batida", "compasso". Trata-se de uma criação relativamente tardia na história da música ocidental. No século XV, o tempo era marcado com um rolo de partituras, prática substituída no século seguinte pelo batimento de uma vara pesada no chão, até que assumiu a forma de um bastão de madeira fino e leve, medindo entre 40 e 50 cm. Apesar de ser uma invenção do século XVIII, o uso da batuta tornou-se corrente apenas a partir de 1820, quando o universo da música de concerto foi tomado pelo romantismo, contexto em que a figura do regente ganhou inédita força.

Invenção da modernidade, a batuta encarna a leveza e o movimento necessários à adequada direção dos naipes de instrumentos de uma orquestra. Leonard Bernstein (1918-1990), o mais aclamado regente do século XX, dizia que a batuta era algo vivo, carregado de uma espécie de eletricidade que a torna um "instrumento de sentido" em seus mais ínfimos movimentos.

O Museu Villa-Lobos exibe, em sua exposição de longa duração, uma coleção de batutas pertencente ao acervo de um dos mais importantes compositores brasileiros de todos os tempos. Estão dispostas junto a outros objetos - como violão, piano, metrônomo, jogo de bilhar, charuto e caixa de lápis - que, em seu conjunto, são mediadores entre o tempo do maestro e compositor Heitor Villa-Lobos (1887-1959) e o tempo dos vivos, o *adagio* da história e o *prestíssimo* do mundo contemporâneo. As batutas de madeira, mais delgadas e leves, foram utilizadas pelo compositor para reger dezenas de orquestras nas Américas, na Europa e em Israel. Outras, feitas de materiais nobres como o ébano e o marfim, com ornamentos em prata e ouro, foram-lhe doadas a título de homenagem por importantes sociedades e instituições musicais.

A trajetória de Villa-Lobos, nascido em Laranjeiras, funde-se em muitos aspectos com a história do Rio de Janeiro. Um dos principais emblemas cariocas inscritos na obra de Villa é, sem dúvida, um ritmo popular essencialmente carioca: o choro, composto e executado pelos "chorões". Não é mera coincidência o fato de que um dos mais célebres grupos de músicos populares do início do século passado se autointitulou "Os Oito Batutas". Figuras do calibre de Pixinguinha, Donga, Raul Palmieri e Nelson Alves conquistaram plateias em Paris e Buenos Aires no compasso do choro, do maxixe, do batuque e do cateretê. A palavra "batuta" possui, no Brasil, uma dimensão polissêmica, pois também é sinônimo de pessoa entendida, sagaz e notável. A cadência da música e o talento dos "chorões" ganham na *batuta* a sua fusão.

Nas duas primeiras décadas do século XX, a música praticada nas ruas e praças do Rio de Janeiro exerceu sobre o jovem Villa-Lobos um atrativo especial. Tal interesse leva-o a estudar violão escondido de sua mãe, que não aprovava sua aproximação com os autores daquele gênero, considerados marginais. No início dos anos 1920, como consequência do envolvimento com o choro, começa a compor um ciclo de quatorze obras, para as mais diversas formações, intitulado *Choros*; nasce aí uma nova forma musical, em que a música urbana se mescla a modernas técnicas de composição.

É nas mãos de um regente que a batuta, um simples bastão delgado, ganha sentido. "Reger" provém do termo latino *regere*, cujo parentesco com *rex* (rei) é evidente. O regente possui soberania na hierarquia da orquestra. A coreografia da batuta, comandada pela mão em movimento do regente, ao mesmo tempo instrui e disciplina. Do alto de seu púlpito, o maestro/mestre arregimenta, organiza, conduz e educa.

E é nos anos 1930 que Villa-Lobos e o Rio de Janeiro mais uma vez se entrelaçam. Após duas bem-sucedidas temporadas em Paris e experiências artísticas e educativas no estado de São Paulo, Villa-Lobos retorna à então Capital Federal para conduzir um ambicioso projeto de educação musical. O convite partiu do intelectual Anísio Teixeira, à época diretor de Instrução Pública do Distrito Federal e um dos expoentes do movimento Escola Nova, que propunha transformar a educação no Brasil, por meio da criação de um sistema público laico e gratuito.

A articulação entre ensino profissionalizante e ensino secundário representa um dos elementos inovadores na proposta de Anísio Teixeira para a reformulação do sistema educacional brasileiro. O educador vislumbra atenuar a discriminação social e pedagógica cultivada na sociedade brasileira por uma velha concepção dualista entre a educação profissionalizante e o ensino secundário clássico.

O projeto de ensino de música nas escolas do Distrito Federal iniciado com a gestão de Anísio Teixeira está inserido no cenário político e cultural do Brasil dos anos 1930 e 1940 e tem como moldura a invenção de um passado nacional. Aspectos da cultura brasileira são preconizados como ícones nacionais, capazes de representar e estimular o sentimento de pertencimento, fundamental para a construção da ideia de nação. A música assume assim dupla função – estética e socializadora – na formação dos indivíduos. Por meio do canto orfeônico, busca-se criar um poderoso organismo coletivo no sentido de integrar o indivíduo ao patrimônio social da Pátria.

Villa-Lobos assume a direção do Serviço de Música e Canto Orfeônico em 1932. No ano seguinte, este organismo transforma-se em Superintendência de Educação Musical e Artística (SEMA). O Curso de Pedagogia de Música e Canto Orfeônico é criado

com o objetivo de formar professores do magistério público para desenvolver o estudo da música nas escolas primárias e de ensino secundário e profissional.

Neste curso, os professores são introduzidos na prática da teoria musical e na técnica dos processos orfeônicos de acordo com uma metodologia brasileira, como relata o próprio compositor: "foi o meio pelo qual a música pôde penetrar em todas as camadas sociais, e dada a sua qualidade estritamente brasileira – porque desde o início procuramos dar uma feição nacional aos programas elaborados para uso das escolas – o canto orfeônico tornou-se, desde então, um fator importantíssimo de difusão do sentimento de patriotismo e do desenvolvimento da consciência nacional entre a massa popular e entre as novas gerações."

Em um contexto pós-Revolução de 1930, a ideia da construção da nacionalidade conquistou a adesão de intelectuais e artistas de diversos matizes políticos à ação do Estado, visto como o principal agente (re)formulador da moderna nação brasileira. E sob a batuta de Villa-Lobos um conjunto formado por naipes e solistas de primeira grandeza, como Afrânio Peixoto, Roquete Pinto, José Vieira Brandão, entre outros reconhecidos e desconhecidos, mobilizam-se, cada um a seu modo, direta ou indiretamente, em torno de uma campanha educacional por meio da música.

Para a consecução desse plano, documentos musicais são selecionados e adaptados. O *Guia prático: estudo folclórico musical* é um exemplo de obra didática que reflete a fisionomia sonora do Brasil. Esta coletânea de 137 canções infantis populares é utilizada nas escolas para o ensino de canto orfeônico, com o objetivo de "educar toda uma nação para a música".

Melodias do cancioneiro popular, canções folclóricas, brinquedos de roda, temas ameríndios, cânticos afro-brasileiros, composições de autores brasileiros e estrangeiros e hinos pátrios são entoados por uma massa coral composta por duas, cinco, dez, doze mil vozes em escolas e praças públicas.

A partir do Estado Novo, instituído com o golpe de 1937, as demonstrações orfeônicas de caráter cívico, realizadas para comemorar as grandes datas da Pátria, ganham amplas proporções. Com a política cultural gerenciada pelo ministro da Educação e Saúde Gustavo Capanema, que criou um espaço distinto do restante do aparelho de Estado – naquele momento, identificado com a opressão física e simbólica de um regime autoritário –, nasce, em 1942, o Conservatório Nacional de Canto Orfeônico, agência responsável pelos programas de ensino e pela formação de professores de canto orfeônico em todo o território nacional.

O sentimento de brasilidade eleva-se ao som de dezoito, trinta, quarenta mil vozes. Gigantescas manifestações públicas acontecem nos estádios do Vasco da Gama e do Fluminense, no Largo do Russel, no pátio do Palácio Gustavo Capanema, no Instituto de Educação, no Palácio Laranjeiras, no Colégio Militar, no Teatro João Caetano e em outros espaços da cidade. No *andante* percurso da memória, alunos e professores das escolas primárias e técnico-secundárias, músicos civis e militares caminham num movimento musical cívico-artístico-educacional.

A experiência das concentrações orfeônicas é descrita em impressões poéticas por Carlos Drummond de Andrade:

> Quem o viu um dia comandando o coro de quarenta mil vozes adolescentes, no estádio do Vasco da Gama, não pode esquecê-lo nunca. Era a fúria organizando-se em ritmo, tornando-se melodia e criando a comunhão mais generosa, ardente e purificadora que seria possível conceber. A multidão em torno vivia uma emoção brasileira e cósmica, estávamos tão unidos uns aos outros, tão participantes e ao mesmo tempo tão individualizados e ricos de nós mesmos, na plenitude de nossa capacidade sensorial, era tão belo e esmagador, que para muitos não havia outro jeito senão chorar; chorar de pura alegria. Através da cortina de lágrimas, desenhava-se a nevoenta figura do maestro...

O relato do poeta demonstra como Villa-Lobos soube tornar o canto orfeônico um meio de mobilizar o sentimento da cidade. A "elevação do gosto" musical, o "despertar dos sentimentos humanos" de ordem estética, moral e cívica, e a disciplina e a solidariedade eram almejados com o projeto de educação musical. Como regente, aquele que ao mesmo tempo instrui e disciplina, Villa-Lobos arregimenta alguns dos maiores eventos de multidões do Rio de Janeiro ao longo da primeira metade do século XX. Somente o futebol e o carnaval seriam capazes de mobilizar com tamanho ardor tantos participantes como o canto orfeônico. ◈

BIBLIOGRAFIA

BOLETIM Latino-americano de Música, Ano VI, Tomo VI. Educação Musical, Rio de Janeiro, ano VI, Tomo V,1946, p.495-558.

CHUVA, Márcia Romeiro. *Os arquitetos da memória: sociogênese das práticas de preservação do patrimônio cultural no Brasil (anos 1930-1940).* Rio de Janeiro: Editora UFRJ, 2009.

GOMES, Ângela de Castro (Org.). *Capanema: o ministro e seu ministério.* Rio de Janeiro: FGV, 2000.

TEIXEIRA, Anísio. *Educação para a democracia.* Rio de Janeiro: Editora UFRJ, 1998.

MARCIA LADEIRA *é* doutoranda em História na Universidade Federal do Estado do Rio de Janeiro (Unirio). Graduada em Museologia, com formação técnica em música, coordena projetos educativos e culturais no Museu Villa-Lobos.

PEDRO BELCHIOR *é* doutorando em História na Universidade Federal Fluminense (UFF), pesquisador do Museu Villa-Lobos e coautor do livro *Nova fase da lua: escultores populares de Pernambuco.*

A imagem esculpida sobre madeira reproduz projeto para a abertura da Avenida Presidente Vargas.

Capa-maquete da Avenida Presidente Vargas

MUSEU DA REPÚBLICA

1942

Evelyn Furquim Werneck Lima

Os objetos constituem uma fonte de pesquisa bem particular devido à sua materialidade e ao papel que representam ou representaram em diferentes sociedades. Na observação de qualquer objeto, sugere-se analisar primeiramente seus elementos plásticos, como estrutura, forma, cor e matéria, para, em seguida, definir a noção de função, articulação entre a função e a estética, o estilo e o valor simbólico, ou seja, os significados atribuídos pela sociedade que os produziu.

O objeto em análise consiste basicamente num documento escrito a mão e decorado à luz das antigas iluminuras com uma dedicatória a Getúlio Vargas encabeçada pelo prefeito-interventor Henrique Dodsworth, assinada por servidores da Prefeitura do Distrito Federal, todos responsáveis pela homenagem. Não se trata apenas de uma dedicatória, mas de um objeto artístico, visto que a encadernação é uma primorosa escultura em jacarandá, com a maquete do projeto da abertura da Avenida Presidente Vargas entalhada na capa.

Simulando um livro, o volume é um prisma oco de madeira com base retangular medindo 30 cm de largura por 41,5 cm de comprimento e 7,5 cm de espessura, que envolve o documento. A capa, articulada por duas dobradiças de latão com acabamento rendilhado em forma de flor-de-lis, abre-se tal como uma porta que pode ser trancada quando rebatida sobre aresta lateral, com um fecho também em latão. Em relevo, há uma moldura com desenho de arabescos em torno da capa, revelando uma inspiração eclética do artista, ainda distante dos padrões bauhausianos que eram ditados na Europa. Contudo, o mais notável é o trabalho de entalhamento da maquete do projeto para a abertura da Avenida Presidente Vargas, cujo primeiro trecho já havia sido inaugurado em 10 de novembro de 1941. A representação foi esculpida na capa de madeira em que consta a assinatura do artista: Sylvio, Rio, 1942.

Há indícios de que a entrega da encadernação em relevo ao chefe de estado ocorreu na quarta-feira, dia 12 de agosto. Segundo o que consta do jornal *Correio da Manhã* de 13 de agosto de 1942: "O presidente da República recebeu em despacho ontem o ministro da Fazenda e o prefeito do Distrito Federal, tendo recebido também grupos de pessoas que queriam manifestar satisfação pelo seu restabelecimento." Isso leva a crer que o presidente já se recuperara do acidente automobilístico sofrido em maio e que o prefeito Henrique Dodsworth aproveitou a ocasião para presenteá-lo com o documento manuscrito encadernado e entalhado com a maquete do projeto da abertura da Avenida Presidente Vargas esculpida na capa de jacarandá. No interior, a curta dedicatória seguida de lista de assinaturas foi habilmente escrita e ornamentada por Hilário Cezarino.

> *Excelentíssimo senhor Doutor Getúlio Vargas,*
>
> *Os servidores da Prefeitura do Distrito Federal representados por todas as suas classes desejam tributar a vossa Excelência os sentimentos de profun-*

da simpatia com que cheios do mais patriótico interesse se veem informando de seu estado de saúde na ânsia de vê-lo completamente restabelecido.

Ao eminente exemplar compatriota que reúne tão harmoniosamente os edificantes atributos do cidadão as virtudes básicas do brasileiro, dirigem-se os votos de solidariedade humana de todos os servidores da prefeitura do Distrito Federal, os quais numa calorosa manifestação se aproveitam do ensejo para testemunhar a sua perfeita identificação com os seus atos e inspirados ideais.

Agosto de 1942

O que se observa num primeiro momento é que o uso social deste objeto é tão somente o de transmitir simpatia e solidariedade ao chefe da nação por parte de um prefeito-interventor e seus comandados. Mas por outro lado, há que se atribuir um significado mais profundo. É possível que, ao encomendar a capa da dedicatória com a maquete da avenida entalhada, Dodsworth quisesse vangloriar-se do ambicioso projeto em andamento, possivelmente o mais significativo de sua gestão até aquele momento. O presidente, que acabava de se recuperar de uma fratura que o imobilizara, deve ter ficado bastante sensibilizado com a homenagem e certamente ampliou o apoio político e financeiro para levar a cabo a ousada empreitada, que causava polêmicas na mídia da época, apesar da censura, como se constata no jornal *O Globo* de 11 novembro de 1941, entre outros.

O objeto espelha um momento crucial da história urbana do Rio de Janeiro, na qual intensas cirurgias urbanísticas estavam ocorrendo, com demolições de monumentos civis e religiosos, com a expulsão de população de baixa renda do centro e novas fisionomias propostas para a cidade. Para a abertura da artéria, desapareceram as igrejas de São Pedro dos Clérigos, Bom Jesus do Calvário e o hospital de mesmo nome, o Largo e a Igreja de São Domingos e a antiga capela do Cônego (Capela de Nossa Senhora da Conceição), além do Paço Municipal, da Escola Benjamin Constant, entre muitos imóveis e uma faixa de setenta metros de largura do Campo de Santana.

Cabe lembrar que no discurso que proferiu na inauguração do primeiro trecho da avenida, publicado no jornal

Diário de Notícias de 11 de novembro de 1941, o prefeito Dodsworth buscou destacar o nacionalismo, um dos principais valores defendidos pela ideologia do Estado, mas ao se analisar a escultura do projeto gravada na capa do objeto em questão, percebe-se que o modelo era nitidamente europeu e autoritário, em muito semelhante à proposta de reestruturação urbana de Berlim, da mesma época.

Uma reflexão sobre a capa do volume entalhado sugere que podemos relacioná-la diretamente com a própria maquete apresentada ao presidente Vargas em 1938, quando ele autorizou a obra. Sabe-se que a maquete volumétrica é um recurso tridimensional de representação em escala reduzida de projetos para apresentações ou exposições e que pode ser confeccionada com vários materiais, desde papel até acrílico, em tamanhos diversos. Existem no Arquivo Geral da Cidade do Rio de Janeiro fotografias da maquete que originou a capa do objeto em estudo e que foi analisado em meu livro *Avenida Presidente Vargas: uma drástica cirurgia* (1990).

A intenção de prolongar a avenida do Mangue até o mar (Cais dos Mineiros-Arsenal da Marinha) já fora cogitada pelo Barão de Mauá em 1857. O Plano Agache – contratado pelo prefeito Prado Junior – também previa esta ligação, porém foi revogado na gestão de Pedro Ernesto para ser, em seguida, readaptado durante a longa e controvertida administração de Henrique Dodsworth (1937-1945), que reativou a Comissão do Plano da Cidade. O projeto da larga e extensa artéria foi retomado pelo Serviço Técnico do Plano da Cidade e submetido ao presidente Vargas no estande da Secretaria de Viação da Feira de Amostras, em 1938. O projeto do Plano da Cidade – perspectiva e maquete – de autoria do arquiteto Nelson Muniz Nevada, agradou e motivou o presidente da República a dizer ao prefeito e ao secretário de Viação Edison Passos: "Vamos fazê-la."

Na maquete apresentada a Vargas, ao longo do Canal do Mangue, as edificações foram propostas dentro do esquema sugerido pelo Plano Agache para a Esplanada do Castelo, ou seja, quadras edificadas ao longo da rua-corredor, que em projeção formariam o desenho de faixas em "gregas", tal como se percebe na capa do objeto em estudo. No interior destas quadras, haveria um espaço aberto provavelmente destinado ao estacionamento de veículos.

Da Praça da República à Praça Onze de Junho, a massa das edificações – tal como paredes de um grandioso espaço cênico, seria contínua, e no trecho mais largo da avenida que vai da Praça da República ao Arsenal da Marinha, na confluência com a Avenida Rio Branco, foi projetada uma massa linear de edificações em ambos os lados da avenida, que se alargaria em praça ao redor da igreja da Candelária, único remanescente da área atingida pelas demolições.

A perspectiva sugerida no sentido Praça da República-Candelária, ainda que visualizando apenas a fachada posterior do monumento, tem o mesmo significado de grandiosidade que a perspectiva análoga projetada pelo arquiteto de Hitler, Albert Speer, na direção da volumosa cúpula do Volkshalle – monumento concebido pelo próprio ditador em croquis datados de 1925 – para a reestruturação urbana de Berlim. O projeto e a maquete para a capital alemã foram também tornados públicos em 1938.

Cabe ressaltar que a antiga malha viária existente no centro do Rio de Janeiro antes da intervenção, ainda que tenha sido originada de um sistema tradicional de ruas paralelas e perpendiculares, era dinâmica e simbólica, sem qualquer monotonia, visto que além de fachadas coloridas, os sobrados tinham diferentes alturas, como se percebe na planta de Rocha Fragoso, *Mappa architectural da cidade do Rio de Janeiro, part e comercial... (1874)*. Os espaços anteriormente ocupados pela população indesejada, em área que se pretendia valorizar, transformar-se-iam em vazios artificiais no quais o indivíduo perdeu seu lugar. Até mesmo as passagens subterrâneas previstas – como aquelas entalhadas na capa do objeto em estudo, não foram construídas, seccionando o tecido urbano.

Para concluir, o livro-dedicatória se define como objeto e documento histórico, que integra a coleção Getúlio Vargas (códice GV05 hom 7) do acervo do Museu da República. Doado originalmente, na época do segundo governo Vargas, ao Museu Histórico Nacional, o material mais tarde seria incorporado ao Museu da República, criado quando a Presidência foi transferida do Palácio do Catete para o Palácio do Planalto, na nova capital, Brasília.

A abertura da Avenida Presidente Vargas, eliminando de sua rota prédios de valor artístico e afetivo, expulsando comunidades pobres e erigindo marcos para expressar o poder, como o Ministério da Guerra e o novo prédio da Central do Brasil, foi imposta, a exemplo de outras cirurgias urbanísticas processadas durante o Estado Novo. Porém a análise do objeto em questão, uma dedicatória encadernada como uma obra de arte, agora destinada à contemplação, permite reflexões estéticas sobre um relevante momento da história da cidade do Rio de Janeiro.

BIBLIOGRAFIA

LIMA, Evelyn F.W. *Avenida Presidente Vargas: uma drástica cirurgia*, Rio de Janeiro: SMC/DGDI, 1990.

SPEER, Albert. *Inside the Third Reich*. Nova York: The Macmillan Company, 1970.

Discurso do Sr. Henrique Dodsworth por ocasião da inauguração do primeiro trecho da Avenida Presidente Vargas. *Diário de Notícias*, Rio de Janeiro, 11 de novembro de1941.

Tombarão quatro igrejas para dar lugar à Avenida Presidente Vargas. *O Globo*, Rio de Janeiro, de 11 nov, 1941.

No Guanabara. *Correio da Manhã* , Rio de Janeiro, de 13 de agosto de 1942.

Mappa architectural da cidade do Rio de Janeiro, part e comercial... (1874).

Agradeço aos funcionários do Museu da República e à bolsista de iniciação científica Luana Prado que colaborou com a pesquisa.

EVELYN FURQUIM WERNECK LIMA
é pesquisadora do CNPq, doutora em História Social (IFCS/UFRJ/EHESS), pós-doutora (Université Paris X), Senior Research Fellow (Collège de France), professora titular da Universidade Federal do Estado do Rio de Janeiro e líder dos GP Estudos do Espaço Teatral e Espaço e Memória. É autora dos livros premiados *Avenida Presidente Vargas: uma drástica cirurgia* (1990 e 1995) e *Arquitetura do espetáculo* (2000), entre várias obras.

Aparelho em metal e baquelite, marca Turner Dynamic.

Microfone radiofônico

Museu da Imagem e do Som

DÉCADA DE 1940

Cláudia Mesquita

Destituído de sua função original há décadas, esse microfone radiofônico dos anos 1940 representa a época áurea do rádio na cidade do Rio de Janeiro e encontra-se no Museu da Imagem e do Som (MIS), sendo o único do gênero na instituição. Foi fabricado pela firma americana *Turner Dynamic,* em metal e baquelite. Baquelite foi o primeiro plástico sintético a ser empregado em escala industrial. Seu excelente isolamento térmico e elétrico fez com fosse empregado em muitos aparelhos e artefatos, como rádio, microfones, tomadas, telefones e máquinas fotográficas.

De origem desconhecida, não se sabe como, e através de quem, o microfone chegou ao museu, sendo possível cogitar que o mesmo tenha pertencido ao radialista Henrique Foréis Domingues, o popular *Almirante,* carioca apaixonado pela música popular brasileira, cantor, compositor, radialista, pesquisador e idealizador dos programas de auditório nas rádios, cujo arquivo foi a base de criação do Museu da Imagem e do Som do Rio de Janeiro. *Almirante* recebeu o título de "a maior patente do rádio", graças a programas inovadores como *Curiosidades musicais* e *Incrível! Fantástico! Extraordinário!*, de transmissão semanal na Rádio Tupi, cujas histórias fantásticas de terror enviadas pelos ouvintes, mexeu com o imaginário de algumas gerações.

Outra possibilidade seria o artefato ter vindo da Rádio Nacional, cuja coleção homônima é formada por parte do acervo histórico da emissora, inaugurada em 1936 e líder absoluta de audiência nas duas décadas seguintes. A Coleção Rádio Nacional reúne programas de auditório, como os de César de Alencar e Manoel Barcelos, programas de calouros, canções de ídolos da época, radionovelas famosas como o *Direito de nascer* e *Em busca da felicidade* e as transmissões do *Repórter Esso, testemunha ocular da história*, e suas emocionantes edições extraordinárias, na voz de Heron Domingues. Sem a marca dos microfones imponentes das grandes emissoras, com seus nomes gravados no metal, essa peça da Coleção MIS é um microfone anônimo, porém não desprovido de identidade, podendo nos dizer muito sobre a história do rádio e do museu que o abriga. Para tanto, torna-se crucial compreender o seu processo de patrimonialização, e saber como, uma vez apartado do seu valor de uso, esse microfone veio a adquirir valor simbólico como parte de uma coleção.

Reflexões sobre a história do Rio e a natureza institucional do MIS podem nos ajudar a responder a essa questão. O Rio de Janeiro, por suas características de cidade portuária e cidade-capital, transformou-se num lugar de cruzamento, não somente de comércio, como também de cultura. As culturas de origem africana e europeia foram sendo amalgamadas a partir de diálogos e confrontos entre representantes das elites e camadas populares. O encontro de Pixinguinha e sua turma de músicos negros com jovens intelectuais envolvidos na valorização de um Brasil mestiço, como Sérgio Buarque de Holanda e Gilberto Freyre, foi um dos marcos inaugurais desse movimento de mediação cultural no final dos anos 1920.

A "nacionalização" do samba pelo Estado Novo, na década de 1930, permitiu a transformação da Capital Federal num "Rio de todos os Brasis", para usar a expressão de Carlos Lessa sobre o lugar matricial da cidade do Rio de Janeiro na conformação de uma identidade nacional. Entretanto, até meados dos anos de 1960, os museus brasileiros, de forte influência eurocêntrica e etnocêntrica, resistiam a essa realidade, constituindo-se majoritariamente em espaços sacralizadores da memória das elites. O MIS subverteu essa tendência, validando como patrimônio objetos relacionados à memória da "velha guarda do samba", do rádio, entre outros representantes da cultura popular. Inaugurado em 1965 como parte das Comemorações do IV Centenário do Rio, esse museu foi também projetado no âmbito de uma estratégia de compensação pela transferência da capital para Brasília, em 1960. Desse modo, correspondeu, no campo simbólico, à experiência autonomista do estado da Guanabara, constituindo-se num *museu de fronteira,* voltado para a preservação e enaltecimento de uma identidade do carioca e das coisas do Rio, tão fortemente associadas à ideia de uma cidade musical.

Ainda em outro aspecto, a história do rádio se confunde com a do MIS. A primeira transmissão radiofônica oficial realizada no Brasil ocorreu na solenidade de abertura da Exposição Comemorativa do Centenário da Independência do Brasil, em 1922, com o discurso do então presidente Epitácio Pessoa. É provável que a fala do presidente tenha ocorrido no Pavilhão do Distrito Federal, prédio de formas clássicistas, reformado para sediar o Museu da Imagem e do Som, cuja inauguração contou com discurso proferido pelo então governador Carlos Lacerda, transmitido pela Rádio Roquette Pinto.

No tempo áureo do rádio, a vida social e política da metrópole convergia para o Centro, ou para a *Cidade*, como era popularmente chamado. Lá ficavam o Senado da República, livrarias, redações dos jornais, cinemas, teatros, hotéis, casas comerciais, cafés e confeitarias como a Casa Cavé e a Colombo. Também na *Cidade* concentravam-se as estações de rádio. Para citar alguns exemplos, a Rádio Sociedade do Rio de Janeiro, primeira emissora brasileira, lançada em 1924, estabeleceu-se no que fora o Pavilhão Tchecoslovaco da Exposição de 1922, na antiga Avenida das Nações, até ser doada ao governo em 1936, passando a chamar-se Rádio Ministério da Educação, com seus estúdios na Praça da República. A Mayrink Veiga, fundada em 1926, começou a funcionar na Rua Municipal, depois Rua Mayrink Veiga. A Tupi foi inaugurada em 1935 no bairro do Santo Cristo, transferindo-se mais tarde para um prédio na Avenida Venezuela. A Rádio Nacional sempre funcionou no Edifício A Noite, na Praça Mauá, sendo incorporada pelo Governo Vargas, em 1940, como fundamental instrumento de *marketing* político-ideológico do Estado Novo.

A modernidade do pós-guerra produziu um aceleramento da urbanização e dos meios de comunicação de massa, crescimento econômico e maior diferenciação dos tipos urbanos na cidade do Rio de Janeiro, em grande parte decorrente do intenso fluxo migratório para o Distrito Federal. O rádio assumiu a liderança nesse processo, não somente refletindo o que se passava na sociedade, como também gerando novos comportamentos e hábitos de consumo. A fãzoca do rádio é um tipo característico desse período, retratada no sucesso carnavalesco de Miguel Gustavo, na voz do Palhaço Carequinha, em 1958: "Ela é fã da Emilinha. Não sai do *César de Alencar.* Grita o nome do Cauby – Cauby! E depois de desmaiar. Pega a *Revista do Rádio.* E começa a se abanar."

Para Nelson Rodrigues, o rádio tornara-se insubstituível para o lar suburbano, que já não podia "...prescindir das músicas, das peças, das vozes, e até, dos anúncios que circulam implacavelmente". Mais do que um lazer barato, o rádio surgiu como lazer coletivo, em torno do qual as pessoas se reuniam em estabelecimentos comerciais, e famílias, no ambiente doméstico. Em 1942, a Rádio Nacional lança a emissora de ondas curtas, fazendo chegar sua programação a todo o território nacional, passando a exercer um papel exemplar na uniformização de um padrão nacional a partir de elementos culturais da Capital Federal. O bordão de um dos astros da emissora é ilustrativo dessa dimensão espacial: "Alô, alô, senhores aviadores que cruzam os céus do Brasil. Aqui fala Jorge Veiga diretamente da Rádio Nacional. Estações do interior queiram dar os seus prefixos para guia das novas aeronaves."

Como observou o cronista Rubem Braga, "o povo brasileiro fala a língua da Rádio Nacional", e a Nacional falava a língua do Rio, naquele momento. A linguagem coloquial dos cariocas tornou-se parte da fala de muitos brasileiros, em redutos situados à grande distância da Capital Federal. Conta-se que numa fazenda de cacau no interior da Bahia, segundo transcrito na enciclopédia *Nosso Século*, um superintendente da Rádio Nacional conheceu uma "senhorita muito interessante e falante, com sotaque carioca". Ao ser indagada quando esteve no Rio, a moça disse jamais ter pisado na Capital Federal, mas ter aprendido com a Rádio Nacional "a falar direitinho". Entretanto, conforme indica a pesquisadora Lia Calabre, nem todos viam com bons olhos a chegada das ondas do Rio ao interior do Brasil, responsabilizando a rádio pela má "influência dos microfones na vida ingênua das províncias".

O fim da *época de ouro do rádio*, ao término da década de 1950, coincidiu com a despedida do Rio como Capital Federal, em 1960, e com a radicalização político-ideológica, que iria culminar com o Golpe de 1964. O movimento de perseguição, conhecido como *caça às bruxas*, atingiu em cheio a Rádio Nacional, contribuindo para a sua decadência. A televisão emerge como veículo de comunicação de massas, assumindo pouco a pouco o lugar ocupado pelo rádio, porém herdando seus profissionais e melhores programas, principalmente os de jornalismo e humor. Os programas de auditório foram também transplantados para a TV, atingindo grande sucesso e mantendo a sua marca popular. O *transistor* fez do rádio um lazer individual. Pouco a pouco, sambas-canção, boleros e marchinhas carnavalescas cedem lugar à bossa nova, às músicas de protesto e ao *rock and roll*, apelidado com irreverência de *iê-iê-iê* pelos defensores da tradição na música brasileira. Outras territorialidades culturais, como a *Princesinha do Mar* e a *República de Ipanema* suplantam a hegemonia da *Cidade*, vindo a abrigar emissoras de televisão, em sua grande maioria instaladas na Zona Sul, perto do mar. O Museu da Imagem e do Som surge nesse contexto preservando antigas tradições. Graças ao museu, e aos trabalhos da memória, um microfone radiofônico, objeto precioso, pode nos contar essa história.

BIBLIOGRAFIA

MESQUITA, Cláudia. *Um museu para a Guanabara: Carlos Lacerda e a criação do Museu da Imagem e do Som*, Rio de Janeiro: Editora Folha Seca, 2010.

__________. *De Copacabana à Boca do Mato: o Rio de Janeiro de Sérgio Porto e Stanislaw Ponte Preta*. Rio de Janeiro: Editora Fundação Casa de Rui Barbosa, 2008.

CLÁUDIA MESQUITA é doutora em História Social pela UFRJ, pesquisadora e escritora, autora, entre outros, de *Um museu para a Guanabara: Carlos Lacerda e a criação do Museu da Imagem e do Som*, e *De Copacabana à Boca do Mato: o Rio de Janeiro de Sérgio Porto e Stanislaw Ponte Preta*.

Uma das muitas roletas utilizadas no sorteio clandestino que, nascido em fins do século XIX, marca presença até hoje nas ruas do Rio.

Roleta de jogo

Museu da Polícia Civil

MEADOS DO SÉCULO XX

Amy Chazkel

Passando pelas ruas do Rio, ainda se vê hoje em dia um fenômeno típico da paisagem da cidade há mais de um século: pessoas sentadas diante de uma mesinha ou numa cadeira, com seu bloco de papel e caneta, trocando pequenas quantias de dinheiro vivo por chances de melhorar – mesmo que ligeiramente – a vida financeira. E continuamos a ver, no fim da tarde depois do horário comercial, pedaços de papel com listas de números colados nas árvores e nos postes da rua. Estes simples objetos – lápis, caneta, pedacinhos de papel – sempre foram e ainda são os materiais do jogo do bicho, a loteria famosíssima que nasceu nas ruas da então capital do Brasil nos fins do século XIX. Mas, ao longo dos seus mais de 120 anos de existência, o jogo do bicho conseguiu sobreviver a repetidos ciclos de perseguição policial justamente graças à sua capacidade de assumir modalidades variadas. Mesmo que, na época em que essa roleta estava em uso, o jogo do bicho se baseasse nos números extraídos da loteria legal, este objeto é testemunho tanto do poder que o jogo ilícito tinha de se reinventar, quanto de como sua história foi fruto, poderíamos dizer, da colaboração entre a polícia e o povo carioca.

A loteria clandestina começou, ironicamente, com um acordo legal. Em 1890, no alvorecer da época das grandes mudanças urbanísticas e um ano após a instalação da República, o empresário João Baptista Vianna Drummond assinou um contrato com o governo municipal do Rio de Janeiro. Drummond havia sido responsável pela construção de Vila Isabel, o primeiro bairro planejado no Rio, já nos fins do Império. Ali ele havia instalado o primeiro zoológico da capital, o qual, graças a uma subvenção do governo, tinha entrada gratuita. Com a queda do Império, porém, aquela fonte de dinheiro havia se esgotado. Drummond inventou, então, um novo esquema para salvar seu zoológico da falência, inspirado pelas formas de entretenimento público urbano que recentemente vinham brotando no Rio e em outras cidades. O esquema envolvia um jogo que, como apareceu no contrato firmado com a prefeitura, era bastante inocente: quem visitava o zoológico comprava um ingresso – cada um deles trazia a imagem de um animal. Numa dada hora todo dia, ocorria uma rifa, e o portador do ingresso com o número sorteado recebia um prêmio em dinheiro.

O jogo pegou. Os grandes jornais da cidade em 1892, o ano em que foi introduzido, continham numerosas matérias sobre o "sorteio dos bichos" (como então foi chamado) em termos muito positivos.

Logo, porém, apostadores não precisavam mais visitar o zoológico, localizado longe do centro, na zona noroeste da cidade. Podiam também comprar bilhetes do sorteio por meio de um intermediário, um *bookmaker*, que ficava no centro da cidade. De fato, há evidências de que foi o próprio Drummond (tendo visto o grande sucesso do seu jogo) que estabeleceu pontos de venda no centro da cidade, em parceria com outros empresários que já operavam negócios afins. Isso violava diretamente os termos do acordo, no qual ele havia se comprometido a limitar o jogo ao espaço físico do zoológico e à modalidade estritamente estipulada no contrato.

Em 1895, a cidade cancelou o contrato com Drummond, e os jogos no

Jardim Zoológico foram fechados. O chamado "jogo dos bichos" se separou do zoológico, mas não desapareceu. Muito pelo contrário, espalhou-se amplamente pela cidade. Jogavam crianças, idosos, homens, mulheres. Nos mais variados espaços públicos da cidade eram vendidas chances de ganhar no bicho: nas lojinhas, nos quiosques onde era possível comprar café e jornais, nos botequins. Um sistema para adivinhar através dos sonhos e sinais qual número e animal iriam ganhar – uma prática que se conhece ainda hoje – se tornou parte da cultura urbana carioca. Na falta do sorteio do zoológico, o resultado passou a ser determinado pelos números premiados na loteria legal. O seu próprio nome passou a ser o único vestígio das origens do jogo. Cada um dos 25 animais numerados em ordem mais ou menos alfabética tinha quatro números associados, começando com o avestruz, número 1, associado com 01, 02, 03 e 04, e terminando com a vaca, número 25, correspondendo aos números 97, 98, 99 e 00. Só deixou de aproveitar os números da loteria legal e começou a utilizar a própria extração de números na década de 1950, quando o jogo passou por um processo de centralização. A partir de então, os indivíduos que bancavam o jogo de modo independente – na maioria pequenos comerciantes – foram postos para escanteio, sendo substituídos por um sistema hierarquizado, com donos do jogo e seus funcionários, os apontadores.

Apesar de ter ganho a aceitação de uma larga faixa da sociedade carioca, desde 1895, cinco anos depois da sua invenção, o jogo do bicho permanece oficialmente fora da lei, definido como contravenção nas leis federais e no código penal. De fato, o jogo do bicho sempre foi, em termos práticos, igual à loteria lícita: as loterias proibidas são definidas como tal apenas pela falta de uma licença que as habilite a vender os seus bilhetes. Na época da criminalização do jogo do bicho, jogos de apostas em geral eram permitidos e os cassinos e as corridas de cavalos eram atrações importantes nos fins do século XIX e no início do XX. Os jogos de apostas no Rio, tal como em todo o território nacional, foram proibidos apenas em 1946. Mas a criminalidade do jogo do bicho rapidamente assumiu uma vida própria e criou uma subcultura urbana e muitas oportunidades lucrativas, mesmo que ilegais, para a própria polícia. E a polícia reprimia ainda mais o jo-

go do bicho ao constatar o envolvimento deles com essa atividade criminosa.

O jogo do bicho se valia de uma ampla linguagem popular lúdica, que também ajudou a criar. Uma linguagem que, já nos fins do século XIX, misturava o comercial e o artesanal. Além de ser jogado ao longo do dia comum, em paralelo com outras atividades cotidianas – muitas vezes, por exemplo, se jogava no bicho nas mesmas vendas em que eram feitas as compras do dia – também fazia parte do mundo do entretenimento urbano. Empreendedores usavam esta oportunidade de negócios a seu favor, enquanto o povo absorvia os bichos e números dentro do seu mundo de divertimentos. Um caso que chegou ao tribunal de apelação no Rio em 1899 mostra como esta loteria clandestina já havia gerado novas modalidades de jogo. José Roberto da Cunha Salles tinha conseguido uma patente para a operação de uma "lanterna mágica". Esse aparelho, Cunha Salles constatou, ia projetar anúncios e propagandas ao público. A polícia, por sua parte, alegava que o empreendimento de Salles nada mais era do que um jeito disfarçado de jogar na loteria proibida, já que a tal "lanterna mágica" – que estreou no Teatro Eldorado, no centro da cidade – projetava imagens dos 25 bichos da loteria ilegal. É interessante notar que Cunha Salles e seu parceiro de negócios também nomeado nesse caso, Paschoal Segreto, eram empresários importantíssimos no mundo de entretenimento carioca da virada do século XX. Os dois tinham inaugurado, em 1897, a primeira sala de cinema na cidade. Ambos estavam também notoriamente associados à exploração do jogo do bicho, além das outras formas de divertimento público então emergentes, como os caça-níqueis e os autômatos. Em vários sentidos, cariocas que jogaram no bicho estavam participando dos primórdios da formação da ainda incipiente indústria do entretenimento comercializado na cidade. Esta roleta, do mesmo modo, conecta o jogo do bicho com um mundo mais amplo da comercialização do lazer, e com o papel dos jogos de azar dentro daquele universo. A roleta em si provavelmente não era usada para sortear o número ganhador do jogo do bicho, mas em atividades a ele relacionadas. É possível que essas atividades, como no caso de Cunha Salles e Paschoal Segreto, tivessem feito parte do mesmo negócio e fossem controladas pelos mesmos empresários, que mantinham, por assim dizer, um pé dentro da lei e outro fora.

De qualquer modo, a peça foi feita para ser usada, e não como decoração. Na parte exterior e visível da roleta, os animais representados na famosa loteria clandestina, juntamente com o grupo de quatro números associados a cada bicho, aparecem em ordem aleatória. Pequenas barras de metal ao lado de cada número fazem a roda parar de girar, indicando o número ganhador com uma peça pintada de vermelho. Confeccionada a partir de material relativamente barato e de fácil acesso, não se trata de um objeto feito no fundo do quintal, mas também não é fruto da produção de massa. A peça central da roleta foi moldada com um pedaço de metal dobrado em torno de uma roda, que pode muito bem ter sido parte de uma bicicleta ou de um carrinho de mão. Em cima disso, foram acrescentadas imagens dos bichos impressos, incluindo o nome de cada um datilografado acima dele, aparentemente em papel colado no metal. De fato, este objeto serve para nós como uma metáfora tridimensional, na medida em que o jogo do bicho se sobrepunha a um objeto mais antigo, a roda da fortuna, um arquétipo do conceito de sorte. Desde a roda dos expostos da Santa Casa da Misericórdia à roleta que determinava a extração da própria loteria federal legal, este simples objeto teria dialogado com um rico repertório cultural com profundas raízes na tradição e nos vários eventos aleatórios da vida cotidiana do povo carioca.

Essa peça não é exatamente única: objetos semelhantes ainda aparecem de vez em quando em leilões de antiguidades na internet, geralmente datados dos anos 1950 ou 1960. Esta parece estar datada dos anos 1940 ou 1950, mas os detalhes específicos a seu respeito, lamentavelmente, foram perdidos no tempo. Não existem registros que revelassem quando e onde teria sido fabricada, nem quando e como a polícia a teria apreendido. Além do que podemos inferir sobre os detalhes contextuais e sobre o jogo a que se referem de modo muito evidente os números e figuras animais que a decoravam, e para o qual de algum modo essa roda era usada, sabemos apenas que o objeto se encontra hoje em uma instituição urbana do século XX historicamente importante, ainda que pouco conhecida: o Museu da Polícia.

Entre as armas, uniformes, brasões, os materiais usados nas várias técnicas empregadas ao longo dos anos para identificação e investigação forense, e objetos avulsos tirados do seu contexto usual e redefinidos como acessórios a algum crime, esta roleta pertence ao acervo do Museu da Polícia Civil do Estado do Rio de Janeiro. Estabelecido em 1912, este museu fez parte dos esforços empreendidos ao longo da Primeira República para modernizar e profissionalizar a polícia, processo que coincidiu com um crescente interesse popular sensacionalista pelo crime. O Museu da Polícia do Rio, a exemplo de instituições semelhantes inauguradas em Buenos Aires, Nova York e outras cidades das Américas na mesma época, integrou-se ao mundo de entretenimento público popular da cidade.

Também não é mera coincidência que o Museu da Polícia do Rio tenha sido fundado na mesma época em que o Museu Histórico Nacional (1922). O início do século XX, e principalmente as décadas de 1920 e 1930, foi marcado por um interesse agudo na definição e a consolidação de uma cultura nacional brasileira. Os museus da polícia preservavam a cultura popular urbana apesar (ou por causa) das associações destas mesmas práticas com violações da lei. Neste mesmo museu, o acervo de objetos de origem africana apreendidos pela polícia que perseguia as religiões afro-brasileiras durante a Primeira República – a chamada Coleção Museu da Magia Negra – foi oficialmente tombado como "patrimônio etnográfico" pelo Governo Federal depois de uma campanha promovida pelo delegado Sílvio Terra em 1938. Nada parecido ocorreu com o jogo do bicho e os outros jogos de azar, relacionados ou não com o bicho. No espaço do museu policial, esta roleta foi reconvertida em um instrumento de treinamento policial, um troféu da prisão dos criminosos e um elemento no projeto da criação da memória pública da instituição policial. Nunca foi, porém, reconhecida como parte do patrimônio que merecia preservação, e hoje é quase que por acaso que temos o objeto disponível para visitação pública.

Esta roleta é um raríssimo exemplo de um vestígio de uma prática que, justamente por ser tão comum, paradoxalmente quase não deixou vestígio algum. Estava por toda parte e em parte alguma. As tentativas da polícia de acabar com o jogo do bicho foram sempre prejudicadas pela dificuldade de apresentar qualquer tipo de evidência da sua existência. As tiras de papel com colunas de números escritos a lápis, como frequentemente insistiam os próprios réus em casos de jogo, não provavam nada. Esses pedacinhos de papel, tão banais e ordinários, não fariam uma exposição museológica muito interessante. Além de desaparecer dentro dos atos e gestos da vida cotidiana, porém, o jogo do bicho se disfarçava, e absorvia outros jogos de azar. Este raro artefato tridimensional do jogo clandestino do Rio na virada do século XX é a exceção que comprova a regra de que o famoso jogo do bicho não deixou traços. Sugere, no entanto, sua capacidade de representar uma parte da história da cidade do Rio e a criatividade do povo carioca. ◈

BIBLIOGRAFIA

BRETAS, Marcos Luiz. *A guerra das ruas: povo e polícia na cidade do Rio de Janeiro*. Rio de Janeiro: Arquivo Nacional, 1997.

CHAZKEL, Amy. *Leis da sorte: o jogo do bicho e a construção da vida pública urbana*. Campinas, SP: Editora da Unicamp, 2014.

Preface: Forum on Police Museums in Latin America. *Radical History Review*. Nº 113 (Spring 2012), 127-133.

CORRÊA, Alexandre Fernandes. *O Museu Mefistofélico e a distabuzação da magia: análise do tombamento do primeiro patrimônio etnográfico do Brasil*. São Luis/ MA: EDUFMA, 2009.

MAGALHÃES, Felipe. *Ganhou, leva! O jogo do bicho no Rio de Janeiro* Rio de Janeiro: Editora da Fundação Getúlio Vargas, 2011.

VIVEIROS DE CASTRO, Francisco José. *Jurisprudência criminal: casos julgados, jurisprudência estrangeira, doutrina jurídica*. Rio de Janeiro: Editora Garnier, 1900, 314-17.

AGRADECIMENTOS Museu da Polícia Civil; Wilson da Costa Vieira; Delegado Cyro Advíncula da Silva, Diretor do Museu.

AMY CHAZKEL é PhD pela Universidade de Yale (2002), professora associada no Departamento de História da City University of New York e autora do livro *Leis da sorte: o jogo do bicho e a construção da vida pública urbana*. Publicou artigos variados sobre a história social da cidade brasileira e foi coorganizadora, com Paulo Knauss e Daryle Williams, do livro *Rio de Janeiro Reader: history, culture, politics*.

Réplica de utensílio usado pelos moradores da Maré para transportar água.

Rola-rola de favela

Museu da Maré

Entre os anos 1940 e 1980

Mauro Amoroso

As favelas têm sido parte da história do Rio de Janeiro há mais de 100 anos, ao menos desde o surgimento das primeiras áreas de autoconstrução da cidade. No Morro da Providência, localizou-se a primeira área a ser chamada de favela. Sua ocupação costuma ser associada aos soldados da Guerra de Canudos, que, depois de 1897, encontraram na cidade do Rio de Janeiro seu destino. A área do morro passou a ser chamada pelo nome dado ao acampamento dos soldados em Canudos, favela, como era conhecida uma planta encontrada naquela região do Nordeste. Por este motivo, o termo "morro" passou a denominar de um modo geral todo tipo de ocupação urbana similar.

Em torno do debate urbanístico, a busca por definições capazes de sintetizar a experiência urbana das favelas consolidou conceitos como o de *aglo-*

merados subnormais, adotado, por exemplo, pelo censo nacional. As conceituações contemporâneas superaram o tempo da caracterização das favelas como "aberrações", visão que justificou a política de remoções desenvolvida entre os anos 1940 e 1970, afetando a vida de milhares de famílias de trabalhadores pobres e originando a construção de grandes conjuntos habitacionais distantes do centro da cidade.

Favelas foram objetos de reflexão e, por que não dizer, inspiração de diversos pensadores de diferentes épocas. Estiveram presentes, entre outros, nas crônicas de João do Rio, na pintura modernista de Tarsila do Amaral, nos versos do poeta Carlos Drummond de Andrade, nas melodias do compositor Cartola, nas imagens do cinema de Nelson Pereira dos Santos e nas fotografias de Bira Carvalho, morador do conjunto de favelas da Maré. A partir das letras e das artes, a favela se tornou um elemento dos processos de afirmação de identidades da cidade e se relaciona com algumas das principais manifestações culturais que caracterizam a singularidade da experiência urbana carioca, como o samba e o funk.

Os moradores de favelas também são produtores de uma vasta cultura material digna de preservação. Suas criações apresentam muitas vezes diversos significados, demonstrando que a favela não é problema, mas tem sido a solução possível para uma cidade de desenvolvimento desigual. A lata d'água na cabeça, tão associada à vida nas favelas a partir do samba da década de 1950, imortalizada na voz de Marlene, evidencia a precariedade excludente do abastecimento de água na cidade. Na Maré, a alternativa à lata foi o rola-rola, ou simplesmente rola, usado para transportar água até a década de 1980.

A base do rola-rola é um barril, podendo ser de tamanhos distintos. Seu centro era envolvido por borrachas de pneu de caminhão, a fim de que o mesmo pudesse ser deitado para rolar em terrenos acidentados e inclinados, vindo daí o seu nome. Suas laterais seriam presas com anéis de chapa de ferro, e um vergalhão envergado, igualmente de ferro, servia para puxá-lo. O interior do barril era untado com betume para impedir que a água vazasse e fosse desperdiçada, além de servir para proteger a madei-

ra da exposição permanente à umidade. Seu uso – além da utilização de outro artefato, uma balança feita com uma barra de madeira e duas latas – foi o que possibilitou que as famílias da favela da Maré levassem água para suas casas a partir de diferentes fontes. Em busca de água chegavam a atravessar a Avenida Brasil com o rola-rola, enfrentando a via de tráfego mais pesado da cidade.

A ocupação da área que hoje compõe a Maré deu-se por volta da década de 1940. Seu surgimento pode ser associado à inauguração da Avenida Brasil, em 1946, bem como ao aumento da industrialização nesse período. A área era um espaço pantanoso, com vários mangues e brejos, o que motivou a construção de casas de palafitas, no esforço para escapar à alta da maré. Atualmente, a área é composta por 14 localidades, que foram ocupadas em períodos diferentes. Seu contexto urbanístico atual apresenta evidências de várias épocas das políticas públicas da cidade, havendo localidades, como Nova Holanda, que se originaram na década de 1960, a partir de centros de habitação provisória para populações removidas. Por sua vez, a Vila do João e o Conjunto Esperança foram inaugurados em 1982, com uma estrutura de vários edifícios, típica dos conjuntos habitacionais da década de 1970, como a Cidade Alta, no bairro de Cordovil. Na década de 1990, outros conjuntos foram construídos, procurando novas formas arquitetônicas, caracterizadas como pós-modernas. Antigas áreas de palafitas se favoreceram de aterros que resultaram dos projetos de urbanização municipais a partir da década de 1980, quando a antiga política de remoções foi superada.

Segundo dados da Prefeitura, em 2013 o conjunto contava com aproximadamente 998 mil moradores, sendo que desde 1994 ela é a XXXª Região Administrativa de nosso município. Em 2010, seu Índice de Desenvolvimento Social (IDS), indicador criado pela Prefeitura inspirado no Índice de Desenvolvimento Humano (IDH), era de 0,55. Para fins comparativos, o mesmo índice para bairros como Lagoa, Leblon e Ipanema são, respectivamente, 0,80, 077 e 0,76. Apesar dos esforços de urbanização de favelas, o dado revela que a disparidade social continua determinando as condições de vida do Rio de Janeiro.

Não se sabe ao certo quando, ou por quem, foi inventado o rola. A réplica existente no Museu da Maré foi construída pelo carpinteiro Jorge José de Melo, que reside com sua família até hoje na casa onde passou sua infância.

Jorge nasceu em 1965, na capital paraibana de João Pessoa, tendo sido trazido dois anos depois para a Baixa do Sapateiro, por seu pai, também carpinteiro. A ocupação da Baixa do Sapateiro se deu a partir de áreas de fronteira com o Timbau e a favela da Praia de Inhaúma, removida na década de 1960. Primeiramente, foi ocupada a parte alta de áreas secas e, em seguida, a parte baixa de áreas alagadiças. Assim, as primeiras palafitas começaram a surgir no início da década de 1950. A vida nessa região foi marcada pela dificuldade de acesso a serviços básicos. Para os moradores da época, eram consideráveis os problemas causados pela falta de saneamento e pelos alagamentos, conforme recorda Jorge:

> "Nosso banheiro era um buraco em uma tábua e a gente fazia nossas necessidades fisiológicas e sentia o barulho quando elas caíam na água. Muitas vezes a maré enchia e a gente pisava em água aqui dentro de casa."

Historicamente, junto com o saneamento, também o abastecimento de água sempre foi um dos principais desafios urbanos do Rio de Janeiro. Remonta ao período colonial, a exemplo de obras como o Aqueduto da Carioca, terminado em 1750 e atualmente conhecido como Arcos da Lapa, e que servia para conduzir as águas do Rio Carioca para o Centro da cidade. O século XX retoma a questão, por exemplo, por meio da construção da estação de tratamento de água do Rio Guandu, finalizada pelo governo de Carlos Lacerda (1960-1965), do então estado da Guanabara, o mesmo que se encarregou da remoção de grandes favelas da Zona Sul, como Praia do Pinto e Catacumba, na Lagoa, entre outras. Apesar de grandes obras públicas, o problema do acesso à água persistiu em muitas áreas de moradores pobres da cidade. A água foi um trunfo político, fazendo da "política da bica d'água" um elemento dos laços de base assistencialistas entre comunidades e lideranças políticas.

Na Maré, o carpinteiro Jorge recorda que, nos anos 1960, a água era fornecida por fontes improvisadas:

> "Uma fonte de água de onde jorrava direto, sem parar, eu acredito que era um cano furado que alguém adaptou."

Em torno delas se formavam filas, principalmente à noite, quando os homens voltavam do trabalho. Jorge relembra que a responsabilidade de levar água para casa, justamente pelo peso, cabia a seu pai, e comparativamente pouparia viagens com a balança:

> "Meu pai dava 16 viagens da fonte à minha casa para poder chegar a um rola."

Ainda segundo o mesmo depoimento, os rola-rola eram fabricados por alguns carpinteiros para serem vendidos. Tratava-se de um objeto de difícil construção, que não podia ser feito de qualquer maneira, segundo as palavras do Jorge:

> "Para fazer algo desta natureza tem que ter uma certa habilidade com a madeira. É difícil, porque você observa em um rola que as madeiras têm ângulo, e toda ripa de madeira precisa ter o mesmo ângulo. Quando não dá o mesmo ângulo, a gente usa os anéis para trazer para o lugar. Por dentro a gente colocava o betume para poder impermeabilizar e não ter passagem de água."

Além disso, as madeiras utilizadas eram caras, como o ipê ou a maçaranduba, resistentes à água, e obtidas em ferros-velhos locais. Sendo caros, nem todas as famílias tinham um rola.

Apesar de posteriormente ter fabricado um exemplar, Jorge não chegou a ter um na infância:

> "As casas mais bonitas, com as pessoas com mais dinheiro, sempre tinham seu rola. O rola era como se fosse um carro na garagem."

As famílias ainda investiam o artefato de subjetividade, com enfeites, pinturas e outras formas de deixá-lo mais próximo à identidade de seu usuário. Segundo as palavras de Jorge:

> "Tinha uns mais bonitos, uns mais enfeitados que chamavam a atenção. Por exemplo, eles pintavam os aros de dourado, ou a madeira com as cores do Flamengo Às vezes ficava parecendo com um balão."

Mesmo que parte considerável dos moradores da Maré não tenha possuído um rola, isso não impediu que se tornasse um elemento central de identidade local, um lugar de memória importante para seus moradores. Jorge, como morador antigo, comenta:

> "Trazer recordação, não deixar o passado ser apagado, ter uma lembrança do que realmente fomos. O sofrimento nosso no passado. É o nosso passado, nosso legado e nós não podemos fugir da nossa realidade. Maré sem o rola não é Maré. O rola é como se fosse a coroa da Maré. Toda a pessoa antiga que você for perguntar se eles se lembram do rola, eles vão rir. Está eternizado na nossa memória. Então, não adianta, não existe Maré sem o rola, não existe o rola sem a Maré."

Para o antigo morador da Maré, o rola representa a criatividade como forma de superação dos desafios da vida urbana local:

> "Foi algo criado aqui dentro da nossa comunidade. Eu até creio que o rola se expandiu para outros lugares, mas foi porque alguém daqui levou essa ideia maravilhosa de transportar água rolando num barril puxado por um arame. Afinal, se eu levar a água rolando, eu vou encher mais rápido o meu barril de casa. Vou transportar a água mais rápido e com elegância."

O problema do abastecimento de água na Maré começou a ser solucionado nos anos 1980, tendo como marco o Projeto Rio, de 1979, que visava sanear as águas da Baía de Guanabara e urbanizar as favelas locais. Jorge lembra-se do impacto em sua família:

> "Onde eu moro, só paramos de carregar água com balança ou rola quando fizeram a caixa d'água, lá em cima do morro. Para a gente foi muita alegria em ver aquela água chegando dentro de casa".

Assim, o rola pode ser definido como expressão da luta pelo direito à cidade no Rio de Janeiro. ◈

BIBLIOGRAFIA

CHAGAS, Mario & ABREU, Regina. "Museu da Maré: memórias e narrativas a favor da dignidade social". *Musas*. Rio de Janeiro, v. 3, 2007.

VARELLA, Drauzio, BERTAZZO, Ivaldo, BERENSTEIN-JACQUES, Paola & SEIBLITZ, Pedro. *Maré: vida na favela*. Rio de Janeiro: Casa da Palavra, 2002.

VAZ, Lílian Fessler. *História dos bairros da Maré: espaço, tempo e vida cotidiana no Complexo da Maré*. Rio de Janeiro: Ed. UFRJ, 1994.

http://museudamare.tumblr.com/.

MAURO AMOROSO é doutor em História pelo CPDOC/FGV, professor adjunto da UERJ/FEBF e do Programa de Pós-Graduação em Educação, Comunicação e Cultura em Periferias Urbanas.

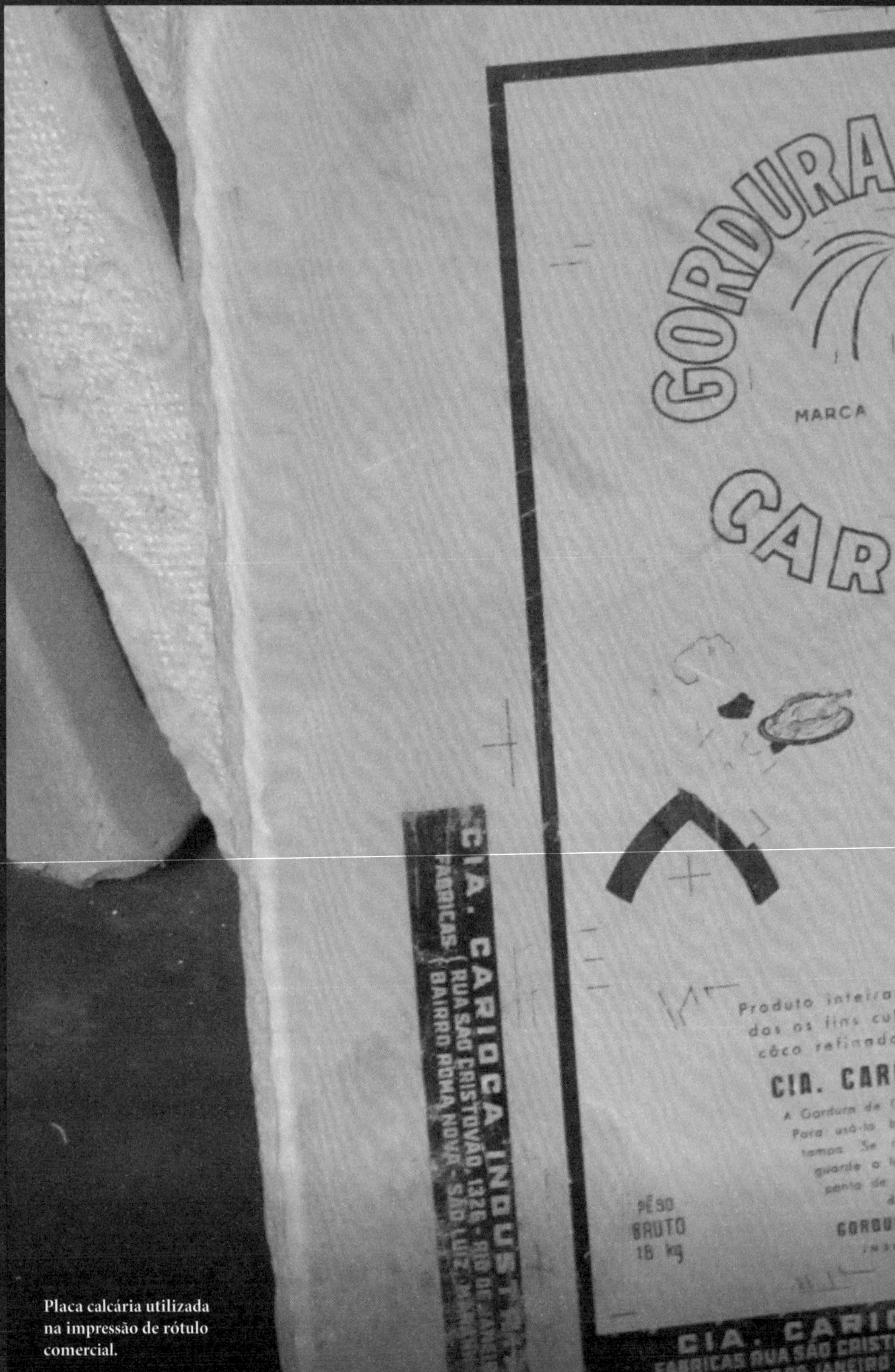

Placa calcária utilizada na impressão de rótulo comercial.

Pedra litográfica

Museu do Açude/ Museus Castro Maya

Década de 1950

Rogéria de Ipanema

Houve um tempo em que por de trás dos rótulos das embalagens havia uma pedra, ou melhor, havia várias pedras no processo de impressão das marcas dos produtos comerciais, como as que se encontram expostas no Museu do Açude, no Alto da Boa Vista, instalado na antiga casa do colecionador de arte Raymundo Ottoni de Castro Maya (1894-1968). Em 1956, o rico industrial e fomentador cultural, ao adquirir a Estamparia Colombo, somaria ao seu acervo museológico 478 pedras litográficas com imagens de marcas de rótulos de produtos que circularam na cidade em outros tempos. Hoje, as pedras expostas na Galeria Debret do Museu do Açude evocam uma época da cidade caracterizada pela difusão de determinado tipo de imagem impressa.

As pedras participavam do universo gráfico da litografia, que consiste no processo de impressão sobre papel de uma imagem desenhada sobre uma pedra calcária que deve ser bem polida, evitando a superfície granulada, típica das rochas sedimentares. A litografia foi inventada em 1796, na Alemanha, e estabelecida na Europa na primeira década do século XIX. Lito significa pedra, e grafia significa escrita ou desenho. O processo da litografia aparece no Brasil um pouco antes da década de 1820, inicialmente de forma particular e de uma maneira muito restrita. Em 1825, é o governo que instala uma oficina litográfica oficial e, a seguir, estabelecimentos litográficos começam a suprir a reprodutibilidade da imagem em edições impressas mecanicamente e iguais a partir de um mesmo original. Consolidando-se em meados do século, estes estabelecimentos atenderam a algumas finalidades editoriais da época – com imagens em preto e branco – como os álbuns de vistas, costumes e retratos, caricaturas em jornais, rótulos de produtos. A impressão a cores viria muito depois, tendo existido aproximadamente entre 1900 e 1970, necessitando de uma pedra-matriz para cada cor, sendo o preto a última a passar pela prensa, definindo os contornos e fechando a estampa. Este processo restringe as gradações tonais e resulta em uma arte chapada, de baixa resolução de volume e profundidade. Não que isso seja um problema em si, já que, no campo das artes visuais, os litógrafos exploram exatamente estes efeitos planos para a sua criação. Contudo, a indústria gráfica se desenvolveu procurando apresentar as mesmas qualidades da fotografia no que se refere à aparência da imagem real, com volume, profundidade e valores tonais.

O processo foi implementado por volta da década de 1940, a partir de uma mídia intermediária entre o original e a matriz, que é o fotolito. Na litografia, o desenho é realizado diretamente na pedra, que já é a própria matriz das futuras impressões, com o fotolito, e este lito advém de litografia, a imagem-referência é subdividida em quatro filmes transparentes reticulados (retículas – pequenos pontos), correspondentes às quatro tintas de impressão: ciano, magenta, amarelo e preto. Deles são produzidas quatro matrizes e, pelo método das quatro impressões sobrepostas, as cores são reunidas novamente, retornando-se à imagem do original, que pode se multiplicar em cópias às centenas, aos milhares, aos milhões. Estas matrizes podem ser de plástico, de metal, de nylon, no caso da serigrafia, além de outros materiais.

A qualidade do suporte dependerá do sistema de impressão. O sistema offset, por exemplo, responde pela impressão de grandes quantidades das formas impressas com as quais convivemos, como cartazes, revistas, jornais, capas de livros, cadernos e CDs, postais de lembranças, turísticos, como as imagens da cidade, panfletos e rótulos. E se a indústria gráfica inovou com o fotolito, o sistema de impressão offset também é devedor da velha litografia, que se baseia na incompatibilidade entre a água e a gordura das tintas de impressão.

Mas é preciso pensar que os processos de modernização industrial não chegam a todos e nem ao mesmo tempo, e esta nova era da impressão mundial da segunda metade do século XX conviveu, também no Rio de Janeiro, com antigos processos gráficos, como a litografia. Do mesmo modo, até o início da década de 1990, ainda se encontravam no centro da cidade, por exemplo, as antigas casas de clichês. Chegado ao Brasil no final do século XIX, o clichê é uma matriz de impressão obtida a partir da gravação fotomecânica de uma placa de metal. Largamente utilizado para a reprodução de fotografias, principalmente na imprensa do século passado. Hoje, clichê é o termo empregado para alguma coisa que não é criativa, mais do mesmo, uma cópia, o igual na era digital.

Há mais uma história do Rio de Janeiro que se revela entre as artes litográficas e a imprensa. Trata-se da imprensa artística de humor, que por meio da imagem realizou uma crítica dos costumes da cidade e dos movimentos do poder, revelando-se uma importante forma de apresentação do pensamento político e social urbano, que circulou na segunda metade do século XIX e atravessou o século XX. As revistas e jornais do segundo reinado, de D. Pedro II, fizeram da caricatura, como a charge e o cartum dos dias de hoje, uma forte expressão visual da cidade que era então a corte do país. *A Vida Fluminense*, *O Mosquito* e a *Revista Illustrada* são exemplos de títulos do jornalismo humorístico carioca do período, onde se destacam o traço e a opinião do litógrafo Angelo Agostini. Neste tempo, a oferta e o consumo de imagens se ampliavam e a imprensa ilustrada pôde alcançar maiores quantidades com a moderna tecnologia das litografias a vapor.

Herdeiro direto da imprensa caricata do Império, outro nome das artes gráficas se destaca na primeira metade de 1900: o carioca da gema J. Carlos. Em traços econômicos e de alta definição, ele observou da política nacional ao cotidiano feminino, contribuindo com milhares de desenhos para revistas ilustradas como *O Malho, Careta, O Tico-Tico, Tagarela, O Cruzeiro, Para Todos* e *Eu sei tudo.* A *Fon-Fon* carregou o título ao som da buzina do automóvel a gasolina que passeava na urbanidade da moderna Avenida Central, a atual Avenida Rio Branco. O seu conceito fez ressoar um modernismo 15 anos antes da buzina *Klaxon*, nome da revista paulistana da Semana de Arte Moderna de 22. Os periódicos com imagens litografadas eram corpos de uma cidade viva, mas ainda muito seletiva pelo custo relativamente alto para uma população pobre e com um imenso número de analfabetos.

As histórias que vêm das pedras pertencentes ao Museu do Açude são latitudes construídas pela reprodução em série da letra e da imagem. Em 1807, a Corte portuguesa partiu de Lisboa para o Rio de Janeiro, afugentada pelas invasões francesas lideradas por Napoleão. Como houvera, no entanto, um determinado planejamento para a governança além-mar, vieram com o príncipe regente D. João e a sua família os membros do Conselho de Estado e os três ministros. Um deles, o ministro dos Negócios Estrangeiros e da Guerra, Antonio de Araujo e Azevedo, conde da Barca, trouxe o equipamento gráfico da imprensa do Estado, para poder publicar os despachos, cartas e decretos. Hoje, a Imprensa Nacional, responsável pelo *Diário Oficial da União*, é a descendência da então denominada Impressão Régia, estabelecida no Rio de Janeiro em 1808, com as mesmas competências de tornar públicos os atos de governo.

Com estas prensas tipográficas, iniciou-se o jornalismo no Brasil com

GORDURA DE CÔCO
MARCA REGISTR.
CARIOCA
CIA. CARIOCA INDUSTRIAL
PÊSO BRUTO 18 kg
GORDURA DE CÔCO CARIOCA
CIA. CARIOCA INDUSTRIAL
FABRICAS RUA SÃO CRISTOVÃO, 1326 e AV. FRANCISCO BICALHO, 234
RIO DE JANEIRO e SÃO LUIZ - EST. DO MARANHÃO
ANÁLISE Nº 22097 DO LABORATÓRIO BROMAT. DO RIO DE JANEIRO
CIA. CARIOCA INDUSTRIAL

o lançamento do pequenino jornal de 19 x 13,5 cm, a *Gazeta do Rio de Janeiro*, em 10 de setembro de 1808. Depois, surgiriam várias gazetas: *Gazeta de Notícias*, veículo da campanha abolicionista, *Gazeta Operária*, *Literária*, *Acadêmica*, *Agrícola*, *dos Teatros*, *dos Hospitais*, *do Banho*, *dos Sábados*, *dos Domingos*, *do Brasil*, a *Gazeta Suburbana* e a *Gazeta Universal*. A grande imprensa carioca do século XIX foi construída de inúmeros títulos, todos importantes e especiais, mas é preciso citar o mais antigo jornal em circulação no Rio de Janeiro, a folha histórica publicada desde 1827, o *Jornal do Commercio*. E a letra e a imagem durante todo o século XX foram potencializadas com uma vigorosa imprensa, demarcando inclusive, que a cidade foi até 1960, a Capital Federal do país.

Os veículos e os sistemas de comunicação nas décadas de 1950 e 1960 se expandiram para redes locais, nacionais, mundiais, superando o uso da pedra calcária para divulgação da imagem. E como a história é construída por várias vozes, no período em que a televisão se popularizava nas grandes cidades, em 1967, o III Festival da Música Popular Brasileira abria seu palco para Caetano Veloso. "O Sol nas bancas de revistas me enche de alegria e preguiça, quem lê tanta notícia? Eu vou!" cantava o ousado baiano, dissolvido na alegria carioca. Lançava assim a música pop, ao tempo em que as pedras do Museu ainda rotulavam seus produtos, mas com muita-muita, *Alegria-Alegria*. Iniciada com a guitarra elétrica é com razão que a música torna-se mais um elemento relacionado à pedra litográfica, pois o mercado das partituras impressas difundiu a música pautada no Rio de Janeiro desde o século XIX. Hora de registrar que não foi um fenômeno do acaso, e sim uma vocação, pois a primeira impressão litográfica inventada pelo escritor teatral Aloys Senefelder foi a de uma marcha musical!

Enfim, as pedras litográficas revelam histórias de uma cidade construída por imagens e sons e a renovação permanente das mídias contemporâneas é provocada, no século XXI, por uma cultura essencialmente visual, confirmada pela pluralidade das imagens que coabitam o nosso espaço cotidianamente. Substituídas na década de 1970 para os usos da imprensa e design gráfico, como, por exemplo, nos rótulos de embalagens, as pedras continuam a ser usadas, no entanto, nos processos de expressão artística. Hoje as pedras litográficas são raras e enquanto objetos resguardados na geografia do Museu do Açude preservam um patrimônio cultural da cidade muito além da sua materialidade imediata. ◈

BIBLIOGRAFIA

BARBOSA, Marialva. *Os donos do Rio*: imprensa, poder e público. Rio de Janeiro: Vício de Leitura, 2000.

CARDOSO, Rafael. (org.). *Impresso no Brasil (1808-1830): destaques da história gráfica no acervo da Biblioteca Nacional*. Rio de Janeiro: Verso Brasil, 2009.

IPANEMA, Rogéria de. Impressões e arte no século XIX – Relações da litografia e a caricatura no Rio de Janeiro: do gênero jornalístico francês à imprensa política brasileira. *Revista do Instituto Histórico e Geográfico do Rio de Janeiro*, IHGRJ, p. 52-70, 2010.

OLIVEIRA, Cláudia, VELLOSO, Monica Pimenta, LINS, Vera. *O moderno em revistas: representações do Rio de Janeiro de 1890 a 1930*. Rio de Janeiro: Garamond, 2010.

ROGÉRIA DE IPANEMA é professora doutora do Departamento de História e Teoria da Arte e do Programa de Pós-Graduação em Artes Visuais da Universidade Federal do Rio de Janeiro. É membro do Instituto Histórico e Geográfico do Rio de Janeiro.

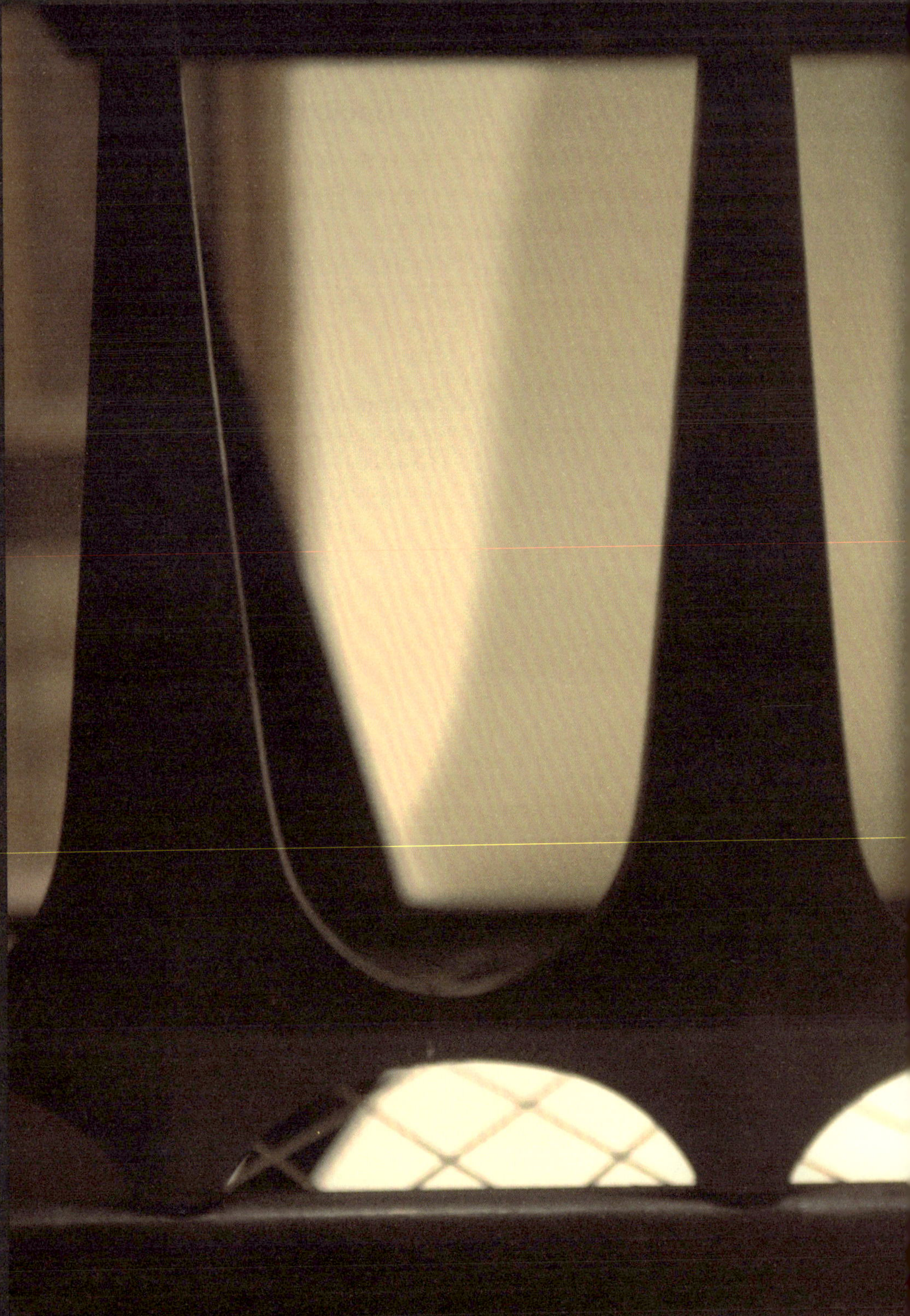

O móvel em madeira, com linhas inspiradas no Palácio da Alvorada, evoca a perda pelo Rio de Janeiro da sua condição de capital.

Mesa alusiva ao Palácio da Alvorada

Museu Histórico Nacional
1964

Laurent Vidal

O Museu Histórico Nacional guarda, nos seus acervos, uma mesa. Não foi feita por um criador genial, nem por um artista conhecido (pelo menos a notícia descritiva não indica nenhuma autoria). Não pode integrar um panteão de obras de arte únicas, nem um catálogo de obras avulsas. Essa mesa é um produto de fábrica, um *objeto* pensado para compor o mobiliário moderno dos apartamentos da classe média urbana. Produzida em 1964 no município paulista de São Bernardo do Campo, essa mesa baixa de madeira foi realizada para acolher, na sua superfície, um aparelho de televisão.

Na parte de frente, a mesa é decorada com quatro pilares, de linhas elegantes e leves, cuja forma reproduz a das colunas do Palácio da Alvorada. Assim, essa mesa, simbolizando Brasília e guardada no Museu Histórico

Nacional (sediado no Rio de Janeiro), permite contar um evento crucial da história do Brasil contemporâneo – a mudança da Capital Federal, do Rio de Janeiro para Brasília. Narrado a partir desta mesa, o momento se reveste de dois aspectos distintos – de um lado, o do longo processo da invenção arquitetônica de Brasília, invenção que podemos qualificar de carioca, e de outro, o da competição entre as duas capitais para definir a modernidade no Brasil dos anos 1960 (de um lado, a "Novacap", apelido de Brasília forjado a partir do nome da companhia de construção da nova capital, e do outro a "Velhacap", apelido desdenhoso atribuído ao Rio, ou "Belacap", outro apelido sugerido pelos admiradores do Rio nos primeiros meses de 1960).

Desenhadas para servir de decoração à fachada da residência do presidente da República em Brasília, essas colunas foram descritas por André Malraux como "as mais lindas que tinha visto desde as colunas gregas". Segundo seu criador, o arquiteto Oscar Niemeyer, suas proporções e seu espaçamento criam "um ritmo contínuo e ondulado, que confere à construção leveza e elegância, situando-a como que simplesmente pousada no solo". Talvez inspiradas nas colunas feitas por Tarsila do Amaral na tela *São Paulo*, de 1924, foram logo consideradas como o símbolo de Brasília e amplamente reproduzidas. O mobiliário moderno (notadamente para as casas e os apartamentos da classe média brasileira) utilizou esse recurso para ampliar a força do discurso sobre o moderno a partir do final dos anos 1950. Não só o móvel é moderno nas suas funções, não só é um objeto de consumo reprodutível, mas também suas formas são tidas como a representação a mais acabada da modernidade no Brasil.

Sabemos que Oscar Niemeyer se formou no ateliê de Lúcio Costa (autor do Plano Piloto de Brasília). Foi assim que integrou, em 1936, a equipe dos jovens arquitetos e artistas reunidos por Lúcio Costa para realizar, no Rio de Janeiro, o primeiro prédio modernista das Américas: a sede do novo Ministério da Educação e da Cultura (MEC). Consciente da importância desta tarefa, Lúcio Costa pediu a assessoria do famoso arquiteto franco-suíço, Le Corbusier, autor da Carta de Atenas, de 1933, que pretendia ditar as grandes orientações do urbanismo e da arquitetura funcionalistas. A presença de Le Corbusier cristalizou, no Rio de Janeiro, a vontade de buscar um caminho próprio para a expressão da modernidade arquitetônica. Muito mais do que em São Paulo, que recebeu a influência do arquiteto de origem ucraniana Gregori Warschavchik, autor da primeira casa modernista no Brasil (1932) e difusor das ideias da Bauhaus, a arquitetura modernista definida no Rio de Janeiro busca articular o funcionalismo com as formas herdadas do barroco colonial. Esse diálogo encontrou, na própria forma das colunas do Palácio da Alvorada, uma tradução original. Por isso, podemos afirmar, sem hesitar, que essa mesa testemunha o momento longo em que as formas de Brasília foram planejadas e inventadas por arquitetos cariocas ou formados no Rio de Janeiro – Lúcio Costa e Oscar Niemeyer, sem esquecer Roberto Burle Marx, Alfredo Ceschiati, Athos Bulcão...

A ironia da história, no entanto, é que a modernidade inventada no Rio vai ser, de certa maneira, raptada ou confiscada por Brasília. Começa então uma luta entre as duas cidades para simbolizar o Brasil moderno. E como o imaginário de Brasília se difundiu na sociedade brasileira e no mundo, com a reprodução de suas formas simbólicas (prédios, colunas, plano piloto...) pela imprensa ou nas propagandas, o Rio de Janeiro perdeu sua capacidade de encarnar o moderno. Mesmo o grande projeto urbanístico do Aterro do Flamengo – que seria transformado por Lotta Macedo Soares no Parque do Flamengo – iniciado em 1961, e coordenado pelo arquiteto carioca Affonso Eduardo Reidy, que desenhou dez anos antes o prédio do Museu de Arte Moderna do Rio, não foi capaz de reativar o mito de uma cidade moderna em projeto. Afinal, sua construção foi feita sobre os escombros do morro de Santo Antônio, uma das sedes do Rio de Janeiro quinhentista. O desmonte deste morro significou uma grave perda arqueológica e arquitetônica. Privado do seu mais remoto passado, é como se testemunhasse uma nova morte do Rio, no momento em que sua capacidade de definir um futuro estava sendo negada.

Voltando à mesa, é possível imaginar uma família de classe média carioca, tranquilamente sentada no sofá da sala de estar do seu apartamento,

assistindo a um programa de televisão como a *Marcha do Mundo*, da TV Excelsior, ou do *Repórter Esso*, na TV Tupi. Colocado em cima da mesa, o aparelho de televisão testemunha, pela sucessão de reportagens, a presença de um mundo em transformação. Em sintonia com essa sensação, as colunas de Brasília desta mesa tendem a associar a nova capital a este mundo moderno, como se o Rio de Janeiro não fosse mais capaz de encarnar o poder dessa transformação.

Imaginamos desta vez, a mesma sala de estar desta família, só que alguns anos antes. A mesa não existia, mas a televisão sim, que exibiu os últimos momentos do presidente Kubitschek no Rio de Janeiro, nos dias 19 e 20 abril de 1960, quando se despediu da velha capital para abrir, com a inauguração de Brasília, uma nova página da história do Brasil. Agradecendo "à terra carioca pelo abrigo que ofereceu ao governo do Brasil", organizou um longo e comovente "adeus à mui fiel e heroica cidade de São Sebastião do Rio de Janeiro". Prestigiando com sua presença, nesta ronda de adeus, a Academia Brasileira de Letras, Juscelino Kubitschek entrou na famosa instituição no momento em que estava em pauta o projeto de criação de uma delegação da Academia em Brasília. Diante das criticas da maioria dos acadêmicos, que se opunha a um projeto que visava a preparar uma transferência definitiva, o presidente pediu então a palavra para confirmar que o Rio de Janeiro não ia perder sua hegemonia cultural no país, pois continuaria a abrigar a sede da Academia, e de outras instituições culturais nacionais, a exemplo do Museu Histórico Nacional – que hoje conserva essa mesa. Em um último discurso aos cariocas, somente transmitido pelo rádio (deixando insinuar a ideia de que o Rio continuaria a ser a capital do rádio, enquanto Brasília já tinha nascido capital da televisão), o presidente confessou que se sentia "possuído, transmitindo esta mensagem de reconhecimento e agradecimento, pela sensação de estar perdendo alguma coisa". Acabou convidando o povo carioca para testemunhar seu último ato presidencial no Rio: o fechamento das portas do Palácio do Catete, na manhã do dia 20 de abril. Doravante, este palácio presidencial será transformado em Museu da República, confirmando a intenção de atribuir um novo papel ao Rio no cenário nacional, o de capital cultural.

No dia seguinte, coordenando as manifestações da inauguração da nova capital, desta vez um sorridente JK deixa transparecer um sentimento de orgulho nas imagens da televisão. No cenário distante do Planalto Central foi reatualizada a luta do moderno contra o arcaico. Contrastando com a desolação da paisagem do cerrado, foram erguidas as formas mais ousadas criadas pelo homem moderno. Por ser distante do Plano Piloto, o Palácio da Alvorada, aparece assim como uma ilha de modernidade, flutuando, com suas colunas apenas pousadas no chão, na terra virgem e selvagem do Planalto. A presença da televisão, que transmite algumas imagens filmadas por helicóptero, serve assim para testemunhar este confronto. Será que nossa família carioca perceberia que estas invenções foram pensadas na sua cidade e que são frutos de um longo amadurecimento da arquitetura moderna no Rio de Janeiro? É pouco provável – no momento. Mas, alguns anos depois, será que a percepção não teria mudado, já que a maioria dos cariocas considera que uma forma de decadência do Rio de Janeiro começou com a mudança da capital?

Em meados dos anos de 1960, a produção em série desta mesa ilustra a capacidade de um objeto de livrar-se do uso restrito pelo qual foi construído e pensado. Como indício de um mundo moderno fascinado pela possibilidade de possuir objetos e de construir, com uma disposição interna adequada, um universo de significações, essa mesa deve ter recebido leituras diferentes segundo os lugares onde foi adquirida. No Rio de Janeiro dos meados dos anos 1960, é muito provável que a aquisição de uma mesa de televisão, decorada com os arcos de Brasília, viesse a simbolizar uma perda: a do título de Capital Federal. Naquela altura, se o Rio de Janeiro continua capital política, foi da menor unidade da Federação que já existiu, o Estado da Guanabara, criado com a transferência da capital e com uma extensão restrita aos limites da cidade. Por isso, ao mesmo tempo em que representa o moderno, a presença dessa mesa num apartamento mostrava o fim de uma era da vida política carioca. Vem atiçar a saudade de um tempo remoto e dourado, quando o Rio inventava o Brasil.

BIBLIOGRAFIA

DA MOTTA, Marly Silva, Rio de Janeiro. *De cidade-capital a Estado da Guanabara. Rio de Janeiro*: Editora FGV, 2001

XAVIER, Alberto; BRITTO, Alfredo; NOBRE, Ana Luiza. *Arquitetura Moderna no Rio de Janeiro*. São Paulo: Pini: Fundação Vilanova Artigas; Rio de Janeiro: RIOARTE, 1991.

VIDAL, Laurent, *As lágrimas do Rio. O último dia de uma capital, 20 de abril de 1960*. São Paulo: Martins Ed., 2012.

LAURENT VIDAL é doutor em História, professor da Universidade de La Rochelle, França, autor de *As lágrimas do Rio: o último dia de uma capital*.

Peça em bronze reproduzindo marca do 400º aniversário do Rio de Janeiro.

Escultura-Símbolo do IV Centenário

Museu D. João VI, Escola de Belas Artes da UFRJ

1964/1965

Cybelle de Ipanema

Reproduzido sob a forma escultórica, o objeto não tem autor conhecido. Acha-se catalogado no Museu D. João VI, da Escola de Belas Artes (UFRJ), sob o nº 3699, na Classe Artes Visuais, Tema alegoria, na técnica de bronze e dimensões de 23,5 x 12,6 x 9,0 cm. Está fixado em paralelepípedo de madeira e sua incorporação ao acervo data de 1979.

São 4 (quatro) hastes de bronze, dispostas, paralela e separadamente, nas posições horizontal e vertical, ligadas suas extremidades por outras de mesmos material e espessura, formando 4 (quatro) triângulos traduzindo a concepção do artista-criador, Aloísio Magalhães, que pretendeu lembrar assim os quatro séculos de existência da cidade celebrados em 1965.

A cidade do Rio de Janeiro, cujo processo de fundação se inicia no ano de 1565, passara por várias situações administrativas, antes de chegar, no século XX, na altura dos 400 anos, a ser um estado federativo, uma cidade-estado, depois de perder a condição de capital do país para a recém-inaugurada Brasília, em 1960. O *status* de capital foi sendo conquistado paulatinamente pela cidade desde a transferência da sede do governo do Brasil, em 1763, de Salvador da Bahia. Determinado já pela Constituição republicana de 1891, o preceito da transferência da capital para o Planalto Central só veio a ser cumprido por Eurico Gaspar Dutra, em 1947, sendo efetivamente construída Brasília, a nova capital, pelo presidente Juscelino Kubistchek e pelos seus criadores, o urbanista Lúcio Costa e o arquiteto Oscar Niemeyer.

Nesse momento da transferência da Capital Federal, o Rio de Janeiro tornava-se o *estado da Guanabara* – nome previsto no art. 4º dos Atos das Disposições Constitucionais Transitórias da Constituição Federal de 1946. Seu primeiro governador, interino, foi José Sette Câmara, substituído por Carlos Lacerda, eleito por voto popular, a quem coube implementar as comemorações da efeméride quadricentenária, em 1965.

Impunha-se a criação de um logotipo, fixador do fato no imaginário da população. Democraticamente, ele foi disputado em concurso, vencido pelo escritório de design de Aloísio Magalhães, professor da ESDI. Segundo as declarações de seu criador, o símbolo, nas cores azul e branca, representava a integração do Rio, associadas ao verde e amarelo (em uma das faces), ao Brasil, representando a cruz-espaço, com a formação do número 4, indicando os séculos da cidade.

As providências tinham sido tomadas no ano anterior, conforme foto de *O Globo*, publicada em 4 de março de 1964, mostrando o aperto de mão entre o artista e o governante, com a legenda: "Marca. Aloísio Magalhães, autor do símbolo do IV Centenário do Rio, entrega um modelo do trabalho ao governador Carlos Lacerda".

A marca tomou a cidade já a partir de 1964, sendo reproduzida em 1965 em muitas situações. Dentre as inúmeras, mais uma foto de *O Globo*: "Comemoração. O Túnel Velho, que liga Botafogo a Copacabana, com decoração em homenagem ao IV Centenário do Rio", publicada a 2 de abril de 1965, com a logomarca emoldurada por bandeiras de vários países.

O IV Centenário contagiou a população. Logo no início do ano, em 6 de janeiro de 1965, o secretário de Turismo do governo Carlos Lacerda, Leoberto de Castro Ferreira, fez um balanço da programação para os festejos. As Regiões Administrativas prepararam calendário de eventos para o ano inteiro.

Sendo o objeto em análise a visualização da marca da efeméride, fato significativo na vida do Rio de Janeiro, ela acabará por impregnar a imaginação coletiva em todos os passos das comemorações: antes do evento, em 1964; maciçamente, em 1965; e com repercussões que se estenderão por períodos posteriores. As aparições da marca, com tudo o que evocam, abrem algo como um grande painel memorialístico, que bem poderia se chamar "Aconteceu no IV Centenário", abrangendo todo tipo de atividades. Poderíamos lembrar a chuva de prata que surpreendeu os cariocas em 1º de janeiro de 1965, quando milhares de papéis laminados, atirados por aviões da FAB (Força Aérea Brasileira), foram recolhidos na saudação ao Novo Ano e aos 400 de Fundação da Cidade. E o fato de que, já na noite anterior, o papa Paulo VI abençoara a urbe, acionando as novas luzes do Cristo Redentor, direto do Vaticano.

No dia 20, data do padroeiro São Sebastião, foi rezada missa na Igreja dos Capuchinhos, na Rua Haddock Lobo, herdeira do marco da Fundação e da lápide dos despojos mortais do fundador da cidade, mandada erigir por Salvador Correia de Sá na antiga Sé do demolido Morro do Castelo. Simultaneamente, foi ouvido o toque dos sinos de todas as igrejas e salvas das fortalezas da Guanabara.

Também lembrando a Fundação, no dia 24 de janeiro de 1965 foi lançada na Ilha do Governador a pedra fundamental de monumento a Arariboia, chefe dos Maracajá, ou Temiminó, que auxiliaram Estácio e Mem de Sá. A estátua, porém, nunca foi construída. Em outra comemoração, Carlos Rheingantz, presidente do Colégio Brasileiro de Genealogia, realizou levantamento das famílias dos fundadores, promovendo desfile dos seus descendentes, no Aterro do Flamengo. Os 400 anos foram lembrados no lançamento da pedra fundamental da nova Catedral do Rio, com a presença de três cardeais, mas também no Desfile das Escolas de Samba de 1965, que adotaram como enredo a celebração do aniversário da cidade.

A festa oficial, em 1º de março, realizou-se no Maracanãzinho, onde o governador Carlos Lacerda cortou bolo comemorativo, de cerca de 3.000 kg, e 16 metros de base e 5 de altura. A ocasião foi celebrada por concursos os mais variados: Rainha do IV Centenário, Miss Guanabara, "Hércules"... As iniciativas também se multiplicaram no campo do esporte, uma das paixões da cidade. O Torneio Internacional do IV Centenário foi vencido pelo clube Vasco da Gama, em lembrados 4 x 1 contra o rival Flamengo. Houve o Grande Prêmio IV Centenário, do Jockey Club, além de provas automobilísticas.

Atividades culturais fluíam paralelamente, como o Curso Panorâmico de História do Rio de Janeiro, promovido pelo Instituto Histórico e Geográfico Brasileiro, realizado no Automóvel Club do Brasil, por sua disponibilidade de espaço. As conferências eram publicadas em *O Cruzeiro*, com numerosas imagens, e ao final, na *Revista do IHGB* (n. 276, jul./set. 1967).

Papel importante na divulgação teve a imprensa: *O Globo*, o *Jornal do Brasil*, *O Jornal* e o *Diário de Notícias*. No *Jornal do Brasil*, o "Caderno *JB* do IV Centenário", responsabilidade de Francisco de Assis Barbosa, reuniu estudos temáticos por especialistas sob o título "400 anos memoráveis". Iniciativa também seguida pelo *O Jornal*, com seu Suplemento Comemorativo do IV Centenário, publicado a 19 de março de 1965. Já *O Globo* mantinha, através de Péricles de Barros, a coluna "Rio de Bairro em Bairro".

O Cruzeiro e *Manchete* também participaram da cobertura. Esta última repercutiu as comemorações com edições especiais e destaques nas capas. Passou a estampar o símbolo e mensagens como: "Prestigie o Rio no seu IV Centenário". São anúncios comerciais e charges exibindo a marca, que é lembrada em todas as oportunidades, inclusive numa foto de Brigitte Bardot, na qual ela aparece cercada pelo emblema da efeméride.

A Divisão de Patrimônio Histórico e Artístico da Guanabara montou, entre agosto e dezembro de 1965, uma exposição itinerante, "Do Rio Antigo

ao Novo Rio", que foi levada às 21 Regiões Administrativas.

Equipamentos culturais também foram criados ao influxo do IV Centenário, como, por exemplo, o Museu da Imagem e do Som, com acervo do compositor "Almirante" (Henrique Foreis Domingues), a Sala Cecília Meireles, o Museu do Primeiro Reinado – inaugurado no período – e o Teatro João Caetano, reaberto com pinturas de Di Cavalcanti, na entrada.

Edições especiais procuravam despertar na população o interesse pelo passado do Rio de Janeiro. O nome do grande historiador da cidade batizou a "Coleção Vieira Fazenda". A "Rio 400" teve chancela da Civilização Brasileira. A "Rio 4 Séculos", da José Olympio, teve a imagem do Cristo e a logomarca do IV Centenário. Sem contar as edições individuais, como o *Romanceiro de Estácio*, de Stella Leonardos, do Ministério da Educação e Cultura, também com a presença da marca. Outras, mesmo sem exibir o logotipo, estreitamente associadas às comemorações, como *A Muito Leal e Heróica Cidade de São Sebastião do Rio de Janeiro*: *quatro séculos de expansão e evolução*, de Gilberto Ferrez, que teve importantes patrocínios, como o de Raymundo de Castro Maya (edição relançada em 2015). A marquinha mágica figura também no *Atlas da evolução urbana do Rio de Janeiro*, de Eduardo Canabrava Barreiros, edição do IHGB.

Não poderia ela faltar no livreto encomendado pelo secretário de Turismo, Leoberto de Castro Ferreira, a Marcello de Ipanema: *Aspectos da história do Rio de Janeiro*, lançado por aviões da FAB, presos a miniparaquedas de papel seda coloridos, no quinto aniversário do estado da Guanabara, em 21 de abril de 1965, do Parque do Flamengo à orla de Copacabana. A cada iniciativa dessas, imaginamos, sentia-se o habitante da Guanabara também homenageado por seus dirigentes e mais intimamente ligado à sua cidade.

Até mesmo Portugal criou sua Comissão Nacional das Comemorações do IV Centenário do Rio de Janeiro, que deu origem aos livros *O Rio na literatura portuguesa* e, de Joaquim Veríssimo Serrão, a *O Rio de Janeiro no século XVI*, em dois volumes.

A marca foi reproduzida e divulgada em objetos, imóveis, suvenires, calçadas... Curiosamente, na Ilha do Governador ela permanece representada em uma coluna de alvenaria, na subida do Jardim Carioca, sem relação com o fato que quer indicar.

Revê-la, inclusive no Museu D. João VI da Escola de Belas Artes, significa renovar de alguma forma nossa ligação com esta cidade de São Sebastião do Rio de Janeiro. ◈

BIBLIOGRAFIA

TURAZZI, Maria Inez (org.). *Rio 400 + 50*; comemorações e percursos de uma cidade. Rio de Janeiro: Edições de Janeiro, 2014.

MOTTA, Marly. *Saudades da Guanabara*. Rio de Janeiro: Ed. FGV, 2000.

MESQUITA, Claudia. *Um museu para a Guanabara*: Carlos Lacerda e a criação do Museu da Imagem e do Som. Rio de Janeiro: Folha Seca, 2010.

CYBELLE DE IPANEMA é livre-docente e doutora pela Escola de Comunicação da UFRJ (1977), Sócia Emérita e 1ª Secretária do Instituto Histórico e Geográfico Brasileiro desde 1996, Autora de bibliografia sobre imprensa, comunicação, documentação e Rio de Janeiro.

Capacete usado pela Polícia do Exército em comemorações e ocasiões de gala.

Capacete da PE

Museu Histórico Nacional

Década de 1960

Samantha Viz Quadrat

Passeando pelas ruas do Rio de Janeiro é possível observar a constante presença militar no cenário carioca. Uma rotineira ida às praias de Copacabana, Leme, Urca e Marambaia revela em que medida cariocas e turistas em visita a estes lugares convivem com fortes e quartéis no seu dia a dia.Também ao longo de toda a Avenida Brasil e no percurso dos trens que saem da Estação Central, veem-se espaços de formação militar, além de bairros como a Vila Militar, Deodoro e Realengo. Muitos deles, os mais antigos, estão envoltos em lendas e mistérios e outros oferecem ainda atividades para a comunidade, funcionando como um espaço militar e de lazer e/ou turismo.

No entanto, em relação ao objeto aqui abordado, um endereço em especial nos interessa: Rua Barão de Mesquita 425, Tijuca, Zona Norte. Sede do 1º Batalhão da Polícia do Exército (PE), ali funcionaram durante toda a década de 1970 e início dos anos 1980 o Destacamento de Operações de Informações e o Centro de Operações de Defesa Interna, mais conhecidos pela sigla DOI-CODI. Nos limites entre dois bairros extremamente residenciais e populosos, Tijuca e Andaraí, foram instalados os principais órgãos de informação e repressão criados pela ditadura civil-militar (1964-1985).

O conjunto arquitetônico que abriga o 1º Batalhão da Polícia do Exército foi construído em 1857, sendo desde então usado como Hospital Militar (sua finalidade original), 1º Regimento da Cavalaria Ligeira, Escola do Estado Maior, 2º Batalhão de Caçadores e Escola de Intendência.

A Polícia do Exército tem sua origem na Companhia de Polícia Militar (CPM), do 3º Regimento de Infantaria da Força Expedicionária Brasileira (FEB), que atuou na Itália durante a Segunda Guerra Mundial sob o comando do então general Euclides Zenóbio da Costa. Nesse confronto tinha como principal missão escoltar, proteger e realizar o policiamento nas zonas de conflito. Com o fim da guerra e a desmobilização das tropas brasileiras, Zenóbio da Costa, já comandante da 1ª Região Militar, manteve a organicidade da CPM que, por força do Decreto nº 23.466, de 6 de agosto de 1947, passou a se chamar 1ª Companhia de Polícia do Exército da 1ª Região Militar. Em 24 de dezembro de 1951, através da Portaria Reservada nº 121-99, recebeu o nome de 1º Batalhão de Polícia do Exército e suas novas funções para os chamados tempos de paz. Nesse sentido, caberia à PE, como força de reserva do Exército, dentre outras funções, garantir a lei e a ordem, a segurança das áreas militares, escoltas e segurança de autoridades e comboios, guarda de presos à disposição da Justiça Militar, controle de distúrbios sociais e de áreas de calamidade pública e prisão de desertores. Com o golpe civil-militar de 31 de março de 1964 e a instalação da ditadura no país, a exemplo de outras instâncias das Forças Armadas, a PE foi chamada para combater a "subversão" e os opositores ao governo.

A Polícia do Exército carioca foi a primeira instituída no país, seguida por São Paulo, em 1949, Pernambuco e Rio Grande do Sul, em 1950, e Brasília, em 1960. Em 1963, o já marechal Zenóbio da Costa veio a falecer. Como homenagem, no dia 19 de fevereiro de 1964, o Batalhão foi rebatizado com o nome do seu principal defensor e ex-ministro da Guerra do governo de Getúlio Vargas.

O uniforme usado na Segunda Guerra foi alterado para a nova realidade da tropa. O verde-oliva se manteve na farda e no capacete, porém, para as ocasiões de gala e comemorações, a PE usava uniforme especial e o capacete era branco com a faixa e as letras PE em vermelho, objeto da nossa análise. O uso de capacetes é um hábito militar desde a Antiguidade, já tendo sido de couro, metal e madeira. Usado como artefato simbólico em cerimônias festivas e como proteção no campo de batalha, o capacete faz parte da cultura material militar. Permite também que se diferenciem as tropas e reforce a hierarquia. A sua adoção definitiva como parte do uniforme militar na idade contemporânea tem sua origem na Primeira Guerra Mundial, quando os médicos observaram que os ferimentos na cabeça dos soldados da infantaria eram muitas vezes provocados por estilhaços. Até então seu uso era imposto mais por questões climáticas. Os primeiros capacetes eram pesados, quentes e desconfortáveis. Ficaram famosas as fotos dos soldados usando-os como panela ou sopeira nos acampamentos.

O capacete usado pela CPM durante a Segunda Guerra Mundial era verde oliva e tinha na parte da frente pintada as letras MP (Military Police) e a bandeira do Brasil, na parte detrás uma faixa vermelha unia de uma extremidade a outra os símbolos da FEB – a cobra fumando – e do 5º Exército dos EUA, em função da atuação conjunta.

Com o fim da Guerra e a transformação da CPM em PE (Polícia do Exército), o capacete foi reformulado. No uniforme regular, no lugar das letras MP passamos a ter PE, a faixa vermelha e o símbolo do 5º Exército dos EUA foram retirados, mas a cobra fumando – símbolo da

FEB e da própria PE – permaneceu. O capacete de gala exibia apenas a faixa vermelha e as letras PE.

Como falamos acima, com o início da ditadura em 1964, a PE também foi convocada para atuar na repressão política. Contudo, justamente pelo uso do capacete, é bastante comum que a Polícia do Exército seja confundida com a Polícia Militar nas fotos em preto em branco das manifestações contra o governo ditatorial. No entanto, mesmo que não tenha atuado regularmente nas ruas cariocas reprimindo as passeatas, a participação da PE na perseguição aos opositores da ditadura é inegável. Um dos episódios mais conhecidos é o "massacre da Praia Vermelha", quando na madrugada do dia 23 de setembro de 1966, a PE cercou e invadiu o prédio da Faculdade de Medicina, da UFRJ, espancando os estudantes que ocupavam o espaço em protesto à ditadura. Identificados como agentes da repressão no projeto *Brasil: nunca mais*, que reúne os testemunhos de presos políticos à Justiça Militar, na Comissão Nacional da Verdade e em fóruns similares organizados em diferentes estados, pesam sobre alguns militares da PE acusações de violações de direitos humanos. No caso carioca, essa associação se tornou mais estreita pelo fato de a PE ter abrigado o DOI-CODI.

Nos anos 1990 e início dos 2000, a sede do Batalhão da Polícia do Exército na Rua Barão de Mesquita era conhecida por uma geração de jovens apenas como espaço de uma festa junina disputada. Contudo, por toda a década de 1970, num dos prédios daquele grande complexo funcionou o DOI-CODI. Ocupou, mais precisamente, o Pelotão de Investigações Criminais (PIC), que fica nos fundos do Batalhão, e que passou por reformas para atender à nova função: o edifício de dois andares recebeu celas e salas de tortura, por onde passaram presos como Rubens Paiva e Mario Alves, cujos corpos nunca foram localizados.

O comando do DOI-CODI não ficava a cargo da PE, mas sim do Exército. Os soldados da PE faziam parte da força auxiliar, ou seja, faziam capturas nas ruas, como alguns ex-presos políticos identificaram. Faziam ainda a faxina, traziam

a comida, além de atuarem como guardas e carcereiros. Vindos de fora do Rio de Janeiro, alguns recrutas se surpreendiam com a idade dos presos e presas, frequentemente tão jovens como eles. O estranhamento algumas vezes gerou gestos de solidariedade, como dar notícias de fora ou entregar bilhetes entre os presos.

Na canção oficial do 1º Batalhão da Polícia do Exército encontramos o verso "nosso soldado é sem temor, é na fé, na esperança, de um exército melhor". No entanto, em julho de 2012, soldados foram vistos correndo pela Rua Barão de Mesquita, durante exercícios físicos, cantando "Bate, espanca, quebra os ossos, bate até morrer". O instrutor perguntava "e a cabeça?" e obtinha como resposta "arranca a cabeça e joga no mar". A cantoria foi denunciada por moradores e pela imprensa ao comandante da PE que se comprometeu em apurar. A possibilidade de que bordões como esses sejam cantados em tempos democráticos demonstra as permanentes dificuldades com a questão dos direitos humanos e com a memória do passado ditatorial. Reforça ainda a necessidade de políticas públicas de memória.

Nos anos 1990, por iniciativa dos moradores ao redor do Batalhão, o prédio principal foi tombado. Circulava a informação de que o Exército estaria disposto a abrir mão do espaço para a construção de um shopping center. A lei nº 1956, de 29 de março de 1993, assegurou a integridade do prédio histórico, o que conhecemos das fotos. No entanto, não incluiu o prédio onde funcionou o DOI-CODI. O pedido de tombamento e a construção de um espaço de memória foi feito em 2013 por iniciativa da Comissão da Verdade do Rio de Janeiro e do Ministério Público. Foi em 2013 também que integrantes da Comissão da Verdade, familiares e ex-presos políticos finalmente conseguiram entrar pela primeira vez no antigo DOI-CODI após inúmeras negativas e resistências do Exército. Se o prédio ainda não foi ocupado, no dia 12 de setembro de 2014, por iniciativa do Sindicato dos Engenheiros, foi inaugurado na Praça Lamartine Babo, sob o olhar atento dos homens de capacete, um busto de Rubens Paiva. A praça fica em frente ao Batalhão da PE, entre a Rua Barão de Mesquita e a Avenida Maracanã. No portão ali localizado entravam os carros trazendo presos políticos. Alguns, como o próprio homenageado, não voltariam a cruzá-lo com vida. De costas para os soldados, Rubens Paiva encarna a memória e a denúncia das violações dos direitos humanos ocorridas durante a ditadura civil-militar. E sua imagem nos provoca a pergunta: até quando os capacetes estarão ali?

* Agradeço à Rafaella Bettamio pela cessão das entrevistas e fontes.

BIBLIOGRAFIA

Arquidiocese de São Paulo. *Brasil: nunca mais*. Petrópolis: Vozes, 1985.

BENJAMIN, Cid. *Gracias a la vida*. Rio de Janeiro: José Olympio, 2013.

BETTAMIO, Rafaella. *O DOI-CODI carioca: memória e cotidiano no "Castelo do Terror"*. Rio de Janeiro: FGV-Programa de Pós-Graduação em História, Política e Bens Culturais, 2012. Dissertação de Mestrado.

COSTA, Alcir Henrique da.*Barão de Mesquita 425: a fábrica do medo*. Rio de Janeiro: Brasil Debates, 1981.

Dicionário Histórico Biográfico Brasileiro pós-1930. Rio de Janeiro: Ed. FGV, 2001.

GERSON, Brasil. *História das ruas do Rio*. Rio de Janeiro: Lacerda Editores, 2000.

GÓIS, João Bôsco Hora e QUADRAT, Samantha. "Militância política e gênero na ditadura brasileira: entrevista com Jessie Jane Vieira de Sousa" *in: Gênero*, v8, n.2, 2008. pp 23-41.

QUADRAT, Samantha. *Poder e informação: o sistema de inteligência e a ditadura militar no Brasil*. Rio de Janeiro: UFRJ-Programa de Pós-Graduação em História, 2000. Dissertação de Mestrado.

SITES

http://www.cartografiasdaditadura.org.br

O Globo (http://oglobo.globo.com/brasil/batalhao-da-policia-do-exercito-vai-apurar- cantico-da-morte-5462697#ixzz48yQhDNW2)

Relatório Final Comissão Estadual da Verdade do Estado do Rio de Janeiro. Disponível em: http://www.cev-rio.org.br/site/arq/CEV-Rio-Relatorio-Final.pdf

Relatório Final Comissão Nacional da Verdade. Disponível emhttp://www.cnv.gov.br/

SAMANTHA VIZ QUADRAT é professora associada de História da América Contemporânea, no Departamento de História da Universidade Federal Fluminense. Pesquisadora do Núcleo de Estudos Contemporâneos (NEC) e do Núcleo de Pesquisa História e Ensino das Ditaduras (NUPHED) na mesma instituição, sendo também, bolsista de produtividade do CNPq.

A vitrine guarda uma relíquia do esporte: a bola com a qual Pelé marcou o gol mil de sua carreira, em 1969, no Maracanã.

A bola do Milésimo Gol

Museu do Futebol, Maracanã

1969

Mario Brum e Monica Santos da Silva

Dois jogos após fazer seu gol número 999, Pelé, considerado por muitos o maior jogador de todos os tempos, marcou seu milésimo gol, no dia 19 de novembro de 1969, de pênalti (sofrido pelo próprio) na virada do Santos Futebol Clube contra o Vasco da Gama, por 2 x 1. Gol comemorado pelos mais de 65 mil torcedores presentes, inclusive os vascaínos, no Estádio do Maracanã, numa consagração do esporte, com direito à volta olímpica e tudo.

Estranhamente, Pelé autografou a bola identificando-a como a do milésimo gol com a data de 11 de novembro, o que gera dúvidas sobre a autenticidade da mesma... De qualquer forma, quem for ao Museu do Futebol, no Maracanã, poderá ver, além da *bola*, a *rede* do *Gol 1000 de Pelé*, como parte integrante da exposição permanente, entre muitos outros itens consagrados da história do futebol, relacionados ou não ao Maracanã.

De cor clara e costurada a mão, a bola é do tipo G18, que começou a ser usado a partir da Copa do Mundo de 1954, sendo composta por 18 gomos, o que diminuía a pressão interna da esfera. De qualquer forma, veteranos contam que ainda era muito pesada, e que, em jogos sob chuva, triplicava de peso.

Quando Pelé fez o gol, o Maracanã ainda era o maior estádio do mundo, com capacidade para 200 mil torcedores, e sua fama se equiparava à do já demolido estádio de Wembley, na Inglaterra. Inaugurado em 1950 para o IV campeonato mundial de futebol organizado pela *Fédération Internationale de Football Association* (FIFA), o estádio se tornou um dos mais importantes cartões postais da cidade.

Além de palco da final de duas Copas do Mundo (1950 e 2014), o Maracanã, ao longo de seus de 65 anos, foi cenário de shows, celebrações religiosas, festividades e de tantas alegrias e decepções das torcidas do mundo inteiro.

Para a sua segunda Copa do Mundo, o estádio passou por uma profunda reforma, que o adequou aos padrões internacionais exigidos pela FIFA, reduzindo a lotação do estádio, acabando com a folclórica Geral (parte próxima ao gramado, a preço popular, em que o torcedor assistia à partida em pé) e dotando-o de uma infraestrutura de serviços e lazer. Esse templo do esporte inclui ainda um complexo que conta com o ginásio do Maracanãzinho, e ao seu redor uma ciclovia e uma pista, usadas diariamente para caminhadas, corridas, *skate* e ciclismo.

Assim, o Maracanã não é só o templo do futebol ou o segundo ponto turístico mais visitado na cidade (superando o Pão de Açúcar e só perdendo para o Cristo Redentor). É um monumento da capital dos esportes no Brasil, praticados em suas praias, montanhas, praças, ruas, campos e quadras...

Essa vocação para o esporte, que foi um dos principais trunfos na candidatura vitoriosa do Rio para os Jogos Olímpicos de 2016, se inscreve na história da cidade desde o século XVIII, com as touradas que eram realizadas no Campo de Santana, até os modernos *kite-surf*, *stand-up paddle* ou *slack-lines*, praticados ao ar livre em praias e parques cariocas. Seja como forma de lazer e entretenimento ou até de mobilidade urbana, o ciclismo vem ganhando força: a cidade, desde 2014, detém uma das maiores redes de ciclovias da América Latina, com cerca de 380 quilômetros de extensão.

Assim, o esporte no Rio de Janeiro não é apenas um espetáculo ao qual os cariocas assistem passivamente. Ele é vivido na cidade em suas diversas manifestações, seja por profissionais de fama internacional, seja por anônimos que o praticam de forma amadora em suas várias modalidades, algumas inventadas pelos próprios cariocas.

Foram as águas da Baía de Guanabara que primeiro acolheram legiões dos primeiros desportistas genuinamente cariocas: jovens filhos das elites da cidade que, em fins do século XIX, viram na prática do remo, nas competições chamadas de regatas, uma oportunidade de exercícios à beira-mar por questões de saúde. De 1870 a 1900, vários clubes surgem ao redor da Baía de Guanabara, inclusive em cidades vizinhas ao Rio, organizando torneios e uma das primeiras federações esportivas do Brasil: a União Fluminense de Remo, que anos depois formaria a Federação Brasileira de Remo.

Apesar de muitos desses clubes terem se extinguido, o esporte continua a ser praticado não só na Baía de Guanabara, mas também na Lagoa Rodrigo de Freitas, que se tornou o principal local de competições de regata na segunda metade do século XX. O remo está ainda fortemente ligado ao que é o esporte mais popular da cidade, o futebol, pois nele está a origem de tradicionais clubes de futebol cariocas, como o Botafogo, o Flamengo e o Vasco da Gama.

Este esporte chegou ao Brasil em fins do século XIX através, principalmente, de imigrantes ligados às empresas britânicas, diretores de firmas inglesas e seus filhos, na época em que a Inglaterra era a principal potência do mundo. Na convivência com os jovens da elite local foram realizadas as primeiras partidas e do interesse despertado pela novidade veio o estímulo para a organização de clubes como o Fluminense, além dos já citados Botafogo e Flamengo, todos criados nos bairros nobres da Zona Sul.

Só nas décadas seguintes o esporte viria a adquirir a feição popular que tem hoje, com a inclusão de jogadores negros nos times principais das equipes. Além disso, o surgimento de clubes nas diversas regiões da cidade, em bairros fabris como Madureira, Bangu e Andaraí, fez com que em 1927 fosse inaugurado, no então subúrbio de São Cristóvão, o estádio de São Januário, pertencente ao Vasco da Gama, que foi o maior da cidade até a inauguração do Maracanã, tendo sediado tanto partidas de futebol quanto eventos políticos, como cerimônias públicas com o presidente Getúlio Vargas.

Dos moços bem nascidos de Laranjeiras, o futebol chegou ao bairro de Quintino, do Galinho Zico, à Vila da Penha, de Romário, e a Bento Ribeiro, de Ronaldo, o Fenômeno. Ao longo do século XX, acabou por se tornar o esporte mais popular da cidade, sendo hoje jogado em praias, clubes, escolas, condomínios, campos de peladas nas favelas, ruas dos subúrbios, ou durante o dia todo nos campos de grama sintética do Aterro do Flamengo, inclusive durante as madrugadas, com garçons e cozinheiros que saem do trabalho direto para lá.

Outro esporte de origem inglesa que rapidamente fez sucesso no Rio de Janeiro foi o *turfe*. Comumente conhecido como corrida de cavalos, a prática desportiva se popularizou na cidade em meados do século XIX, através de competições e apostas.

Apreciados pelas elites, que relegavam a função de jóquei às classes populares, os *páreos* de cavalos demandavam a construção de uma pista específica, um hipódromo que atendesse à importância da modalidade na época. Assim, em 1850 foi inaugurado, numa área entre os atuais bairros de Benfica e São Francisco Xavier, o Prado Fluminense, primeiro hipódromo brasileiro. Teve duração curta, de apenas três anos, e contou com uma só reunião. Foi somente em 16 de julho de 1868, após interesse mútuo entre importantes figuras da elite carioca, como as do conde Herzberg e do major Suckow, que se criou o Jockey Club Fluminense, ocupando um terreno no Engenho Novo para realização dos páreos.

Em 1885, surgia outro importante clube, o Derby Club, erguido na área onde hoje se localiza o Maracanã. O clube se equiparava ao Jockey Club Fluminense, sendo ambos frequentados e dirigidos por importantes setores da elite carioca.

Em 1926, o Jockey Club foi transferido para o recém-inaugurado Hipódromo da Gávea, com capacidade total de 70 mil pessoas e tribunas destinadas às várias classes, sendo a Social a mais destacada e destinada à alta sociedade, com as mulheres exibindo, ainda hoje, vestidos chiques e chapéus vistosos.

O Derby se uniu ao Jockey, formando o Jockey Club Brasileiro em 1932, deixando para trás o terreno no qual seria erguido o famoso estádio, prova de que, em meados do século XX, o futebol havia superado o turfe em preferência popular. No ano seguinte, em 1933, o Jockey Club Brasileiro realizou seu primeiro e principal evento: o Grande Prêmio Brasil, tradição do turfe brasileiro que persiste até hoje, repercutindo tanto nas páginas esportivas como nas colunas sociais.

Bem perto dali havia o Circuito da Gávea, onde foi disputado outro Grande Prêmio, o da Cidade do Rio de Janeiro, prova de automobilismo que mobilizou os cariocas de 1933 a 1954 (sendo interrompida apenas durante a II Guerra Mundial). No circuito, também chamado de Trampolim do Diabo, as "baratinhas", apelido dado pela população aos carros de corrida, davam a volta ao redor do morro Dois Irmãos, subindo a Avenida Niemeyer até São Conrado e retornando ao Leblon pela Avenida Marquês de São Vicente.

A corrida, promovida pelo Automóvel Club do Brasil com subvenção do Governo Federal, ocorria anualmente e atraía diversos competidores internacionais, num circuito no qual se combinavam o perigo (até trechos com trilhos de bondes faziam parte do percurso) e a intensa beleza natural de mar e montanhas por onde as baratinhas corriam. Na década de 1970, a construção do Autódromo de Jacarepaguá levou para lá as diversas modalidades de corridas de automóveis, inclusive os Grandes Prêmio da Fórmula 1 na década de 1980, até que o autódromo foi demolido para dar lugar ao Parque Olímpico para a Rio 2016.

Aliás, essa natureza que envolve a cidade tem sido um convite irresistível às gerações de moradores do Rio de Janeiro que importam ou inventam seus próprios esportes, como foram os casos do frescobol e do futevôlei, duas legítimas criações cariocas. O frescobol, jogo similar ao tênis, com dois jogadores em lados opostos com raquetes de madeira e uma pequena bola, surgiu nas areias de Copacabana em meados da década de 1940. O jogo deve seu nome ao fato de ser praticado, inicialmente, ao entardecer, quando a praia estava mais vazia, numa alusão ao "frescor do fim de tarde".

Já o futevôlei surgiu na década de 1960, quando os jogos de futebol foram proibidos na praia. A proibição, contudo, não atingiu o vôlei, praticado em um espaço delimitado. Desse modo, diversos "jogadores de futebol de praia" tentaram manter sua atividade com o futevôlei, cujas regras se assemelham ao vôlei de praia, com a diferença que o uso das mãos é proibido.

Embora não seja popular em número de praticantes, o surfe é um esporte que marca presença na história da cidade com personagens e fatos urbanos que contribuem para ressaltar sua diversidade cultural e também certa indolência que caracteriza o carioca. Embora tenha chegado ao Brasil primeiramente pela cidade de Santos, em São Paulo, foi no Rio que o esporte se popularizou na década de 1960, criando figuras lendárias como o campeão de surfe Pepê.

O mesmo Pepê também foi campeão de outro esporte praticado por poucos, mas admirado por muitos: o voo livre, seja de asa-delta ou de parapente (espécie de paraquedas) que rodeiam a Pedra da Gávea durante o dia. O esporte chegou ao Brasil pela mão de um francês que, em julho de 1974, saltou de cima do Corcovado com uma asa-delta, feito que atraiu a atenção de muitos, como o carioca Luiz Cláudio Mattos, que pouco depois viria a ser primeiro brasileiro a praticar o esporte. Desde então, o voo livre se tornou parte da paisagem carioca, com a construção da primeira rampa do Rio na Pedra Bonita, ao lado da Pedra da Gávea, acompanhada posteriormente por mais uma rampa em Paciência, na Zona Oeste do Rio.

Vôlei, vôlei de praia, basquete, basquete de rua, natação, patinação, alpinismo – são muitos os esportes praticados na cidade do Rio de Janeiro. O meio natural no qual a cidade se formou favoreceu largamente a prática de esportes. Além disso, o fato de a cidade ser a "porta de entrada do Brasil", somado à sua projeção nacional e mundial durante longo período de sua história, permitiu o contato com as diversas modalidades que aqui chegaram pelas mãos de estrangeiros e que foram apropriados pelos cariocas, sendo incorporadas à rotina da cidade. Fosse como simples lazer nas ruas de bairros, fosse como espetáculo para multidões em grandes arenas.

Ao longo de sua história, o Rio de Janeiro sediou diversos eventos esportivos internacionais. Esta vocação foi reforçada recentemente, quando a cidade recebeu os Jogos Panamericanos de 2007 e sede dos Jogos Olímpicos de 2016. Tamanha projeção mundial consagra algo que os cariocas já sabem há muito tempo: ter as paisagens do Rio como locais e cenários para a prática de esportes faz bem para o corpo e, principalmente, para a alma. ◈

BIBLIOGRAFIA

AWI, Fellipe; DAFLON, Rogério. *RIOAtivo: geografia social do esporte*. Rio de Janeiro: Lumen Produções, 2013.

MELO, Victor Andrade de. *Cidade esportiva: primórdios do esporte no Rio de Janeiro*. Rio de Janeiro:. Relume Dumará / FAPERJ. 2001

PEREIRA, Leonardo Affonso de Miranda. *Footballmania: uma história social do futebol do Rio de Janeiro*. Rio de Janeiro: Nova Fronteira, 2000.

MARIO BRUM é doutor em História pela UFF e tem pós-doutorado em Planejamento Urbano (IPPUR-UFRJ). Autor do livro *Cidade Alta*, é professor e pós-doutorando em Educação no PPGECC/FEBF-UERJ.

MONICA SANTOS DA SILVA é graduanda em História (UFRJ).

Peça de louça com inscrição referente ao antigo Estado da Guanabara.

Xícaras de café do Estado da Guanabara

Arquivo Público do Estado do Rio de Janeiro

Décadas de 1960/70

Marieta de Moraes Ferreira

À primeira vista, três xícaras de café em faiança branca com uma faixa azul e as iniciais GB, de um tipo de louça simples, não significam muita coisa. Sabe-se pouco sobre elas, mas conta-se que eram de uso corrente em repartições e escolas públicas do Rio de Janeiro na década de 1960 e início da década seguinte, criando um sistema de unidade do estado a partir de objetos cotidianos. Se nos detivermos mais atentamente, porém, as pequenas xícaras podem ser uma porta aberta para evocar todo um passado e recuperar momentos importantes da história da cidade. Seguindo essa trilha, podemos perguntar o que essas iniciais estampadas numa xícara nos sugerem.

Em 1960 com a transferência da capital para Brasília, a cidade do Rio de Janeiro ganhou um novo status político, passando a se constituir em cidade-estado, então denominada Estado da Guanabara, identificada pelas iniciais GB. Durante os quinze anos que usufruiu desse novo status, a Guanabara teve um governo provisório com José Sette Câmara e três governadores eleitos: Carlos Lacerda, Negrão de Lima e Chagas Freitas.

Especialmente a gestão de Carlos Lacerda atuou para reelaborar esse novo lugar que o Rio passava a ocupar, alterando a trajetória da cidade, que até então tinha sido centro político da nação. Mesmo com essa mudança institucional, a Guanabara não abriu mão de garantir uma posição especial buscando constituir-se em capital cultural do país. Inúmeros investimentos culturais foram desenvolvidos com o intuito de reelaborar a identidade carioca, mas preservando essa característica de ser "um espaço fundamentalmente nacional", e onde seriam debatidos "as questões de interesse geral da nação".

Com esse projeto, Lacerda definiu sua agenda governamental com objetivo de preservar o papel do Rio de "vitrine da nação". Em todos os pronunciamentos do governador era perpetuada a força distintiva do Rio, enquanto cidade-estado da Guanabara, como capital cultural, construída ao longo de mais 150 anos, e tendo como importante marco fundador a transferência da Corte Portuguesa para o Brasil.

Se a transferência da capital para Brasília representou uma grande mudança na vida da cidade, com a fusão do então estado do Rio de Janeiro com o estado da Guanabara, concretizada em primeiro de julho de 1974, com a Lei Complementar nº 20, o Rio iniciou uma nova etapa de sua trajetória, então, como município e passou por um processo de redefinição de sua identidade, que carregava consigo antigas projeções, símbolos revividos e rejeitados.

O novo município do Rio de Janeiro já nasceu enfrentando o desafio de lidar com a tendência de concentração do poder de decisão e de gestão de recursos nas esferas administrativas superiores. Na prática, o município se efetivava envolvido em disputas relacionadas à redistribuição de recursos, de poderes e de competência, que demonstravam uma posição de dependência financeira e política em relação às instâncias estadual e federal. Um território, até então submetido a apenas uma jurisdição regional, a do estado da Guanabara, com a fusão ficava sujeito a duas autoridades distintas: a do novo estado e a do recém-criado município.

Essa nova situação provocou intensos debates que duraram de julho de 1974 até 1977, quando finalmente foi instalada a Câmara dos Vereadores. Os argumentos veiculados pelos meios de comunicação e setores da elite carioca baseavam-se na noção de que a fusão não teria reservado ao município do Rio de Janeiro um status satisfatório e compatível com o papel histórico da "muito leal e heroica cidade".

O primeiro ponto que se destacava nessa afirmação é que com a posse do novo governador Francisco Faria Lima e do prefeito Marcos Tamoyo, ambos indicados, era a submissão do novo município à esfera estadual, que teria a atribuição da administração financeira do município, inclusive com as funções de arrecadar e fiscalizar tributos municipais.

Um segundo ponto objeto de muitas críticas era que a função legislativa municipal seria exercida pelo chefe do governo estadual até que entrasse em vigor a nova constituição do estado, e que o poder legislativo do município fosse constituído. Como o processo de implantação da municipalidade só se completou com a instalação da primeira Câmara dos Vereadores em 1º de fevereiro de 1977, por um período longo as vozes locais não seriam ouvidas.

Já nas primeiras semanas de funcionamento da Câmara, o posicionamento do prefeito Marcos Tamoyo foi duramente atacado por um grupo de vereadores do MDB, partido de oposição. O questionamento principal era contra a interpretação dada pelo governo estadual à lei que determinava a transferência de recursos do município do Rio de Janeiro. Nesse cenário, tornaram-se claras as dificuldades de arranjo político envolvendo um tema fundamental: a atuação do prefeito indicado, Marcos Tamoyo. Nesse novo contexto, a cidade do Rio de Janeiro precisava, mais uma vez, redefinir suas linhas de atuação. O município recém-criado não aceitava facilmente o esquema de comando político e a relação de subordinação com a esfera estadual. Na luta para ampliar sua autonomia e nas disputas de poder, o município usava recursos políticos variados: a tradição da cidade como centro político, a penetração na opinião pública nacional, seus poderosos canais de comunicação, sua posição de polo econômico e seus personagens da política local.

As divergências em torno das competências e atribuições das esferas municipal e estadual colocavam em conflito a elite política local e as instâncias federais e estaduais. O que se destaca nesses conflitos era a posição dos vereadores cariocas buscando sempre ressaltar o entrelaçamento da história da cidade do Rio de Janeiro com a história do país. Preocupados em emitir opinião frente às grandes questões nacionais, os vereadores cariocas mostram-se tomados por uma visão característica dos moradores da cidade, que era a de defender que o Rio era o centro do Brasil. Influenciados por uma herança cultural e histórica que passava pela noção de "capitalidade", essa parte da elite carioca agia no sentido de construir uma identidade coletiva vinculada à imagem de "centro", "vitrine" e "espelho" do país.

Num depoimento sobre o tema, Francisco Melo Franco, ex-secretário de planejamento do estado da Guanabara, assim descreveu os primeiros anos do governo pós-fusão: "Logo no começo fiquei muito deprimido porque, já em sua primeira entrevista, o novo governador disse mais ou menos o seguinte: 'Não vejo por que dar prioridade para o Rio de Janeiro, que é um município como outro qualquer'. O Rio de Janeiro faz parte da história mundial. Como pode ser um município qualquer?! (...) Então, a grande cidade histórica brasileira, a honra do Império e da República, estava de pires na mão, e o prefeito achava graça?! Aquilo me humilhava, ainda mais porque tínhamos deixado a Guanabara bonita, bem vestida, bem penteada, perfumada...".

Um trecho de uma entrevista do ex-prefeito do Rio Israel Klabin também reforça esse tipo de visão. "Não tenho a menor dúvida de que a fusão representou o fim da identidade carioca: uma cidade com identidade própria, visão cosmopolita, a porta de entrada e saída do país, o centro do poder, a elite administrativa do país; isso tudo foi perdido. Primeiro, houve a transferência da capital, mas o Rio conseguiu recuperar sua identidade com o estado da Guanabara. A partir da fusão, acabou."

Esses depoimentos nos revelam as percepções e valores de dois personagens diretamente inseridos no contexto da criação do município do Rio de Janeiro. Suas palavras revelam o enraizamento de crenças comuns sobre a posição do Rio de Janeiro. Os sentimentos expressados traziam à tona todo o conjunto de características vinculadas à identidade da cidade. Seu passado heroico e imponente contrastava com o sentimento, naquele momento, de humilhação e de perda. Mas os depoimentos também silenciavam sobre os momentos de dissabores e dificuldades dos tempos de Capital Federal e os ônus que aquela situação trazia.

Ao retomarmos a análise da trajetória do Rio de Janeiro, ficam evidentes as rupturas no status político da cidade. Tanto o momento da transferência da capital para Brasília, quanto a passagem de estado da Guanabara para município, romperam com a continuidade que havia marcado a cidade por um longo tempo como centro da nação. Essas rupturas e transformações concretizaram um processo duplo de descapitalização. Exigiu a reelaboração de símbolos que pudessem evocar imagens relacionadas com esse passado, visto como grandioso. A falta de previsibilidade futura gerava um sentimento de insegurança e uma urgência na busca de elos de ligação com o passado, no intuito de construir uma nova identidade coletiva. A recuperação dessas memórias e dos símbolos de diferentes momentos do percurso da cidade, seja como capital da república, ou como cidade estado da Guanabara, foi marcada por uma seleção de elementos que evocassem uma Idade de Ouro, e um silenciamento sobre a falta de autonomia, sobre as intervenções do Governo Federal que marcaram a vida política de capital.

O sentimento de não estar mais vinculado àquele passado é que fez crescer a necessidade de apropriação de suas marcas. A nova fase exigia uma reinvenção da capitalidade do Rio em virtude da perda da condição "especial" que havia sido garantida com o estado da Guanabara, e que agora desaparecia com a municipalização. Daí as manifestações, na época, de indignação: "O Rio não é um município qualquer."

Após 40 anos, a cidade do Rio soube se reinventar, guardando suas tradições de capitalidade, sua característica fundamental de síntese da nacionalidade brasileira e ocupando, ao mesmo tempo, seu espaço como centro regional no contexto do Brasil e de um mundo globalizado no século XXI.

As iniciais da Guanabara, GB, estampadas em xícaras, desapareceram após a fusão, mas elas evocam lembranças e memórias da política carioca.

BIBLIOGRAFIA

FERREIRA, Marieta de Moraes (org.). *Rio de Janeiro: uma cidade na história. Rio de Janeiro:* FGV editora, 2015.

MOREIRA, Marcela G. *A leal e heroica cidade do Rio de Janeiro* (dissertação de mestrado). Rio de Janeiro: PPGHIS-UFRJ.

MOTTA, Marly e SARMENTO, Carlos Eduardo (org). *A construção de um estado: a fusão em debate.* Rio de Janeiro: Editora FGV, 2001.

KUSHINIR, Karina. *Politica e mediação cultural: um estudo da Câmara Municipal do Rio de Janeiro.* Rio de Janeiro: Zahar editores, 2000.

MARIETA DE MORAES FERREIRA é professora titular do Instituto de História da UFRJ, pesquisadora bolsista do CNPq e pesquisadora sênior da FGV. Publicou inúmeros livros e artigos sobre a história do Rio de Janeiro.

Balaústre do Palácio Monroe

Museu Histórico Nacional

1976

Gustavo Reinaldo Alves do Carmo

Mais um dia de trabalho duro para os operários do canteiro de obras da futura garagem subterrânea Cinelândia, em construção sob a Praça Mahatma Gandhi, no Centro do Rio de Janeiro. As obras estavam a pleno vapor em abril de 2002 quando, em meio ao entulho das escavações, algo inusitado foi encontrado: uma caixa metálica. Dentro dela, outra caixa, desta vez de madeira, que continha exemplares intactos dos jornais *O Paiz*, *Jornal do Brasil*, *A Notícia*, *Correio da Manhã*, *Jornal do Comércio* e *Gazeta de Notícias* publicados no dia 15 de novembro de 1905. Além dos periódicos, havia ainda uma cópia da ata da cerimônia de lançamento da pedra fundamental do Palácio Monroe, demolido na década de 1970.

A descoberta causou sensação. O *Jornal do Brasil* a anunciou como um verdadeiro achado arqueológico. E o conteúdo da cápsula do tempo foi alçado à condição de "relíquia", trazendo à tona a memória – já esmaecida pelo tempo – do célebre palácio que, de sua construção, em 1906, até a polêmica demolição, em 1976, havia dominado a paisagem da cidade. O prefeito César Maia, entusiasmado pelo achado, prontamente lançou na imprensa a ideia – não levada adiante – de reconstruir o antigo palácio. Mas o fascínio provocado pela "caixa de Pandora" foi além do Rio de Janeiro. Em Brasília, o então presidente do Senado Federal, o senador Ramez Tebet, lançou uma campanha nacional para o "resgate da memória" do Palácio Monroe, sede do Senado de 1925 até a mudança do Governo Federal para Brasília, em abril de 1960. O objetivo seria recolher fotos e documentos da antiga sede da instituição e juntá-los ao acervo do Museu do Senado, além de localizar o paradeiro de móveis e objetos artísticos pertencentes ao palácio, leiloados à época da demolição.

Em 2004, dois anos depois de a caixa metálica ter sido encontrada nas escavações, uma casa de leilões em Laranjeiras promoveu uma venda. Entre os objetos oferecidos, havia oito balaústres de mármore de Carrara do Palácio Monroe. Em meio ao conjunto de ornamentos arquitetônicos do antigo edifício – esculturas de mármore, peças de cobre, vitrais, lampadários, lustres e portões – aqueles singelos balaústres eram irrelevantes. Mas, diante do fato provocado pela descoberta da caixa de memória, o governo municipal arrematou no leilão as oito peças por 4 mil reais. Elas tiveram como destino integrar o acervo do novo Memorial Getúlio Vargas, construído sob a Praça São Sebastião, na Glória. Em 2016, dois outros balaústres foram doados pelo empresário Cláudio Castro ao Museu Histórico Nacional.

A preservação, em princípios do século XXI, dos vestígios do antigo prédio situa a importância do Palácio Monroe na construção da memória do Rio de Janeiro como Capital Federal. A questão da transferência da capital para Brasília em 1960 é frequentemente associada não apenas à perda do protagonismo político do Rio de Janeiro, mas igualmente ao seu processo de "esvaziamento econômico". E o Monroe – ou melhor, a sua lembrança – foi compreendido como um dos elos que uniam a metrópole do presente à sua memória de capital do passado. Historicamente, a ordem republicana no Brasil está diretamente associada à construção do Rio de Janeiro como Capital Federal a partir das reformas urbanas ocorridas nas primeiras décadas do século XX. Os registros da cidade da *Belle Époque* representam um ideal de vida moderna e civilização que é encarnado nas imagens da Avenida Central e de seus edifícios de arquitetura eclética, tal como o Monroe, inspirados em estilos históricos de diversos períodos.

O palácio, de fato, impressionava. Sua localização era nobre: no entroncamento das duas grandes avenidas, Central e Beira-Mar; ao lado de prédios importantes, como a Biblioteca Nacional, a Escola Nacional de Belas Artes, atual sede do Museu Nacional de Belas Artes, e o Theatro Municipal; emoldurado pela enseada da Glória e pelo Pão de Açúcar. Foi inaugurado em grande estilo, no dia 23 de julho 1906, servindo de sede às reuniões da Terceira Conferência Pan-Americana, cuja cerimônia de abertura foi presidida por Joaquim Nabuco. Era conhecido inicialmente como "Pavilhão de São Luiz", pois foi projetado pelo arquiteto e engenheiro militar Francisco Marcellino de Souza Aguiar para ser o pavilhão brasileiro na Exposição Internacional de Saint Louis (Missouri, Estados Unidos), ocorrida em 1904. A estrutura do pavilhão brasileiro era metálica e, ao fim do evento, foi desmontada e embarcada para o Brasil, a fim de ser reconstruída no Rio de Janeiro.

A construção do palácio ficou a cargo da Comissão Construtora da Avenida Central, então presidida pelo engenheiro Paulo de Frontin. À frente dos trabalhos, o próprio Souza Aguiar. O novo prédio era composto por um grande corpo retangular central, dividido em três andares, ladeado por dois corpos circulares abertos, tipo *loggias*. Todas essas três partes eram encimadas por grandes cúpulas, sendo a maior delas a que coroava o corpo retangular central. O Monroe baseava-se nas convenções arquitetônicas vigentes no final do século XIX e início do XX: fachadas simétricas compostas por uma variedade de elementos arquitetônicos. Colunas, frisos, óculos, florões, guirlandas e os balaústres clássicos traduziam o repertório decorativo em voga na época. As famosas esculturas dos leões nas escadarias, hoje expostas em Recife no Instituto Ricardo Brennand, completavam a simbologia que envolvia o edifício. O *Jornal do Comércio* alardeava, em sua edição de 22 de julho de 1906, o "estilo francês do Renascimento" que caracterizava a arquitetura eclética da nova construção da cidade. Ao redor do palácio, um jardim com alamedas, repuxos, renques de flores, palmeiras e até um viveiro de pássaros. Ver o Palácio Monroe à noite naquele inverno de 1906 devia ser assombroso: nada menos que 3 mil lâmpadas elétricas o iluminavam por dentro. Do teto das *loggias* laterais pendiam dois imensos lustres de metal com 102 lâmpadas cada um. Cerca de 1.800 lâmpadas, com as cores da bandeira norte-americana, iluminavam o jardim. Por sugestão de nosso chanceler, o Barão do Rio Branco, o palácio foi batizado em homenagem aos Estados Unidos, recebendo o nome de um de seus presidentes: James Monroe.

O edifício serviu de sede à Câmara dos Deputados por um breve período, de 1914 a 1925, quando foi entregue ao Senado. Daquele ano até 1960, o Monroe se confundiu com o sentido político da vida carioca quando a cidade era palco dos grandes eventos nacionais. Somente durante os anos da ditadura do Estado Novo, entre 1937 e 1945, esteve sem função, pois Getúlio Vargas mandara fechar as câmaras do parlamento brasileiro. Mas foi reaberto, após o retorno à democracia, recebendo, entre os senadores eleitos, Luís Carlos Prestes e o próprio ex-ditador Getúlio Vargas. Seu ocaso começou quando da transferência das sessões do Senado para Brasília. O mobiliário mais importante foi levado para a nova sede e as dependências do Monroe permaneceram à disposição dos senadores em estada no Rio. Filinto Muller, Cunha Melo, Freitas Cavalcanti e Vitorino Freire eram dos mais assíduos, utilizando os gabinetes e os serviços que permaneceram operando. Aos poucos, porém, o movimento no velho palácio foi se tornando escasso.

Em 1972, já não restavam muitos exemplares do conjunto arquitetônico original da Avenida Central. Tendo em vista a ameaça de demolição que pairava sobre as antigas sedes do Jockey Clube e do Derby Clube, naquele mesmo ano o arquiteto Paulo Santos, do Clube de Engenharia, emitiu parecer e protocolou o pedido de tombamento de alguns prédios históricos da avenida, incluindo o Palácio Monroe, junto ao então Departamento de Patrimônio Histórico e Artístico Nacional (DPHAN). Seguiu-se uma polêmica que extrapolou as dependências da repartição pública.

O debate em torno da proposta de tombamento do Monroe dividiu, em plena ditadura militar, a amordaçada opinião pública carioca. Entre os que apoiavam a demolição do velho palácio estavam o jornal *O Globo* e alguns eminentes arquitetos, como o diretor do DPHAN, Renato Soeiro, e Lúcio Costa, autor do plano piloto de Brasília e ex-diretor do Departamento de Estudos de Tombamento do DPHAN. O parecer de Costa deu embasamento aos argumentos favoráveis à demolição por considerar o Monroe "uma presença estorvante". A consagração da arquitetura modernista, cujo representante mais notável era justamente o projetista de Brasília, contribuiu para a execração da arquitetura eclética, chamada de "hiato", fachadista, pastiche e acusada de ser "alienígena", não condizente com a realidade cultural brasileira. Do outro lado da discussão, favoráveis à preservação do Palácio, estavam o *Jornal do Brasil*, o Clube de Engenharia, o Instituto dos Arquitetos Brasileiros (IAB) e o Instituto Histórico e Geográfico Brasileiro (IHGB), além de muitos cariocas, que se manifestavam enviando cartas aos jornais, dando sua opinião sobre o destino do histórico edifício.

Aparentemente sem relação direta com a política, o debate sobre o destino do Palácio Monroe – demolir ou preservar? – não deixava de expressar a situação do país: uma ditadura que, embora permitisse o funcionamento do Poder Legislativo, mantinha o Brasil sob a tutela autoritária. O Palácio Monroe já havia servido de sede à Câmara de Deputados e ao Senado e por isso sua inserção no imaginário político nacional estava vinculada à memória da democracia liberal. Não por acaso o desaparecimento do palácio deu ensejo, na imprensa, a crônicas e cartas que lembravam o Monroe como um dos lugares de memória do parlamento brasileiro. No dia 3 de fevereiro de 1976, o jornal *O Globo* publicou a crônica "O meu velho Senado", de Otto Lara Resende que, como jornalista, frequentara a antiga sede do Senado, resumindo a relação entre o velho prédio em processo de demolição e a política nacional: "agonizando e morrendo ao calor de um debate, o Monroe confirma sua vocação parlamentar e permanece fiel à sua alma. É a alma que me interessa, ainda que venha a ser obrigado a reconhecer que, se ela não morreu, ao menos mudou de endereço, para o remoto Planalto Central, e possivelmente também mudou de teor". Embora fadado a desaparecer fisicamente, o palácio estava impregnado pela lembrança de um tempo no qual o estado de direito era uma garantia constitucional.

Popularizou-se a versão de que a construção do Metrô foi a responsável pelo fim do Monroe, pelo fato de seu trajeto original passar exatamente sob a área em que o palácio fora construído. Porém, à época da demolição, os engenheiros do Metrô já haviam alterado o projeto original e criado uma grande curva ao redor do antigo edifício, tornando possível sua permanência ali. Apesar dessa iniciativa, o destino do velho palácio foi selado pelo decreto do presidente da República, general Ernesto Geisel, que autorizou a demolição. Atualmente, a imagem do palácio desaparecido se tornou objeto de curiosidade e admiração, provocando a reflexão sobre a história da cidade a partir da "memória da demolição". Um público curioso e interessado busca por meio de fotografias, filmes e fragmentos salvos dos escombros – lustres, vitrais, esculturas e, é claro, os singelos balaústres – recompor na memória a imagem do velho palácio. O interessante nessa questão é perceber como as diretrizes que orientam a memória-patrimônio, apesar de estarem supostamente relacionadas ao passado, dizem mais respeito ao presente, porque é a partir dele que definimos o que queremos do passado e o que esperamos (ou não) do futuro. ◈

BIBLIOGRAFIA

AGUIAR, Louis de Souza. *Palácio Monroe: da glória ao opróbrio*. Editora Arte Moderna. 1976.

BRENNA, Giovana Rosso Del (org.). *O Rio de Janeiro de Pereira Passos: uma cidade em questão II*. Rio de Janeiro: Solar Grandjean de Montigny / PUC-RJ, 1985.

GONÇALVES, José Reginaldo Santos. *A retórica da perda; os discursos do patrimônio cultural no Brasil*. Rio de Janeiro: Ed. UFRJ / IPHAN, 2002.

PESSÔA, José. (org.). *Lucio Costa: documentos de trabalho*. Rio de Janeiro: IPHAN, 1999.

PUPPI, Marcelo. *Por uma história não moderna da arquitetura brasileira*. Campinas: Pontes CPHA/ IFCH, 1998.

GUSTAVO REINALDO ALVES DO CARMO é carioca, professor de História da rede pública de ensino e mestre pelo Programa de Pós-graduação em Artes Visuais da Escola de Belas Artes da UFRJ, sob a orientação da professora Sonia Gomes Pereira. É autor da dissertação *O Palácio das Laranjeiras e a Belle Époque no Rio de Janeiro 1909 1914*.

Obra cinética do artista Adalton, representando a Passarela do Samba.

Escultura do Sambódromo

Museu da Casa do Pontal

Década de 1980

Felipe Ferreira

Maravilhamento! Essa é a impressão que se tem ao vermos pela primeira vez o "conjunto mecanizado com elementos em barro cozido pintado" intitulado *Desfile de Escolas de Samba*, criado pelo artista Adalton (Adalton Fernandes Lopes), e que faz parte do acervo da Casa do Pontal, no Rio de Janeiro. Situada no final do percurso do museu, a obra cumpre o papel de proporcionar um fecho de ouro à visita. Uma espécie de apoteose foliã a fixar na memória do visitante o importante papel da brincadeira carnavalesca na constituição das identidades carioca e brasileira.

A primeira coisa a chamar a atenção no Sambódromo de Adalton são as duas grandes vitrines repletas de pequenas figuras coloridas feitas de barro, arrumadas sobre estruturas de madeira representando arquibancadas. Posicionadas face a face, elas formam uma espécie de corredor que transporta o visitante para "dentro" do evento. Por alguns instantes a sensação do espectador é a de ser o centro do espetáculo, observado por centenas de personagens sentados de um lado e de outro da "passarela". As pequenas imagens dessa plateia não são, porém, os principais elementos da obra. De certo modo, elas compartilham com o visitante o papel de espectadores de outro espetáculo que se desenrola nas pistas de desfile representadas à frente de cada um dos conjuntos de arquibancadas. É ali que se localizam os componentes da escola de samba imaginada pelo artista. É nela que passistas, baianas, comissão de frente, bateria e destaques dividem espaço com miniaturas de carros alegóricos, num conjunto impactante de elementos característicos dessa manifestação carnavalesca surgida no início dos anos 1930, no Rio de Janeiro. O que se vê, entretanto, por trás dos vidros que protegem a delicadeza das peças, não é simplesmente uma reprodução dos desfiles da Passarela do Samba Darcy Ribeiro (nome oficial do Sambódromo carioca em homenagem ao então vice-governador, secretário estadual de Cultura e idealizador de sua construção), mas uma verdadeira recriação daquela que é chamada de "a maior festa popular do planeta".

Refeitos da surpresa inicial, descobrimos que todo aquele conjunto pode ser posto em frenética atividade ao apertarmos um botão que aciona intrincado sistema de polias, correias e varas, camuflado sob as vitrines, que dá movimento aos personagens. O som das varas se entrechocando é a trilha sonora perfeita para a verdadeira apoteose feérica proporcionada pela obra. Um final mais que adequado para quem visita um museu dedicado à arte popular brasileira e um ponto de partida ideal para se pensar os significados do Carnaval para a cultura nacional.

Verdadeira síntese da forma como o país construiu sua imagem a partir da década de 1930, o Carnaval e, em especial, o desfile das escolas de samba cariocas resumem muito do que se entende como Brasil tanto dentro quanto fora do território nacional. Essa associação entre brasilidade e Carnaval, entretanto, não é atávica e nem produto de um determinismo ancestral, mas resultado de uma série de contingências, quase todas ocorridas na cidade do Rio de Janeiro, a partir da segunda metade do século XIX. Antes desse período, não havia o que se poderia chamar de festa carnavalesca no país, mas um conjunto de brincadeiras conhecido como entrudo. Tais brincadeiras variavam de uma cidade para outra, mas todas acabavam sendo influenciadas pelo entrudo do Rio de Janeiro, então capital do Brasil. Elas se resumiam, basicamente, no ato de as pessoas lançarem líquidos ou pós umas sobre as outras. Apesar de descrito como um período de inversão de valores ou de abolição das regras sociais, esses "dias de entrudo" (como os denominou o artista Debret em sua famosa aquarela datada de 1834) eram, na verdade, um momento de reafirmação de diferenças entre os diversos grupos que compunham a nação brasileira. Dentro das casas senhoriais, as famílias se divertiam com a quebra consentida de algumas regras cotidianas e lançavam entre si águas perfumadas, vinhos ou farinhas. Nas ruas, dominadas pela escravaria e pela população mais carente, a ordem era usar o que estivesse à mão para molhar ou sujar quem passasse por perto. Às águas das fontes ou dos esgotos se somavam restos de comida, rebocos das paredes ou, conta-se, até excrementos. É essa brincadeira desregrada ocupando os espaços públicos que faria a má fama do entrudo e inspiraria os muitos discursos exigindo a ação das autoridades no sentido da sua interdição.

A importação da folia carnavalesca parisiense seria a solução imaginada pela burguesia do Rio de Janeiro da segunda metade do século XIX para civilizar a festa carioca e exterminar o entrudo. Bailes e passeios de carruagem tomariam conta da cidade sem, entretanto, conseguir cumprir seu objetivo, pois o entrudo, agora na forma do Carnaval popular dos blocos de sujo (chamados de Zé Pereiras) e das manifestações negras (os congados ou cucumbis), continuaria ocupando os espaços urbanos da folia nas principais cidades do país. Com o passar dos anos, os encontros (muitos deles tensos) entre essas diferentes formas de diversão acabariam por gerar novos grupos, mesclando características dos dois carnavais, ou seja, a beleza, o luxo, e a sofisticação da festa dos bailes e desfiles de carruagens (com suas fantasias e batalhas de confete ao som de trechos de óperas famosas) e a animação, descontração e ritmo das festas populares (com sua alegria e seus tambores, batuques e deboches). Como resultado, a virada para o século XX veria surgir, nas ruas do Rio de Janeiro, uma festa muito particular, reunindo luxo, animação, elegância e descontração no que seria a base e o modelo para o surgimento de um Carnaval caracteristicamente brasileiro, chamado a partir de então de Pequeno Carnaval, em oposição ao Grande Carnaval que consistia nos desfiles de carros alegóricos das grandes sociedades e nos passeios em carruagens decoradas, conhecidos como corso.

No final da década de 1920, o esgotamento desse Pequeno Carnaval se manifestava no desencanto da intelectualidade pelos formatos das brincadeiras. De um lado os cordões – reconhecidos por suas características populares, mas temidos por sua selvageria – de outro lado os ranchos – mais acessíveis e civilizados, porém considerados excessivamente luxuosos e sofisticados. É esse "espaço vazio" que seria ocupado por grupos musicais recém-surgidos nos morros em torno do centro do Rio de Janeiro. Trazendo uma nova sonoridade marcada pelo samba batucado (diferente do samba maxixado, que já fazia sucesso na época) esses grupos, inicialmente conhecidos como grupos de samba de morro, passariam, no início da década de 1930, a ser conhecidos como escolas de samba, nome que já indicava sua dupla característica, unindo o ritmo de raiz negra (o samba) ao termo "escola", conceito de fácil aceitação e compreensão pela "boa sociedade".

É essa abertura para dialogar, ceder, impor quando possível e aceitar quando for vantajoso, enfim, é essa capacidade de negociar que marcaria a história e o sucesso desses novos grupos carnavalescos que rapidamente cairiam nas graças da elite intelectual da capital do país e do chamado "povão". Não é por acaso que o caráter "malandro" das escolas de samba – representado pelo ritmista de camisa listrada, pandeiro na mão e chapéu de palhinha e pela pastora sestrosa, sedutora, de laço na cabeça e vestido justo – acabará por representar a própria "alma" nacional a partir da década de 40 do século XX.

Navegando no fio da navalha entre as esferas oficial e popular, as escolas de samba se tornariam, a partir dos anos 1950, um espaço agregador da sociedade carioca, reunindo, em suas quadras de ensaio e em seus desfiles, representantes de todo o arco social da cidade e tornando-se, com isso, nacionalmente reconhecidas. Esse novo *status* faria com que elas finalmente conquistassem o direito de realizar seu desfile oficial no espaço nobre do carnaval – a Avenida Rio Branco – e, já nos anos 1960, na Avenida Presidente Vargas.

O crescimento em importância desses grupos – que começavam a gozar de reconhecimento internacional – e as transformações urbanas por que passava o Rio de Janeiro durante o governo de Leonel Brizola (eleito após o fim da ditadura militar) acabaram impondo a construção de um local especialmente idealizado para os desfiles. Construído em pouco mais de seis meses e inaugurado em 2 de março de 1984, o Sambódromo, projetado por Oscar Niemeyer, tornou-se um dos marcos cariocas da época da recons-

trução democrática nacional – ao mesmo tempo que se afirmou como um ponto de inflexão na trajetória das escolas de samba, simbolizando a pujança dessas agremiações e sua dependência cada vez mais notável de diversos poderes instituídos.

É a reificação crítica de toda essa trajetória que se pode observar no objeto do Museu Casa do Pontal. Ao homenagear conjuntamente o Carnaval e as escolas de samba, o Sambódromo de Adalton é uma espécie de reintegração do Carnaval ao seu lado mais popular. O desfile de figurinhas de barro que ocupa a pista, longe de representar a realidade do tempo histórico em que a obra foi realizada (década de 1980) é uma visão idealizada e popular de um evento que então já se agigantava. Criado na mesma época da construção da passarela de concreto, o conjunto escultórico deixou de lado o grande problema de execução do Sambódromo: a impossibilidade de se realizar o projeto original, que previa dois lados idênticos, face a face, impondo a solução alternativa de um grande paredão ocupado por três andares de camarotes no lado par. Adalton "passou por cima" dessa dificuldade ao construir uma obra modulada composta de seis grupos de arquibancadas expostas frente a frente, um Sambódromo ideal como propunha o imaginário popular. Interessante, entretanto, notar que, com as recentes modificações realizadas na Passarela do Samba, o paredão foi derrubado e o projeto original finalmente realizado, acrescentando um caráter premonitório à obra escultórica.

O ato de reintegrar ao Sambódromo o seu caráter popular também está explícito nos personagens de barro que povoam a obra, quase todos mestiços e tipicamente "populares", como é característico do trabalho de Adalton. A própria organização da escola representada na encenação alegórica proposta pelo artista – com suas alas tradicionais, tais como a comissão de frente de terno, as baianas de torso e bata, as passistas de biquíni e plumas na cabeça ou a bateria de calça branca e peitoral – apresenta um tipo de formação que já se tornava superada na época e que se modificaria rapidamente com a acomodação dos desfiles ao espaço da nova passarela.

O *Desfile de Escolas de Samba* criado por Adalton se constitui, desse modo, numa dupla e complexa homenagem. Ao mesmo tempo em que saúda o novo espaço e lhe dá *status* de obra de arte popular, retrata (não sem alguma crítica) uma festa que se modificava em suas características essenciais.

O encantador movimento dos personagens, a repetir perpetuamente sua dança feita de giros, balançar de braços e movimentos de vai-e-vem ao som do "batuque" produzido pelas varetas que compõem o mecanismo oculto do movimento (que remete às matracas das procissões da Semana Santa ou à queima de fogos de artifício de um evento que está por come-çar), soa tanto como um réquiem para uma festa que se esvai no tempo, quanto como uma exaltação daquilo que está por vir. Destacar essa dinâmica, característica dos processos da cultura popular, fazer-nos pensar em nossa identidade e discutir o que queremos como Carnaval, como festa e como país é uma das muitas potências desse Sambódromo e de seus quase 400 personagens imersos para sempre nesse mundo ideal que, em sua grandeza falsamente singela, propõe novas formas de pensar o que somos e o que queremos ser. ◈

BIBLIOGRAFIA

CUNHA, Maria Clementina Pereira. *Ecos da folia: uma história social do carnaval carioca entre 1880 e 1920*. São Paulo: Companhia das Le-tras, 2001.

FERREIRA, Felipe. *O palco dos sonhos: 30 anos do Sambódromo*. Rio de Janeiro: Editora RSC, 2015.

__________. *Inventando carnavais: o surgimento do carnaval carioca no século XIX e outras questões carnavalescas*. Rio de Janeiro: Editora UFRJ, 2005.

__________. *O livro de ouro do carnaval brasileiro*. Rio de Janeiro: Ediouro, 2004.

MASCELANI, Angela; WALDECK, Guacira; LIMA, Ricardo Gomes. *Adalton: o senhor do barro*. Rio de Janeiro: IPHAN, CNFCP, 2007.

MORAES, Eneida. *A história do carnaval carioca*. Rio de Janeiro: Editora Record, 1987.

FELIPE FERREIRA é doutor em Geografia Cultural (PPGG-UFRJ), com pós-doutorado em Letras (Paris III – Sorbonne Nouvelle), mestre em Artes (PPGAV-UFRJ), bacharel em Artes Cênicas (Eba-UFRJ), professor adjunto do Instituto de Artes da UERJ e Coordenador do Centro de Referência do Carnaval.

Boneca Barbie e seus amigos no Rio

Museu de Arte do Rio

2002

Claudia de Oliveira

A série "Barbie e seus amigos no Rio" aponta para um dos mais poderosos temas do imaginário da cidade: as suas praias. O conjunto de bonecos, adquirido em 2009 e exposto ao público em 2013, faz parte do Núcleo Rio 450 Anos, do Museu de Arte do Rio. Barbie, a boneca americana criada em 1959, ícone da cultura pop do século XX, desde sua criação encarna o ideal de beleza ocidental: branca, loura, olhos azuis, pernas longas e sempre na última moda, ela é a imagem da garota cosmopolita. Nesta série, Barbie, seu namorado Ken, seu casal de amigos negros, Christie e Brad, sua amiga asiática Lea e outra amiga, Teresa, vestem trajes extremamente coloridos, que parecem aludir ao calor e à vibração dos trópicos idealizados. A imagem de Barbie e de seus amigos destoa, no entanto, do conjunto de frequentadores da praia carioca, não só por serem estrangeiros, mas especialmente porque os biquínis das bonecas são muito maiores que as tanguinhas e o "fio dental" usados pelas cariocas. Contudo, os biquínis de Barbie e suas amigas encarnam a imagem internacional do Rio de Janeiro, a qual vincula a beleza de suas praias à sensualidade das suas mulheres.

Para o historiador francês Alain Corbin, a história da relação entre o homem e os prazeres oferecidos pelo mar tem início em meados do século XVIII, como parte da luta contra a melancolia, sentimento que assolava então a Inglaterra e a França. É no contexto do banho terapêutico contra aquele mal que o mar aparece no horizonte humano como um prazer salutar a ser desfrutado. No século XIX, o banho terapêutico já adquirira uma conotação lúdica: nele o prazer proporcionado pela exibição dos corpos masculinos e femininos se somava às delícias propiciadas pelo contato com a água.

Apesar de ter sido até então uma cidade portuária e não balneária, ao descobrir o prazer do mar, o Rio viu emergir com ele um lirismo amoroso, de inspiração erótica, que passou a eleger a mulher como a musa de suas praias.

A partir de meados do século XIX, as praias cariocas do Passeio, Boqueirão e Santa Luzia já se apresentam no horizonte da cidade como locais de banhos terapêuticos. Eram frequentadas em horários considerados mais saudáveis: das três às oito da manhã. Conforme registra Júlia O'Donnell, nelas já havia cabines para a troca de roupa e um conjunto de barracas e pequenos restaurantes. Em sua maioria de propriedade de estrangeiros, neles era servido o café da manhã para os banhistas que, logo após, iriam para o trabalho no Centro da cidade. É por esta época, que os cronistas já começam a comentar que as tábuas das cabines de madeira para a troca de roupa mais pareciam paredes de tiro ao alvo, de tão furadas. As senhoras e senhoritas eram obrigadas a tapar os buracos com lençóis antes de se trocar. Percebe-se, assim, que desde o banho terapêutico um *voyeurismo* masculino começava a despontar, tendo como alvo as banhistas no mar.

Já no início do século, quando os banhos passam de terapêuticos a balneários, revistas como a *Fon-Fon!*, a *Selecta* e *O Malho*, dentre outras, criam a coluna "As nossas praias", acompanhando o movimento no Passeio, Boqueirão, Santa Luzia e Flamengo, onde homens e mulheres, juntos, desfrutam do prazer do banho, da brincadeira divertida no horário matinal. Contudo, é neste horário que a troca de olhares e o jogo de sedução começam a ser praticados de forma constante e poderosa.

Neste espaço social a mulher ocupou lugar de destaque, criando uma aproximação física e visual que transformou sua aparição pública em objeto desejado e sujeito desejante. Havia uma íntima relação entre a mulher e a cidade que se modernizava. Para o homem, a mulher moderna era seu maior desejo. As reflexões em torno do conceito da "cidade-capital elegante", associada à ideia da mulher moderna e sedutora, apontavam para um conjunto de percepções em torno do feminino, que promoviam uma imagem da cidade como uma "bela mulher". Ambas eram fruto da beleza da civilização moderna, eram objetos sexualizados e adornados, as estrelas que brilhavam com a modernidade. Como tais, eram parte de uma mesma *mise-en-scène,* conjugando o autoadornamento feminino e o novo *décor* urbano numa ideia de feminilidade inerentemente teatral. A imagem da mulher desejável se justapunha à da cidade adornada, e ambas evocavam sentidos sexualizados.

O contato entre os sexos era, nesta época, submetido a um controle estrito, inclusive pelos órgãos públicos, que recorriam às leis para impor normas nos espaços de convivência e no comportamento entre os gêneros. Nas décadas de 1910 e 1920, homens e mulheres tinham não só que seguir horários e espaços reservados para o seu banho de mar, como usar trajes conservadores, os quais remetiam ao início do século. Para as senhoras, uma bata de baeta com gola à marinheira e babados nas mangas acompanhando uma calça comprida do mesmo tecido, também com babados na ponta. Tudo azul-marinho debruado de cadarços brancos. No entanto, os conceitos de recato e decência foram mudando, e com eles, o comprimento das roupas de banho. Nos anos de 1920, é possível ver nas imagens da praia de Copacabana túnicas justas com calças curtas e cinto, as quais deixavam pernas e braços à mostra, substituindo as roupas longas, permitindo, assim, o início do uso do maiô.

Mas foram os bondes que possibilitaram o deleite das praias atlânticas, as quais surgem como lugar de distinção da burguesia e de circulação de banhistas, consolidando uma tendência que despontava com a modernização da cidade. A partir da década de 1870, o novo meio de transporte avança rumo às zonas Norte e Sul, expandindo o Rio de Janeiro, outrora limitado à região Central. Os bondes inauguraram o caminho para a praia e, assim, possibilitaram uma nova forma de exposição dos corpos, que passam a experimentar uma sensualidade produzida pelo contato com a água e embalada pelo prazer do lúdico, pela sedução, pelo toque buliçoso dos corpos e o erotismo malicioso das trocas de olhares.

A abertura para as praias atlânticas teve início em Copacabana – considerado um arrabalde alegre e saudável – em junho de 1892, com a inauguração do Túnel Alaor Prata ou Túnel Velho, que fazia a ligação entre a Rua Real Grandeza e a Ladeira do Barroso (atual Ladeira dos Tabajaras). Após a chegada do bonde a Copacabana, foi inaugurado o ramal do Leme até a igrejinha de Copacabana, tornando possível a abertura da Avenida Atlântica, em 1906, por Pereira Passos. Logo a seguir era aberto o caminho para a praia de Ipanema, até então uma fazenda de propriedade do Barão de Ipanema. Este, desde 1850 já planejara transformar aquele grande areal num bairro para banhos terapêuticos, tendo ele mesmo aberto algumas ruas na área. Com a abertura de Ipanema, logo veio a continuação para o Leblon e, posteriormente, para São Conrado. Através de uma única e longa avenida, foi construído um corredor à beira-mar, formado pelas avenidas Atlântica, Vieira Souto, Meridional (atual Delfim Moreira) e Niemeyer.

A Avenida Atlântica pavimentada e arborizada, com seu calçadão em pedras portuguesas que simbolizavam as ondas do mar, a prática do passeio e do flerte pela orla favoreciam a emergência de uma sociabilidade extremada, que se estendia às areias. Tal prática se uniu aos esportes, como a ginástica, já adotada desde o início do século XX. Mas a grande novidade foi o lançamento da moda da pele corada pelo sol, pela estilista francesa Coco Chanel, nos anos de 1920. O banho de sol nas areias se torna o deleite maior da praia: agora os corpos delineados pela ginástica tornavam-se dourados. Em 1930, Copacabana era não só a praia da moda, mas o bairro dos sonhos de muitos cariocas.

Na década de 1950, o bairro recebeu o título de "Princesinha do Mar" – segundo a canção de João de Barro e Alberto Pinheiro, de 1946. Copacabana simbolizava o coração do Rio de Janeiro moderno e cosmopolita. Totalmente iluminada, sua orla formava um colar de pérolas. Na praia, além das vedetes de biquíni, já se via Danuza Leão, a primeira de nossas manequins internacionais. Seu avançadíssimo modelo, quadriculado de babadinhos, prenunciava a moda praiana da década seguinte. Copacabana crescia vertiginosamente e a praia permanecia lotada de brotinhos, como eram chamadas as mocinhas que na areia faziam "caras e bocas" para os fotógrafos. Estes, em sua perseguição implacável, consagraram as mulheres como as deusas da moderna vida civilizada e cosmopolita que animava Copacabana, fazendo com que o Rio de Janeiro entrasse na rota do turismo internacional.

Com o adensamento de Copacabana, tornou-se inevitável o fluxo dos banhistas rumo a Ipanema e Leblon, à época ainda locais bucólicos e pouco explorados. Nos anos de 1960, Ipanema já estava na moda graças, em parte, ao movimento musical da Bossa Nova. A musa da praia era a *Garota de Ipanema* (1962), canção de Tom Jobim e Vinícius de Moraes inspirada em Helô Pinheiro, o brotinho da década, que desfilava pelas ruas do bairro com seu corpo dourado. Suas curvas aludiam à geografia da

cidade e sua sensualidade evocava as belezas do cinema, como Ursula Andress e Brigitte Bardot – as estrelas da década. Em 1964 a atriz francesa esteve no Brasil, onde, além de introduzir entre nós biquínis avançadíssimos para a época, inaugurou o famoso balneário de Armação de Búzios, no litoral fluminense, para brasileiros e estrangeiros, como fizera em Saint-Tropez, na França. Já Ursula Andress mostrava as curvas de seu corpo como a primeira *bond girl*, que aparecia de biquíni em *007 contra o Satânico Dr. No*, filme que inaugurou a famosa série do agente secreto britânico, em 1962. Tempos depois, em 1979, brilhou no carnaval do Rio de Janeiro, chamando atenção na praia de Copacabana.

Na década de 1970, Rose di Primo, um dos símbolos sexuais da época, desfilou pelas areias da praia com a arrojada tanga de lacinho – e logo depois viriam as de crochê, deixando para traz o recatado maiô. A musa da década foi, sem dúvida, Leila Diniz, que mostrou sua barriga de grávida, na praia e de biquíni, sorrindo para o sol e para as lentes dos fotógrafos, em 1971. A imagem da atriz materializou os comportamentos transgressores da década que marcou, também, o Arpoador como o berço do surfe no Brasil e um dos primeiros pontos a reunir os belos garotos de cabelo parafinado. Entre 1970 e 1974 o famoso Píer de Ipanema, uma plataforma de 200 metros mar adentro, construída para a instalação de um emissário submarino, virou ponto de encontro da geração hippie e de artistas, escritores, músicos, jornalistas e intelectuais, que se reuniam nas dunas formadas pela obra, fazendo o local ficar conhecido como "Dunas do Barato". Tempos depois do Píer, a região tornou-se também local de lançamento de tendências e liberdade de atitudes, freqüentado por ex-exilados da ditadura militar que acabavam de retornar ao Brasil, com novas ideias para o país e comportamentos arrojados, como Fernando Gabeira, com sua famosa tanguinha lilás. Ali também o tropicalista Caetano Veloso, inspirado em Peti – o mais belo surfista da praia – compôs sua famosa canção *Menino do Rio* (1979). Era a década da "geração desbunde" que, em meio ao ambiente opressivo do regime militar, lançou bases para a defesa da política do corpo.

Após a década de 1980, o movimento em direção às praias atlânticas continuou até a Barra, o Pontal, a Prainha e Guaratiba. Chegado o século XXI, continua em curso o grande debate sobre as praias cariocas enquanto um lugar "eminentemente democrático", onde pessoas de diferentes classes sociais, culturas, credos, raças e tendências sexuais se misturariam em harmonia absoluta, sem o menor traço de discriminação ou conflito.

Entetanto, quando chega o verão, uma das características mais chamativas das praias cariocas é sua propensão a agrupar tribos ou grupos sociais por setores geográficos e a forte presença policial para evitar os roubos em arrastões. Mas, como na canção do inesquecível Tim Maia, *Do Leme ao Pontal* (1986), os ambulantes, os surfistas, o biscoito Globo, os tambores de mate, as garotas douradas com suas cangas estampadas constituem o estilo de uma cidade que construiu sua trajetória a caminho do mar. O biquíni brasileiro é conhecido e reconhecido internacionalmente, seja por seu estilo mais ousado, seja pela qualidade e criatividade dos modelos, que o diferencia daqueles fabricados em outros países, como estes que vestem Barbie e suas amigas no Rio. Os verões passam, mas o binômio Cidade-Mulher continua desde sempre a ser inseparável nestas praias ao sul do Atlântico.

BIBLIOGRAFIA

CHACAL. *Posto 9*. Rio de Janeiro: Editora Relume Dumará/Rioarte, 1998.

CORBIN, Alain. *O Território do Vazio: a praia e o imaginário ocidental*. São Paulo: Companhia das Letras, 1989.

FEIJÃO, Rosane. As praias cariocas no início do século XX: sociabilidade e espetáculos do corpo. In: *Revista Escritos*, ano 7, n. 7, 2013. Rio de Janeiro: Fundação Casa de Rui Barbosa, 2013.

GOLDENBERG, Mirian. *Toda mulher é meio Leila Diniz*. Rio de Janeiro, BestBolso, 2008.

JAGUAR. *Ipanema*. Rio de Janeiro: Editora Relume Dumará, 2000.

O´DONNELL, Julia. *A invenção de Copacabana: culturas urbanas e estilos de vida no Rio de Janeiro*. Rio de Janeiro: Zahar, 2013.

OLIVEIRA, Cláudia de. *As pérfidas Salomés: a representação do pathos do amor em Fon! e Para Todos...(1907-1930)*. Rio de Janeiro: Fundação Casa de Rui Barbosa, 2008. (Coleção Papéis Avulsos)

CLAUDIA DE OLIVEIRA é doutora em História, professora da Escola de Belas Artes da Universidade Federal Fluminense, autora de várias publicações e, mais recentemente, coorganizadora de *Criações compartilhadas: artes, literatura e ciências sociais* (2014),

Caixa de acrílico com pedaço de concreto extraído
da demolição do Elevado Juscelino Kubitscheck.

Fragmento da Perimetral

Arquivo Geral da Cidade do Rio de Janeiro

2013

Beatriz Kushnir

Ao término de 2013, a Prefeitura do Rio distribuiu como lembrança de fim de ano, uma caixa de acrílico com fragmentos do Elevado Juscelino Kubitscheck, popularmente conhecido como Perimetral. O presente marcava o fim da via expressa que desde os anos de 1960 cruzava o Centro da cidade. Sua demolição foi realizada entre 2013 e 2015, no âmbito das reformas urbanas de revitalização da Zona Portuária, empreendidas sob a liderança do Poder Público Municipal, por meio da Companhia de Desenvolvimento Urbano da Região do Porto do Rio de Janeiro (CDURP), pela Concessionária Porto Novo e pela Operação Urbana Consorciada Porto Maravilha.

O primeiro delineamento da Perimetral, em 1946, foi elaborado pelo Departamento de Urbanismo da Prefeitura do Distrito Federal, na administração de Hildebrando de Araújo Góis (1946-7), e previa a implantação de uma via sem qualquer elevação. Sua concepção acompanhou a execução de outros projetos que visavam preparar a cidade para a volumosa circulação de veículos automotores. Mais do que isso, marcou a implantação de um complexo viário que afirmava o predomínio do carro e do ônibus como meios de transporte da cidade, desprezando a escala do pedestre.

Pari passu à construção da Perimetral, diversos traçados para esta *cidade dos carros* foram implementados, como as vias expressas do Aterro do Flamengo, inauguradas em 1965, cuja construção advém do desmonte do Morro de Santo Antônio, iniciada em 1955. Moto-contínuo, resultou também na abertura da Avenida Chile, criando um corredor viário largo, cruzando o Centro, prolongando-se da Avenida Almirante Barroso até a Avenida Alfredo Agache, em sentido perpendicular à Perimetral.

Essas intervenções correspondiam-se ainda com a abertura dos túneis Santa Bárbara, inaugurado em 1963, e Rebouças, concluído em 1967, que redefiniram a ligação entre Zona Sul e Zona Norte. A partir destas duas obras ergueram-se vias expressas elevadas atravessando os bairros do Catumbi e do Rio Comprido, respectivamente. Em outra frente, implementou-se a Radial Oeste como a via expressa que conduz da Praça da Bandeira à Zona Norte, assim como se construiu o complexo do Trevo das Forças Armadas e do Viaduto dos Marinheiros, que organiza a passagem em fluxo contínuo das avenidas Presidente Vargas e Radial Oeste, na região do Canal do Mangue. Concomitantemente, o alargamento das avenidas Suburbana, Automóvel Clube e Brasil aumentou a capacidade de fluxo de veículos pela Zona Norte. É da mesma época o planejamento das quatro Linhas, das quais a Vermelha só seria construída na década de 1990, cobrindo a tradicional Rua Bela, no bairro de São Cristóvão com um elevado duplo.

Para muitos urbanistas e engenheiros do período, a Perimetral era a solução para o aumento do tráfego de veículos na cidade. A concepção do pragmatismo viário seguia uma tendência internacional, especialmente dos EUA, que valorizava o rodoviarismo nas cidades. No Rio de Janeiro, a experiência do urbanismo do Aterro do Flamengo, comprometida com a promoção da qualidade do ambiente urbano, combinando de modo original a construção viária com a criação de um parque público a partir da reunião do talento do arquiteto Afonso Eduardo Reidy e o paisagismo de Roberto Burle Marx, sob a coordenação de Lotta Macedo Soares, ainda não era uma realidade que pudesse influenciar criticamente o projeto da Perimetral.

Iniciada efetivamente em 1957, na gestão do então prefeito do Distrito Federal, Negrão de Lima (1956-58), a administração seguinte, de José Joaquim Sá Freire Alvim (1958-60), proporcionou a continuidade das obras do período anterior, pois SáFreire foi secretário de Administração de Negrão de Lima. Assim, em 1960, o primeiro trecho da Perimetral, interligando as avenidas General Justo e Presidente Vargas, que se estendia do Aeroporto Santos Dumont à Candelária, foi inaugurado pelo presidente Juscelino Kubitscheck.

A segunda etapa, que se estendia até a Praça Mauá, contornando o Mosteiro de São Bento e passando por cima do Distrito Naval, foi executada na gestão de Negrão de Lima como governador do Estado da Guanabara (1966-71). A última fase da construção, já na década de 1970, alcançou a região do Gasômetro e da Rodoviária Novo Rio, junto à Avenida Francisco Bicalho, atravessando, de forma elevada, a Avenida Rodrigues Alves, margeando os armazéns do porto do Rio e cortando os bairros da Saúde e Gamboa, garantindo a ligação com Avenida Brasil e a Ponte Rio-Niterói. Inaugurada em 31 de maio de 1978, pelo general-presidente Ernesto Geisel (1974-9), a manchete do *Jornal do Brasil* na data resumia a trajetória: "Obra prioritária chega ao fim após 25 anos."

A construção do primeiro trecho da Perimetral acarretou a derrubada do antigo Mercado Público, inaugurado em 1907. Foi necessária a intervenção judicial para viabilizar a construção desse segmento até a Candelária, já que a resistência dos mais de 300 estabelecimentos comerciais foi enorme, mesmo garantindo-se indenização a todos os que estavam instalados no mercado. Vários comerciantes se reuniram para dar origem ao atual, a CADEG, no bairro de Benfica. Da grande estrutura de ferro e vidro construída no início do século XX foi preservado um dos seus torreões, onde se mantém até hoje um restaurante. Por outro lado, a construção do viaduto pôs abaixo o edifício histórico do Hotel Pharoux, um dos mais emblemáticos do conjunto da Praça XV.

O segundo intervalo da Perimetral deparou-se com os setores de Estado influentes. Em primeiro lugar, a Companhia de Navegação Lloyd Brasileiro, que pretendia erguer sua nova sede justamente num trecho da via expressa projetada. Na sequência, foi preciso superar ainda a resistência da Marinha do Brasil, que via como risco a passagem viária sobre o terreno junto ao Gabinete do Ministro e o Distrito Naval. Do mesmo modo, o Instituto do Patrimônio Histórico e Artístico Nacional considerou que a alternativa de um túnel sob o morro que abriga o Mosteiro de São Bento podia ameaçar uma das construções coloniais mais importantes da cidade. Com a concordância da Marinha, a partir da negociação com técnicos da Prefeitura, a solução implicou na demolição de alguns prédios, entre eles o da Capitania dos Portos.

O terceiro trecho previa não apenas uma abertura para o fluxo de veículos em direção à Avenida Brasil e o acesso à Baixada Fluminense, mas igualmente a perspectiva de construção da Ponte Rio-Niterói, concluída em 1974, e que substituiria definitivamente as balsas de carro na Praça XV, no coração do Centro da cidade. Nesse último segmento, a estrutura de concreto do elevado foi alterada e a escolha foi por uma estrutura metálica produzida pela Companhia Siderúrgica Nacional, que assim sanava uma dívida.

A finalização das três etapas da Perimetral ocorreu no contexto do segundo choque de petróleo, que colocou em xeque o potencial daquele modelo de desenvolvimento urbano definido a partir dos anos de 1950 no Brasil. A conjuntura dos primeiros tempos desta invenção arquitetônica foi a da crença no potencial do desenvolvimento nacional, tendo o automóvel como um dos seus principais símbolos. A época da sua conclusão corresponde à desconfiança da sustentabilidade do modelo de desenvolvimento baseado na matriz energética do petróleo, colocando em questão a civilização do carro.

A crítica ao modelo de desenvolvimento urbano que envolveu a trajetória de finalização da Perimetral conduziu à afirmação de novas soluções urbanísticas integrando a vida urbana ao meio ambiente, revalorizando a escala do pedestre e reforçando espaços públicos de encontro e interação. A demolição do Elevado, com os seus sete quilômetros de extensão, começou a ser discutida a partir da gestão do prefeito Luiz Paulo Conde (1997-2000), voltando à baila no último mandato do prefeito Cesar Maia (2005-8). As advertências sobre um possível caos no trânsito, assim como o alto custo da iniciativa, frearam o projeto. No governo do prefeito Eduardo Paes, iniciado em 2009, no contexto dos projetos de preparação da cidade do Rio de Janeiro para as Olimpíadas de 2016, a proposta de revitalização da Zona Portuária encontrou condições de viabilidade, favorecendo a constituição de alternativas viárias para a promoção do bairro como um novo centro de expansão de atividades profissionais e de moradia na cidade.

Além disso, a decisão sobre a demolição da grande estrutura de engenharia viária se definiu em favor do estabelecimento de uma ampla frente marítima da cidade para o passeio pedestre contemplativo da paisagem. Tendo a Praça Mauá como um dos seus principais núcleos, a área, com uma espaçosa esplanada, passou a abrigar o Museu de Arte do Rio (MAR), inaugurado em 2013 com projeto do escritório carioca de arquitetura Bernardes+Jacobsen, e a longilínea estrutura do edifício do Museu do Amanhã, que traz a assinatura de prestígio internacional do arquiteto espanhol Santiago Calatrava.

Na época de sua construção, o gigantismo e a visibilidade da Perimetral fizeram da obra um monumento da engenharia urbana carioca, mais vinculado à funcionalidade do que à estética. A execução do projeto envolveu uma geração de engenheiros e arquitetos, muitos deles funcionários da Prefeitura do Rio, e que reúne nomes como Emílio Ibrahim, Jorge Bandeira de Melo, Ronald Young, Afonso Canedo, Gilberto Morand Paixão, Armando Abreu, Walter Pinto Costa, entre outros. A memória desses profissionais está preservada numa coleção de entrevistas existente no Arquivo Geral da Cidade do Rio de Janeiro, numa parceria com a Sociedade dos Engenheiros e Arquitetos do Estado do Rio de Janeiro (Seaerj).

Em seus depoimentos, destacam os vários desafios de engenharia e de política que representou a Perimetral. Destacam igualmente a centralidade do papel governamental executado pela Superintendência de Urbanização e Saneamento (SURSAN), órgão instituído na administração Negrão de Lima como prefeito do Distrito Federal. Pela Mensagem 53, de 1957, ao implantar a SURSAN instituiu-se o Fundo Especial de Obras Públicas. Ou seja, aportou-se orçamento. Nestas entrevistas, sublinha-se da mesma forma, a ação da presidência de Raymundo de Paula Soares, também secretário de Obras Públicas, para a execução do segundo trecho da obra e a resolução das questões com a Marinha.

O processo de demolição, por sua vez, tornou-se uma das principais expressões das reformas urbanas no contexto da promoção dos Jogos Olímpicos Rio 2016. A caixa de acrílico com o fragmento/lembrança do elevado integrou-se no quadro de organização das celebrações dos 450 anos da cidade, com inúmeras iniciativas promovidas pela Prefeitura do Rio. Nesse movimento, na Zona Portuária se valorizou um novo núcleo representativo do passado urbano, tendo também a arqueologia histórica como base.

A memória da demolição contagiou todos os que se sentem *cariocas*, em conversas e trocas de impressões que passaram às páginas de jornais e revistas, impressas e virtuais. Inúmeras iniciativas documentaram, em fotos e imagens em movimento, o processo de demolição do antigo elevado, encomendadas pela Prefeitura para assinalar as transformações urbanas. Compondo dezenas de *terabytes*, depositado no AGCRJ, o registro imagético do grande viaduto urbano foi ritualizado ainda na exposição *Adeus-Perimetral*, realizada no Museu Histórico Nacional, de 29 de maio a 23 de agosto de 2015, com curadoria de Julieta Roitman e Milton Guran, apresentando visões autorais de Felipe Varanda, Kitty Paranaguá, Paulo Marcos de Mendonça Lima, Wilson da Costa e do Coletivo Pandilla. Ao lado disso, os visitantes foram convidados a deixar num caderno mensagens de suas impressões e lembranças sobre o elevado. Todo o material da exposição foi reunido numa caixa, chamada de Cápsula do Tempo, enterrada na Praça Mauá em 22 de agosto de 2015, com o intuito de ser revalorizada 50 anos depois para lembrar a Perimetral e sua derrubada na ocasião da comemoração dos 500 anos da cidade.

Nesse sentido, a caixa de acrílico existente no acervo do Arquivo da Cidade se integrou a um movimento de evocação da memória urbana produzido em torno do desaparecimento da Perimetral, e se inseriu nas reflexões suscitadas pelos 450 anos da cidade e acrescentadas ao acervo do AGCRJ. O pequeno pedaço do Elevado desaparecido ganhou sentido de relíquia da engenharia urbana e vestígio do passado de uma época da cidade. Ao ser distribuído como lembrança de fim de ano, o caco urbano encarnou um contexto de reformas urbanas e a promessa de um novo tempo histórico do Rio de Janeiro, demonstrando que a memória da cidade é sempre uma construção do presente. ◈

BIBLIOGRAFIA

SANTOS, Angela Moulin Simões Penalva Santos, SANTANA, M. J. (Org.). *Transformações territoriais no Rio de Janeiro do Século XXI.* Rio de Janeiro: Gramma, 2014.

FARIA,Rodrigo de,CERASOLI, Josianne, LIRA, Flaviana (Org.). *Urbanistas e urbanismo no Brasil, entre trajetórias e biografias.* São Paulo: Alameda, 2014, v. 1, p. 1-306.

MACHADO, Denise Pinheiro; VAZ, Lilian Fessler; REZENDE, Vera F. (Org.). *Centros urbanos: transformações e permanências.* Rio de Janeiro: Casa 8/ PROURB, 2012, v. 1.

FREIRE, Américo, OLIVEIRA, Lúcia Lippi (Org.). *Novas memórias do urbanismo carioca.* Rio de Janeiro: FGV, 2008, v. 1, p. 1-312.

BEATRIZ KUSHNIR é doutora em História/ Unicamp, diretora do Arquivo Geral da Cidade do Rio de Janeiro, professora colaboradora dos programas de Pós-Graduação em História da UFF e em Gestão de Documentos e Arquivos da UFRJ. Autora, entre outros, do livro *Cães de guarda: jornalistas e censores, do AI-5 à Constituição de 1988* (2004).

Peça com função cerimonial de antropofagia ritual tupinambá encontrada em escavações no Morro do Castelo.

Vaso de cerâmica tupinambá

Provavelmente destruída no incêndio de 2 de setembro de 2018

Museu Nacional - UFRJ

Ca. d.C. 500-1.000

Dinah Papi Guimaraens

O que define um vasilhame cerâmico que pode ser usado para o processamento e a ingestão de alimentos e bebidas, assim como para sepultamento de mortos? A forma deste vaso permite a combinação de funções utilitárias e cerimoniais, em razão da relação entre ritos mortuários e ingestão de alimentos e bebidas fermentadas em banquetes funerários. A cerâmica caracterizada por decoração exuberante designada *tupi-guarani* foi coletada em sítios arqueológicos que correspondem a antigas aldeias implantadas em áreas de floresta e na proximidade de rios.

A cerâmica associada às práticas de sepultamento é conhecida por igaçaba, sendo classificada segundo seus motivos decorativos que a definem do ponto de vista estilístico. A maioria dessas cerâmicas conta com forma lisa, com linhas em sua superfície externa com técnica de corrugado, em formato de alguidares, ou seja, vasos que se caracterizam por ter a borda bem mais larga que o fundo, com ou sem tampa. Na decoração pintada, aplicada tanto à face interna quanto externa dos vasilhames, a peça recebe fundo branco com motivos geométricos e pintados com cores.

Mesmo considerando eventuais diferenças decorrentes de variações regionais, a prática de sepultamento em vasos cerâmicos é associada aos tupi-guarani – família linguística, com vários idiomas e povos falantes, entre os quais os mais conhecidos são os guarani (*mbya*, *nhandeva* e *kaiowá*) e os tupinambá, sendo que estes últimos predominavam no recôncavo da Guanabara. O quadro de alianças e rivalidades constituía grupos que se particularizavam, como os tamoios da região que se estendia de Cabo Frio ao sul da Baía da Ilha Grande.

Como a cestaria e o artesanato de penas e sementes, a cerâmica é uma expressão da cultura material tupi-guarani, estando presente entre os tupinambá que habitavam a região da cidade do Rio de Janeiro. Este vaso que apresentamos, inclusive, foi coletado durante as escavações quando do arrasamento do Morro do Castelo.

Por serem povos que não conheciam a metalurgia, o primeiro contato com os portugueses despertou seu fascínio por facas e anzóis e também por miçangas, facilitando a troca dessas mercadorias europeias por produtos coloniais, como o pau-brasil.

Vasos entalhados e usados como mortalhas permitem identificar nos rituais funerários trocas simbólicas entre diferentes domínios, os quais perpassam o universo real e simbólico da antropofagia, realizada por meio de um rito que envolvia o sacrifício de um inimigo. Os tupinambá lavavam e pintavam o sacrificado, atuando como em um ritual. Depois de morto, untavam com mel o corpo do defunto antes de colocá-lo na urna. A inumação em urna-vaso usada para cozinhar alimentos também sugeria, simbolicamente, o cozimento do morto. A decoração de urnas e alguidares com pinturas rituais do sacrificado, do sacrificador e do instrumento de sacrifício estão associadas aos rituais antropofágicos. Tanto a testa da vítima quanto o corpo do guerreiro-matador recebiam pinturas semelhantes às das cerâmicas que serviam de urna e tampa mortuárias na antropofagia ritual.

O sepultamento no meio da floresta que completava o ritual poderia indicar a volta para a natureza, tornando o defunto não mais humano, mas uma fera que precisava ser domesticada por meio da predação familiarizante. O rito social sugere transformações simbólicas que caracterizam as urnas funerárias e o enterramento em tema do xamanismo. Assim, como veículo de transição entre religião e simbolismo, essa cerâmica expressa trocas simbólicas entre o mundo interior de *nós* (amigos/parentes e vivos) e o mundo exterior dos *outros* (estranhos/inimigos e mortos).

Na prática do canibalismo, assim como da guerra, os atributos e títulos de prestígio, por assim dizer, eram conquistados, indicando que a economia política dos povos tupi-guarani não consistia na produção de bens, mas de pessoas, pois, no contexto antropofágico, o inimigo cativo não era escravizado, mas consumido. Por esse motivo, se atribuía um tratamento especial ao inimigo, o que o tornava assimilado pelo grupo. Urnas mortuárias decoradas estariam situadas em relação com as concepções do *post mortem*, constituindo, portanto, elementos que representam transformações mediadas pela morte e pela consumação entre os homens, a natureza e os deuses. Nas metáforas da panela-urna-mortalha se estabelecem simbolicamente transformações e homologias entre os diferentes planos de existência material, social e simbólica desses povos com uma cosmologia singular.

Os cronistas europeus do século XVI que mencionam as formas nativas de sepultamento afirmam que apenas chefes e seus filhos eram assim enterrados, levando a crer no seu caráter esporádico. Tal fato pode ser interpretado por duas leituras complementares. Primeiramente, a confecção era demorada, o que indicava a raridade de urnas capazes de receber um corpo humano masculino adulto. O segundo aspecto é que as implicações rituais deveriam ter relações lógicas com o universo mágico, religioso e guerreiro dos povos da família tupi-guarani.

Na maioria dos relatos históricos, os termos usados para as urnas são cuias, vasos, panelas ou potes. A observação minuciosa de fragmentos indicando a ação do fogo em seu exterior levou os arqueólogos a afirmar que vasos e tampas não eram fabricados exclusivamente para uso funerário, mas sim representavam recipientes com finalidades práticas e culinárias, tais como potes de água e para cozinhar alimentos.

Os tupinambá que habitavam o entorno da Baía de Guanabara desenvolveram uma cerâmica de vasos-utensílios de formas abertas, que indicam procedimentos para processar mandioca brava. Sua borda, mais larga que o fundo, possuía formato próprio para preparo da farinha de mandioca e recipiente de alimentos sólidos, mas igualmente para líquidos como o cauim, bebida fermentada feita da mandioca. As igaçabas também serviram como recipientes para o cauim que, por sua vez, era associado às cerimônias coletivas.

Entre os tupinambá da região onde hoje se encontra o Rio de Janeiro, relatos históricos nos dão conta de que o rito antropofágico era a mais importante cerimônia coletiva, para a qual afluíam parentes e amigos de diferentes aldeias. Festa tão grandiosa exigia uma quantidade significativa de cauim, com mulheres encarregando-se da fabricação de vasos de formas e dimensões diversas que decoravam com cuidado especial. Da mesma forma, encarregavam-se elas de preparar esta bebida macerando a mandioca. Determinados potes serviam para guardar a bebida fermentada e outros abrigavam a tinta com a qual o prisioneiro a ser sacrificado devia ser pintado.

A confecção de grandes vasos cerâmicos não assume apenas um caráter utilitário, porém preponderantemente simbólico por se encontrar associado à antropofagia que envolvia a cerimônia mais importante do universo religioso tupinambá, funcionando igualmente como urna funerária que se relaciona aos ritos mortuários de chefes-guerreiros. Pode-se, então, formular a hipótese de que a sepultura do cadáver diretamente em uma urna deve corresponder ao simbolismo antropofágico guerreiro. Ao chefe ou guerreiro que não fosse sacrificado pelos inimigos era reservada uma inumação em um vaso de cauim para ele ali lograr ser devorado pelos deuses canibais.

Empregadas em rituais funerários de enterros primários (direta-

mente na urna) ou enterros secundários (sendo antes o defunto sepultado na terra), as igaçabas não podem ser interpretadas, no entanto, como substitutas de outros tipos históricos e culturais de mortalhas.

A partir de uma aproximação da pesquisa etnológica com dados arqueológicos e históricos, o vaso cerâmico associa urnas funerárias ao universo do xamanismo, da guerra e da antropofagia entre os diversos povos da família tupi-guarani, mesmo aqueles que habitavam a Amazônia. As descrições do século XVI da sociedade tupinambá da região da Baía de Guanabara foram confirmadas pelo registro arqueológico das urnas mortuárias, valorizando, além da antropofagia ritual, outro princípio religioso definidor dos tupi-guarani: a busca messiânica da terra sem males. Este elemento cosmológico foi muitas vezes interpretado pela escatologia evangelizadora cristã como constituindo seu prometido paraíso. Na realidade, representa seu próprio modo de ser (*nanderekô*), revelando que a terra sem males reside na lógica de uma sociedade que se coloca contra o Estado.

A cultura ocidental somente começou a encarar objetos etnográficos como possuindo valor estético no final do século XIX, quando passaram estes a ser legitimados no mercado de arte pelas incursões de artistas impressionistas e pós-impressionistas a terras distantes habitadas por "primitivos". Tal parece ser o caso de Gauguin que, em suas estadas na Polinésia, logrou mesmo revigorar e transformar sua arte. Resta-nos indagar, hoje em dia, o que os próprios indígenas pensam sobre o consumo de seus objetos de culto ou de uso cotidiano enquanto expressão artística em museus e galerias de arte e de uso decorativo ou utilitário pelo homem "branco". A relativização de termos como "índios" e "indígenas" decorre de trabalhos historiográficos, frutos de contatos estabelecidos entre a história e antropologia, que têm permitido uma releitura das relações entre índios e colonizadores, contribuindo para uma revisão não apenas da história indígena, mas da própria história colonial.

A atualização de uma "visão de dentro" dos próprios índios a respeito da visão "civilizada" dos brancos sobre eles possibilita uma vivência voltada para os saberes e as formas de viver dos cerca de 30 mil índios urbanos do Grande Rio, de acordo com o censo nacional do IBGE de 2010. No atual momento, estes indígenas contemporâneos estão levando a cabo um processo de *feed-back* crítico em relação à linguagem da sociedade complexa aqui representada pelo vaso cerâmico do Museu Nacional como objeto-memória da antropofagia ritual dos tupinambá.

BIBLIOGRAFIA

BROCHADO, José Proenza. "A expansão dos Tupi e da cerâmica da tradição policrômica amazônica." *Dédalo*, São Paulo, n. 27, p. 65-82, 1989.

CARVALHO, Silvia M. S. de. "A cerâmica e os rituais antropofágicos." *Revista de Antropologia*. USP, São Paulo, vol. 26, p. 39-52, 1983.

MANO, Marcel. "A cerâmica e os rituais funerários: xamanismo, antropofagia e guerra entre os Tupi-Guarani." *Interações - Cultura e Comunidade* - v. 4, n.5, p. 111-128, 2009.

VIVEIROS DE CASTRO, Eduardo. *Araweté: os deuses canibais*. Rio de Janeiro: Zahar/ANPOCS, 1986.

DINAH PAPI GUIMARAENS é professora do Programa de Pós-Graduação em Arquitetura e Urbanismo da Universidade Federal Fluminense; Membro do ICOM/UNESCO; Autora de *Museu de arte e origens: mapa das culturas vivas guaranis*. Contracapa/FAPERJ, 2003.

Onde encontramos os objetos

Academia Brasileira de Letras | óculos de Machado de Assis
Av. Pres. Wilson, 203 – Centro, Rio de Janeiro, RJ - 20030-021
www.academia.org.br

Arquivo Geral da Cidade do Rio de Janeiro | fragmentos da Perimetral
Rua Amoroso Lima, 15 – Cidade Nova, Rio de Janeiro, RJ 20211-120
www.rio.rj.gov.br/web/arquivogeral

Arquivo Nacional | carteira de cigarros *Sport*
Praça da República, 173 – Centro, Rio de Janeiro, RJ – 20211-350
http://www.arquivonacional.gov.br/br/

Arquivo Público do Estado do Rio de Janeiro | xícara de café do Palácio Guanabara
Praia de Botafogo, 480 – Botafogo, Rio de Janeiro, RJ – 22250-040
www.aperj.rj.gov.br/

Casa da Marquesa-Museu da Moda Brasileira | pente trepa-moleque
Av. Pedro II, nº 293 – São Cristóvão, Rio de Janeiro, RJ – 20941-000
casadamarquesa@cultura.rj.gov.br

Colégio Pedro II, Campus Centro | sino de bronze
Avenida Marechal Floriano, nº 80 – Centro, Rio de Janeiro, RJ – 20080-001

Instituto Moreira Salles | câmera de Marc Ferrez
Rua Marquês de São Vicente, 476 – Gávea, Rio de Janeiro, RJ – 22451-041
https://ims.com.br/unidade/rio-de-janeiro

Laboratório Aberto de Arqueologia Urbana/ Prefeitura da Cidade do Rio de Janeiro | cachimbo de barro
Rua da Gambôa s/n – Gambôa, Rio de Janeiro, RJ - 20220-290

Museu de Arte do Rio-MAR | Barbie e seus amigos no Rio
Praça Mauá, 5 – Centro, Rio de Janeiro, RJ – 20081-240
www.museudeartedorio.org.br/pt-br

Museu Casa do Pontal | escultura do Sambódromo no carnaval
Estrada do Pontal, 3295 – Recreio dos Bandeirantes, Rio de Janeiro, RJ – 22790-877
www.museucasadopontal.com.b2r/

Casa de Rui Barbosa | luninária Tiffany em estilo Art Nouveau
Rua São Clemente, 134 – Botafogo, Rio de Janeiro, RJ – 22260-002
www.casaruibarbosa.gov.br

Museu da Imagem e do Som | microfone de rádio
Rua Visconde de Maranguape, 15 – Largo da Lapa, Rio de Janeiro, RJ – 20021-390
www.mis.rj.gov.br/

Museu Histórico do Corpo de Bombeiros do Rio de Janeiro | tritonicon de Anacleto de Medeiros
Praça da República, 45 – Centro, Rio de Janeiro, RJ – 20211-350
www.cbmerj.rj.gov.br/museu

Museu Casa de Benjamin Constant | flor positivista
Rua Monte Alegre, 255 – Santa Teresa, Rio de Janeiro, RJ – 20240-192
museubenjaminconstant.blogspot.com

Museu Chácara do Céu | leque em homenagem à chegada de D. João
Rua Murtinho Nobre, 93 – Santa Teresa, Rio de Janeiro, RJ – 20241-050
www.museuscastromaya.com.br/chacara.htm

Museu do Açude | pinha de faiança esmaltada
Estrada do Açude, 764 – Alto da Boa Vista, Rio de Janeiro, RJ – 20531-33
www.museuscastromaya.com.br/acude.htm

Museu Carmen Miranda | saia de Carmen Miranda
Avenida Rui Barbosa, 560 - Flamengo, Rio de Janeiro, RJ - 22250-020

Museu D. João VI, da Escola de Belas Artes da UFRJ | escultura-símbolo do 4º Centenário do Rio de Janeiro
Prédio da Reitoria - Avenida Ipê, s/n - Cidade Universitária, Rio de Janeiro, RJ - 21941-485
www.eba.ufrj.br

Museu dos Capuchinhos | imagem de São Sebastião
R. Haddock Lobo, 266 - Tijuca, Rio de Janeiro, RJ - 20260-142
http://www.capuchinhos.org.br/muscap

Museu do Futebol, Maracanã | bola do milésimo gol de Pelé
Av. Pres. Castelo Branco, Portão 3 - Maracanã, Rio de Janeiro - RJ, 20271-130

Museu Histórico Nacional | fôrma de pão de açúcar, traves da forca de Tiradentes, vitrine da exposição de 1922, espada de Gomes Freire, penca de balangandã, moeda patacão, balaústre do Monroe, terrina com imagem do Morro do Castelo, mesa alusiva ao Palácio Alvorada, capacete da PE, e bule de café da Companhia das Índias.
Praça Mal. Âncora, s/n - Centro, Rio de Janeiro - RJ, 20021-200
mhn.museus.gov.br

Museu do Instituto Histórico Geográfico Brasileiro - IHGB | roda dos expostos
Avenida Augusto Severo, 8 - 10º Andar - Glória, Rio de Janeiro - RJ, 20021-040
https://www.ihgb.org.br

Museu Nacional-UFRJ | esqueleto de baleia jubarte e vaso tupinambá
Quinta da Boa Vista, São Cristóvão - Rio de Janeiro, RJ, 20940-040
http://www.museunacional.ufrj.br/

Museu Nacional de Belas Artes | maquete da estátua eqüestre de D. Pedro I
Avenida Rio Branco, 199 - Centro, Rio de Janeiro - RJ, 20040-008
mnba.gov.br/portal/

Museu do Negro | estandartes abolicionistas
Igreja da Irmandade de Nossa Senhora do Rosário e São Benedito dos Homens Pretos, Praça Monte Castelo, 25 - Centro, Rio de Janeiro - RJ, 20050-094

Museu da Polícia Civil | roleta de jogo
Rua da Relação, 40 - 2ª andar - Centro, Rio de Janeiro - RJ, 20231-110
www.policiacivil.rj.gov.br/museu/

Museu da Psiquiatria do Instituto Municipal Nise da Silveira | aparelho de eletrochoque
R. Ramiro Magalhães, 521 - Engenho de Dentro, Rio de Janeiro RJ
www.museuimagensdoinconsciente.org.br/

Museu da República | Capa de documento oferecido a Getulio Vargas e busto de Pereira Passos
Rua do Catete, 153 - Catete, Rio de Janeiro - RJ, 22220-000
museudarepublica.museus.gov.br/

Museu do Trem - relógio de ferrovia
R. Arquias Cordeiro, 1046 - Engenho de Dentro, Rio de Janeiro - RJ, 20770-001
www.rffsa.gov.br/principal/museu.htm

Museu Villa-Lobos | batutas de Villa-Lobos
R. Sorocaba, 200 - Botafogo, Rio de Janeiro - RJ, 22271-110
museuvillalobos.org.br/

Theatro Municipal do Rio de Janeiro | maquete do Theatro Municipal
Praça Floriano, S/N - Centro, Rio de Janeiro - RJ, 20031-050
www.theatromunicipal.rj.gov.br

Agradecimentos especiais

Andrea Balduíno
Angela Mascelani
Antonio Carlos Pinto Vieira
Camilla Carneiro de Mendonça Brasil Corrêa
Emilton de Almeida Rocha
Frei Arles Dias de Jesus
Jaime Acioli
Jeferson Teixeira
João Maurício Bragança
Milton Guran
Patricia Brígida Pimentel
Sergio Burgi
Sonja Figueiredo
Wilson da Costa

E as instituições

Academia Brasileira de Letras
Arquivo Geral da Cidade do Rio de Janeiro
Arquivo Nacional
Arquivo Público do Estado do Rio de Janeiro
Casa da Marquesa de Santos
Colégio Pedro II
Instituto Moreira Salles
Laboratório Aberto de Arqueologia Urbana
Museu Carmen Miranda
Museu Casa de Benjamin Constant
Museu Chácara do Céu
Museu D. João VI
Museu da Imagem e do Som
Museu da Polícia Civil
Museu da Psiquiatria do Instituto Municipal Nise da Silveira
Museu da República
Museu de Arte do Rio
Museu do Açude
Museu do Futebol, Maracanã
Museu do Instituto Histórico Geográfico Brasileiro
Museu do Negro
Museu do Trem
Museu Histórico do Corpo de Bombeiros do Rio de Janeiro
Museu Histórico Nacional
Museu Nacional de Belas Artes
Museu Nacional
Museu Villa-Lobos
Theatro Municipal do Rio de Janeiro

Este livro foi composto nas tipografias
Minion Pro, Arsis D e Canter
e impresso em papel Pólen Bold 90g/m²,
na gráfica Stamppa.